我的教育观

丘成桐谈求学与做人

著 | 丘成桐

中信出版集团 | 北京

图书在版编目（CIP）数据

我的教育观 /（美）丘成桐著. -- 北京：中信出版
社, 2025.3（2025.4重印）. -- ISBN 978-7-5217-7328-6
I. G40-53
中国国家版本馆 CIP 数据核字第 20243KZ307 号

我的教育观
著者：丘成桐
出版发行：中信出版集团股份有限公司
　　　　（北京市朝阳区东三环北路 27 号嘉铭中心　邮编　100020）
承印者：北京盛通印刷股份有限公司

开本：787mm×1092mm　1/16　　印张：28.25　　字数：315 千字
版次：2025 年 3 月第 1 版　　　　印次：2025 年 4 月第 2 次印刷
书号：ISBN 978-7-5217-7328-6
定价：79.00 元

版权所有·侵权必究
如有印刷、装订问题，本公司负责调换。
服务热线：400-600-8099
投稿邮箱：author@citicpub.com

苟真理之可知
虽九死其犹未悔
——

做学问是我一辈子的志愿

父亲对我影响很大,可惜他很早就离开了我们

这是 1979 年我第一次得奖(加州年度科学家,California Scientist of the Year)时和母亲的合影。母亲一心一意照顾家庭,使孩子尽可能接受到最好的教育。即便生活再艰苦,母亲也让我安心去做学问

1969 年，我离开香港，飞往美国，开始了在加州大学伯克利分校的求学生涯

恩师陈省身先生是 20 世纪几何学的巨人

1983年8月,在波兰华沙国际数学家大会上,我获得了菲尔兹奖。因为我是首位华人得主,所以此后有很多不熟悉数学的人也开始认识我

卡拉比本人也没想到,自己苦思了 22 年的猜想,被我用三年废寝忘食的探索破解了

除了证明卡拉比猜想，1977 年，我与学生孙理察用几何分析法解决了广义相对论中著名的正质量猜想。霍金是我的朋友，他是物理学界第一个懂得我们证明的人。1978 年，我们初次见面，就从早上 8 点多一直谈到下午 5 点多

跟伟大的学者在一起,这种学风、这种气氛,你会感觉完全不一样(从左至右,分别为阿蒂亚、希钦、威尔莫、丘成桐)

1979年,我第一次回国,非常激动

我两次带领求真书院的学生们到曲阜祭孔,希望他们能够真切感受到中华文化的博大精深。我相信在这样的土壤里,我们可以发展出第一流的学问

前言
我对年轻人说的话

我的父亲学问很好,他曾任教于香港中文大学的前身崇基书院。他虽非数学家,但我能成为数学家,现在又专注于数学教育,在很大程度上是受到他的影响。

做学问没有哲学的指导,我们走的方向可能会很狭窄

我从 10 岁起就听父亲讲哲学,里面有很多抽象的概念,他又常常说要找规律。久而久之,我对抽象的观念便比较容易接受了。数学里面也有很多抽象的观念,我的同学对此感到困难,但对我来说,那是很自然的事。从哲学的角度思考、寻找大自然中的规律,以及从宏观的角度看问题,这套思考方法我很早便养成了。我也在很早的时候,便从读历史中领悟到一种方法,那就是**必须总结历史教训,回望过去,放眼将来**。所以在数学研究中,我非常重视大数学家的看法。可

惜很多数学家不愿意这样去做，他们忽视古代伟人的思想，其实就算三四百年前的伟大数学家，如费马、牛顿、欧拉等人，他们的思想仍然影响到今天。我们不去深究融汇他们的思想，这是很不幸的。我在求真书院花了很多气力讲数学史，就是这个缘故。我希望学生学习数学史，让他们**晓得伟大数学家的想法是怎么来的，从而思考他们以后的路要怎么走**，我在培养这种文化。很多学生因为数学史无助于解题，也无功于考试，就不想学，但其实数学史最终会变得重要，只是短期内看不到而已。要知道大学者的成功，都和他们善于学习前人有关。牛顿说他是站在巨人的肩膀上，这是实实在在的。假如我们不了解巨人们想过什么、做过什么的话，我们能不能站在巨人的肩膀上，恐怕很成问题。

我从小就听父亲讲哲学史，所以对哲学留下深刻的印象。哲学始终是一门指导科学的学科，从古希腊开始，数学就是哲学的一部分。2 600年以前，希腊数学的始祖首先都是哲学家，他们用哲学的观点来推动数学的发展。在哲学出现以前，数学没有办法推进，因为缺乏推导的方法。古希腊人提出了"三段论证"，使我们懂得如何用逻辑的方法推导定理，这些都是从哲学的看法开始的。不只如此，**哲学是一门很宏观的学问，它不单研究一个个小问题，也研究哲学跟其他学科的关系，从这些关系中走出一条新的思路和方法**。这一点对于数学家和理论物理学家都很重要。基本上，理论科学都与哲学有着密切的关系，能够沟通融汇两者，才能成为一个伟大的科学家，从古至今都是如此。当年的阿基米德、牛顿、费马、高斯、黎曼、麦克斯韦、爱因斯坦，他们的成就都与哲学有很密切的关系。对于以科学的眼光看世界，他们有不同的哲学观点。例如，牛顿说时空是静态的，人们就这种观点辩论了很久。光是粒子还是波，这个问题也从哲学的观点有很多讨论。他们从哲学的观点讨论时，也加上了很多重要的实验观点。数学研究也包含许多哲学的看法。在代数几何或者其他领域之中，存在很多不同的看法，微分几何也是如此，种种不同的看法牵引着整个学科的发展。举例来说，我做的一个重要方向叫几何分析，它是我跟一些朋友和学生发展出来的。几何分析包含了很重要的哲学观念，例如在研究几何的时候，不能单用线性的看法，要多用非线性的观点。这些基本上都是与哲学有关的，有些讨论最初不见得跟数学有直接关系，但是到最后又跟数学产生了密切的联系。数学的大发展也因此产生，每一次数学的跳跃总是伴随着哲学观点的变化。譬如在20世纪初期，几何的研究主要是跟拓扑学有关；到了20世纪中期，几何跟非线性微分方程的关系变得密切，人们见证了里程碑式的发展，很多重要的问题因而得到解决。这一点非常重要，每一位大数学家都有他独特的对学问的看法。

我在普林斯顿高等研究院的时候，芸芸高手中有一个叫安德烈·韦伊（André Weil）。这位老先生对数学有很深入、很宏大的看法，我的导师陈省身就受他的影响，开始研究纤维丛，提出了"陈氏示性类"的概念。

1980年，我在普林斯顿高等研究院的同事罗伯特·朗兰兹（Robert Langlands）是数论方面的大家。他提出的朗兰兹纲领

（Langlands Program）很有名，从表示论来看数学，来看数论。朗兰兹纲领提出了差不多有 50 年，它是一个看法，而不是一个数学定理。这个看法影响到今天，产生了一系列重要的发展，如费马大定理的解决，就跟朗兰兹的看法有着密切的关系。所以这是一个宏大的构想，也是一个宏大的哲学思想。这些思想是数学上的，但也受到物理和其他学科的影响。

当年，笛卡儿是哲学家，也对数学有很重要的贡献。在他之后还有莱布尼茨，他和牛顿独立地创造了微积分，但他最重要的贡献还是在哲学上。柏拉图也是数学家，同时是伟大的哲学家。所以，哲学跟理论科学是分不开的。没有哲学的指导，我们走的方向可能会很狭窄，只能够跟在人家后面。**研究科学要有宏观的看法，而宏观的看法主要是由哲学来开拓的。**

天赋只占很少一点，失败的经验比成功的经验更重要

坦白讲，很多人心目中的天赋都是假的。天赋不能说一点儿作用也没有，但只能说是有一些，大概不超过 30%。**一个人成长的大环境受社会、小环境受周围人的影响，也跟自己对学问的好恶取舍有关。**假如你生活在沙漠地带，一辈子看不到谁，你天赋再好也没用。天赋不可能突然爆发，在脑海里产生很完整的构想，从历史上看也没有先例。如果说天才，历史上最出名的一个就是印度

数学怪才拉马努金了。

拉马努金在很好的中学念书，就是因为太偏科，只有数学念得好，所以没有办法进入印度最好的大学。没有人教，他就自己摸索，凭借天赋，模模糊糊地在脑海中构想，但是里面有很多是错的。他写信给英国数学家哈代。在哈代的帮助下，他进入剑桥大学学习，这才有了后来他在数学上的成就。他比较重要的工作也是在英国跟哈代一起做的。所以没有后天的环境，包括**运气的因素**，一个人不大可能做出伟大的工作。

回顾一下拉马努金的成长，首先他的数学不是完全没有根底，他在中学学了不少数学，甚至偏科。他发现自己唯一的兴趣就是数学，对其他学科都没有兴趣。有了根底后，他就开始培养自己对数学的兴趣。在兴趣的推动下，他不停地追求，所以才发现了一大堆他自己也没有全部理解的想法，并将它们模模糊糊地写了下来。他的成果让人们觉得好奇，认为他是极有天赋的。事实上，是整个社会背景让他发酵到某种程度，但是不能够再继续下去了。紧接着，他刚好碰到一些从剑桥出来的学者，帮了他大忙。没有这些帮忙的话，他可能没法继续他的数学之路。

没有人能脱离社会这个大环境。假如整个社会都看不起做学问，你便不可能成为学者。我小学时有个全校第一名的同学，我跟他很熟，我还记得他姓张。毕业的时候，我跟他说："我要去读中学了，你要去哪里？"他说："我去耕田。"这不是开玩笑，人家真的去耕田了。所以，一个人的成长跟他的家庭有关。家中说耕田是最重要的事情，他就去耕田。家长觉得一辈子很苦，你一定要去做生意，做小生意最好了，大生意不能够做的，太困难了，做点小买卖就可以，你就去做小买卖了。每个人的路有不同的走法，但基本上都是这样子。

过去，许多家庭重男轻女，女孩就不要念书了。坦白讲，我家也差不多是这样子，有什么办法？孩子如果个性很强，说你不要我念，我偏要念，遇到困难能自己解决，想尽办法继续念书。但是大部分孩子就会觉得，父母不要我念，不念最简单，那就算了。

邓亚萍曾经跟我说，所有训练她的人都说，她这么矮的个子，一下就被打跑了，不可能打进奥运会。于是她铁了心要打拼出来，打赢每一个对手，最后没有人能够阻拦她，她做到了。她从省、市打出去，一路冠军，一直打到奥运会。**所以人生的胜负就是看你自己的决心，你自己到底想要什么。**

决心要不要成大业，操于自己手上，有兴趣，有上进心，你就不怕。信心很重要，此外，个人与环境，尤其是人与人的关系也起着很重要的作用。很多事情就是怕不怕的问题，你看邓亚萍个子小小的，她就想拿到世界冠军。你说一个小女孩怎么想想就要做世界冠军呢？她有决心要做，这个决心不是普通人敢下的。在下这个决心的时候，天赋并不是最主要的，主要是有兴趣，同时她不怕，她就要做到打遍天下无敌手。这不是随便讲讲的，要不停地练、练、练，练到技巧可以随心所用的程度。我们做数学也一样，你要先把基本的东西念好，甚至念到超群，要下功夫，失败以后还能站起来。**失败后能不能站起来，**

这是一个很重要的事情，绝大部分人做不到。尤其现在的小孩子都是由父亲母亲拉住手长大的，考了很高分，大家便很高兴，成绩一掉下去，一辈子就站不起来了。所以考奥数考到很高分也没用，因为他遇到困难便站不起来，无法走下去了。所以说，**失败的经验比成功的经验更重要。**

培养兴趣很重要

从小的家庭教育让我对学问有很浓厚的兴趣。父亲教我古文和诗词，我十三四岁的时候花了很多工夫看书，到现在我还是书不离手，不论走到哪里，我手里都会带着一本书，不停地看。童年的教育非常重要，虽然家长的教育程度未必很高，但仍然能够培养孩子良好的学习习惯，激发孩子的学习乐趣。**我觉得对于家长来说，最好能够从小培养子女阅读的习惯，看书跟看互联网是不一样的，互联网上的信息很短暂。**我看现在流行的网络小说，甚至几句就完成一部小说。我并不反对这些，但是有深度的小说还是要花比较长的时间来看。长时间阅读一般很难在互联网上完成。看书的方法很多，看书跟看互联网上的信息完全不一样，至少对我来说是不一样的。我会慢慢地咀嚼，慢慢地考虑。对我来讲，阅读是一个很重要的学习方法，我花了很多工夫去图书馆。20世纪50年代，我在香港的时候，图书馆里的书本并不完备，书本也不多。我只好跑到书店里看书，一站就是两三个小时。

我对阅读的兴趣很大。家长培养小孩子养成阅读习惯很重要,不只是看学科里面的书。譬如孩子数学很好,他就喜欢看数学的参考书,但你也不妨鼓励他看看小说、计算机、名人传记等类别的图书。我从伟大学者的传记中受益匪浅。举例说,我14岁时看到一篇很短的文章,才知道中国出了一位享誉国际的几何学家陈省身先生。读到杨振宁、李政道拿了诺贝尔奖,少年的我激动万分。阅读爱因斯坦、狄拉克的传记也是很好的学习,从他们探索大自然的一生中可以学到很多东西。

开卷有益

10岁时,父亲教我古文,第一篇是《礼记·檀弓下》的《嗟来之食》,第二篇是陶渊明的《五柳先生传》。后来我才知道父亲的深意,他在教我做人的道理。第一篇告诉我们做人的尊严,富贵不能淫,贫贱不能移,威武不能屈。第二篇描述陶渊明好读书,不求其解。研求之乐,使我一生受用不尽。

看书不要因为看不懂,便觉得没用。这就好像学语言,英文不好学,但如果跑到伦敦街头坐上两个月,我保证你的英文就会好很多,因为你不停地听,慢慢就学懂了。我一辈子学不同的学问,都是采取这种方法。譬如学习物理,我接受正规的理论物理训练不多,但是我常常去物理系听课，听了几个月就大概弄懂了。看书也是这样，不是看一次就觉得看懂了，就有收获。其实一本书，看三次甚至十次都是正常的。父亲的著作含有很多非常有趣的内容。但是第一次读，不一定能完全了解，到了第二次、第三次就能看懂多些，对自己产生影响。有深度的书，无论是哲学、文学、数学还是理论物理等，看一遍不行，往往要看好几遍才能理解。记得10岁时，父亲让我看《红楼梦》，第一次看，尤其是对于男孩子而言，是很枯燥的。但是看到第三遍、第四遍时，开始了解它的内容，尤其是父亲去世之后再看，感触便很深了。《红楼梦》这本书至今我看了差不多十遍，觉得很有意思。所以，**有的书不是你看了一遍就能吸收进去的，尤其是有深度的书，你要耐心了解它的结构和内容。**

从小看父亲研究和撰写哲学书，边讨论边下笔，那个情景深深地印在脑海里。虽然我自己不从事哲学研究，但是多年来整理他的遗作，对我还是有着潜移默化的影响。哲学思想总是在不断的争论中改变，这一点对我做学问很有启发。我在看书的过程中，也慢慢完成了对很多问题的思考。假如不看这些书，我不太可能有这些想法。**我看事情和做学问都是比较融会贯通的，基本上所有我能够了解的学问，我都想学习。** 我也念工科、物理、文学、历史，这些书我都看，这些学问融汇在一起，对我产生了很重要的影响。我建议家长让孩子拓宽眼界，培养孩子的创造能力，并且养成开放的心胸，能够接受不同的想法。多看书，看不同的书。帮助孩子建立思考的能力，不要什么想法都从一个模子里刻出来，要学会从不同角度看问题。**我们需要将东**

西方思想融合起来，这是很重要的一点。

如何规划人生

年轻人要立志，要立什么志？有很多方向可以走。假如图的是生活舒适，你可以去赚钱。但事实上，不见得每个人都以赚大钱为人生目标。在过去艰难的岁月，生活非常贫苦，但还是有不少人立志做好学问，念好书，成为学者和科学家。其实他们当年想要达到的生活水平，我想今天大部分人都能达到，问题是：我们的志向是什么？

当然，立志赚大钱，做大企业家，我并不反对，生意做大了对国家民族也有贡献，但是否把这个作为唯一的志向，这是值得探讨的。一个人假如对他做的事情兴趣不大，那么即便他完成了，也不会高兴。就像我的很多有钱的朋友，我就不觉得他们活得比我快乐。我不穷，也算不上有钱，但我悠然自得。能够做做学问，带带学生，我便很感恩。看到年轻人成长，我备感欣慰，就像看到自己的孩子进步一样。兴趣是非常重要的，假如你觉得一辈子就是为了赚钱，刚才我讲了，我并不反对，但要想清楚赚钱之余是否真的能快乐，值不值得，这是个根本的问题。

在当今社会，只要书念得不错，生计总不会成问题。国内不少老师的收入比美国还要高，因此不必为将来的生计而左右自己的前程。

兴趣在人生目标中扮演着重要的角色，学子立志，先要问自己的兴趣在哪里。兴趣一旦确定了，便要坚持下去，那成功便不是画饼。画家作画，只是依兴趣动笔，但多年后可能卖出天价，这并不是创作时的考虑。无论如何，我相信找到自己真正的兴趣，不懈努力，未来生活不会成问题。

假如你立志做学问，那就要好好想通自己的目标。目标要远大崇高。你不要说，我想到清华学习，或者任教，也不要说拿什么帽子，当什么院士，甚至连拿诺贝尔奖也不算什么目标。做学问的终极目标是什么？如果说的是科学，那就是探索大自然的奥秘，以及种种自然规律是怎样产生的，又怎样发挥作用。相对地，哲学家会问：什么是人生的意义？我们要如何规划人生？我们希望能做到的，是影响一个学科的发展，而非名誉、地位和财富。树立了这样宏大的志愿后，人生的奋斗才有意义。

当年父亲忽然去世，一家顿陷困境，连吃饭都成问题，更不要说继续念书了。但在人生的低谷中，我仍然立志成为一名出色的学者，建功立业，名垂后世。我为这个目标奋斗一生，从未感到失落。为了攻克一个难题，我花了五六年工夫，其间饱受挫折，但我始终保持乐观，并享受其中的乐趣，最后在坚持中看到曙光，以至功成。

志向一旦定下来后，便要坚定不移地往前走，最怕中途因失败的挫折或者名利的诱惑而改变方向，这样就不行了。我希望大家都树立高远的人生目标，做有为的学者，为国家，为民族做出贡献。不过话说回来，一个人的学术兴趣也是需要培养的，从小学开始到中学、大学、研究院，兴趣是动态的，一直在改变。向前走的时候，你看到一座小山，觉得风景不错，但是你看不到小山后面还有大山。翻过这座大山，后面还有更大的山。登上这座大山，眼前便是海阔天空，一望无际。因此兴趣是要长期培养的，不能说今天我看到的就是我一辈子的兴趣。我的兴趣在数学，但数学的方向很多，兴趣随着修为的进步而改变。有人改变研究方向以迎合别人，我不赞同这样的做法。我认为方向的改变应该是因应研究的内容而嬗变的，是个自然而然内蕴的过程。它是由内至外，而非由外至内的。做学问要有自己的看法和节奏，认定这条路走下去是丰富的、光明的，能够解决大批数学问题。数学研究如此，物理研究也是如此。当初爱因斯坦研究相对论，遇到很多很多困难，但他始终认为这是条正确的路。从1905年到1915年，他花了十年时间，完成了广义相对论这个伟大构想，其中经历了许多观念上的改变，还有无数错误。从学问本身出发改变想法是再自然不过的，但我们不能够因为要拿帽子或者迎合别人，就改变自己的方向。我希望年轻人能够坚持初心，不受外力干扰，不屈不挠地在求真的道路上挺进。

当年我在香港学习的数学，跟去伯克利后看到的数学大异其趣，因此对数学的看法也不同了。我希望同学们能了解这一点。要有自己的看法，而看法是会改变的，因为你对真理的了解也在不停改变。

我之前整理出版了父亲的哲学著作《丘镇英先生哲学史讲稿》。书里面讲得很清楚，我们要弄懂哲学思想的**起源**、**变化**，以及**如何批**

判它，这三点对于做学问非常重要。在这本书的开篇，父亲引用了《文心雕龙·诸子篇》中的一句话，我至今都记得很清楚：

标心于万古之上，而送怀于千载之下。

"标心于万古之上"是说，我们的胸怀要像古代圣贤一样。这里的圣贤既可以是孔子和孟子，又可以是我刚才提到的高斯和黎曼这些大数学家。"送怀于千载之下"，是说我们的抱负要远大，志在留名后世。

父亲还写了几副我印象非常深刻的对联，其中一副是

寻孔颜乐处，拓万古心胸。

"寻孔颜乐处"即继承孔子和颜渊做学问的乐趣。孔子和颜渊都经历过穷苦日子，孔子还带了一大批优秀的学生。他们能体会做学问的大乐趣。"拓万古心胸"是讲心胸要宽广，看得高远。

这几句话对我一辈子产生了很重要的影响。在面对困难的时候，它激发了我的斗志，让我无所畏惧。我不追求阔气的大房子以及豪华的装潢。如果需要，我有很多非常有钱的朋友愿意帮忙，但我并不特别在乎这些事情。我活了七十多年，感到很舒适，能够自由自在做自己的学问，带领一批才华横溢的学生，这实在是美妙的人生经验。尤其是我在少年班见到了一些初中生，他们初露头角，前途无限。我

很喜欢和年轻人在一起，希望他们能够迅速成长，成为光芒万丈的学者。

前面，我以父亲对我的教育为例，阐述我对生命的领会。今天，我整理出这本《我的教育观》，讲的是我追求学问和做人的经验，希望我走过的路能够让更多人有所借鉴。

丘成桐

2024 年 12 月 26 日

于清华大学静斋

目录

01 我的数学人生　　001

我常看一些难懂的书,当时虽然不懂,有时也忘了书中的内容,后来过了几年,回想起来,都觉得很有帮助。父亲的文学、哲学素养后来间接地对我影响很大,培养了我对学术研究的兴趣及专注力。

我的数学之路	003
那些年,父亲教导我的日子	024
怀念母亲	061
鞍山马水一甲子,游子他乡半世情	072
我在普林斯顿高等研究院的经历	093
驰骋数学五十载,几何人生报家国	123

02 —— 做学问，追求真与美的热忱很重要   133

做学问，追求真与美的热忱很重要，因为我们在整个做学问的路上要碰到很多不同的困难，假如没有热忱，就没有办法继续下去。所以追求学问的最崇高目标，无过于真与美，追求的目标无误，热情才不会消减。

求学与个人家庭教育密切相关	135
学数甘苦谈	141
我研究数学的经验	144
治学五十年：我做学问的经验	160
数学的内容、方法和意义	192
数学和中国文学的比较	200
体育和做学问的关系	231
谈数学与生活之决策	240

03 —— 为学就是学做人   255

每个人在年轻时都怀着赤子之心。我们关爱家人、朋友，也爱慕异性，对事物充满好奇。我们何不继续保持这份赤子之心，培养孟子的"浩然之气"，昂昂然做一个顶天立地的大丈夫？

数学家的志气与操守	257

为学与做人	276
致中学生的一封信	299
求真书院首届成人礼上的讲话	302
清华大学经管学院 2022 年毕业典礼讲辞	308

04　我的教育观

321

童年的教育对一个孩子的影响是重要的，启蒙教育是不可替代的，它往往奠定了一生事业的基础。对孩子们来说，学到多少知识并不是最重要的，兴趣的培养，才是决定其终身事业的关键。

数学与数学教育	323
学问、文化与美——谈中学教育	336
大学之前的教育：关于中国教育改革的几点意见	348
数理与人文	364
数学和其他学科交叉发展的前景	384
训练和提拔杰出人才的思考	396

| 附录 1　丘成桐年表 | 414 |
| 附录 2　丘成桐学术科研论文 | 419 |

01

我的数学人生

我常看一些难懂的书，当时虽然不懂，有时也忘了书中的内容，后来过了几年，回想起来，都觉得很有帮助。父亲的文学、哲学素养后来间接地对我影响很大，培养了我对学术研究的兴趣及专注力。

我的数学之路

我在中国香港的郊区——元朗和沙田——长大。那里没有电,也没有自来水。小时候,我就在河中洗澡。我的家中有8个兄弟姐妹,食物少得可怜。5岁时,我参加某著名小学的入学试,结果没有考上,原因是用了错误的记号,如把57反写成75,把69反写成96等。

我只能上一所小小的乡村学校。那里有很多来自农村的粗野小孩。受这些小孩的威吓,加上老师处理不善,不到一年,我便身患重病。在家中养病的半年里,我思索着如何跟同学和老师相处。升上小六时,我已经是一群小孩的首领,带着他们在街头乱闯。

家父是一位教授。他教了我不少中国文学。可是,他并不知道我曾旷课好一段日子(或者这是因为我在家中循规蹈矩,他教授的诗词我也能倒背如流吧)。逃学的原因是老师不怎么教学,我在学校闷得发慌,不久连上街也觉得无聊了。当时,香港有统一的升中试。我考得并不好,但幸好分数落在分界线上。

港英政府允许这些分数落在分界线上的学生申请私立中学,并提供学费。我进入了培正中学。培正是一所很好的中学。我中学生涯的第一年乏善可陈。我的成绩不大好，老师常常对我很生气。大概我刚从乡村出来，"野性"未改吧。我热衷于养蚕、养小鱼，到山上去捉各种小动物。沙田的风景美丽清新，在大自然的怀抱里，倒是自得其趣，我到如今还不能忘怀。

当时武侠小说盛行，我很喜欢读这些小说，没有钱去买，就向邻居借。父亲不赞成我读这些小说，认为肤浅，但我还是偷偷去看，也看了各种不同的章回小说，如《七侠五义》《说岳全传》《东周列国志》等。

父亲从我小学五年级开始教我诗词、古文和古典小说，如《三国演义》《水浒传》《红楼梦》《西厢记》等。父亲坚持要我在看这些古文时，背诵其中的诗词。当时虽以为苦，但顺口吟诵，慢慢也习惯了，但总觉得没有看武侠小说刺激。

但真正对我有影响的不是武侠小说。中国古典文学深深影响了我做学问的气质和修养。近代的作品，如鲁迅的作品也在我的阅读之列。记忆深刻的有："其实地上本没有路；走的人多了，也便成了路。"

我们家中常有父亲的学生来访，这些学生往往兴高采烈地谈学问。他们常常谈及古希腊哲学，虽然我对古希腊哲学不大了解，但对它留下了深刻的印象。古希腊学者对真理和美无条件的追求，成了我一生治学的座右铭。他们对康德的哲学和自然辩证法的讨论常常使我感到莫名其妙。但久而久之，这竟然激起了我对自然科学的兴趣。西方的名著，如《浮士德》《战争与和平》等，我虽有接触，但远不如中国文学印象深刻。

我开始研读史学名著《史记》和《左传》，对《史记》尤其着迷。这不仅是因为其文字优美、音调铿锵，而且因为它叙事求真、史观独特。直到现在，我还不时披阅。史学大师驻足高涯，俯视整个历史，与大科学家思索风云、探索宇宙之奥秘的壮举遥相呼应。

当时读这些文章，我大部分不能够领会，尤其困难的是读冯友兰写的《新原道》和《新原人》，但反复地去读，总会有点收获。晋陶渊明说：

好读书，不求甚解；每有会意，便欣然忘食。

其实在做科学时，也往往有同样的经验，读书只要有兴趣，不一定要全懂，慢慢地自然领会其中心思想；但同时须做到：不戚戚于贫贱，不汲汲于富贵。

这是古人的经验，陶渊明的古文和诗有他的独特气质，深得自然之趣；我们从事科学研究的学者也需要得到自然界的气息，需要具备同样的精神。

在后来的日子里，我都以此为原则，以研读学问为乐事，不以为苦。在父亲的循循善诱下，我开始建立起对人生的看法。到如今，我读《史记》至以下一段时，仍然心志清新。司马迁的《史记·孔子世家》中说：

天下君王至于贤人众矣，当时则荣，没则已焉。孔子布衣，传十余世，学者宗之。

假如我们追求的是永恒的真理，即使一时受挫，也不觉灰心。韩愈说：

苟余行之不迷，虽颠沛其何伤。

我读《左传》，始知有不朽的事情。《左传·襄公二十四年》中说：

豹闻之，太上有立德，其次有立功，其次有立言，虽久不废，此之谓不朽。

以前我以为立德跟立言没有关系，但历经数十年的观察，才知道立德的重要性。立德、立功、立言之道，必以谦让质朴为主。

我有一个学生在南京大学接受电视台采访时曾自炫："会当凌绝顶，一览众山小。"真乃轻妄浮夸之言。其实远山微小，越近越觉其宏大。往往众人合作才能跨过困难的地方，在没有尝试做创造性的学问时，才会有这种肤浅的言论。

在培正的第二年，我多言多动，老师要记我小过。她是我的班主任，责任心强，诚然是为我好。当她知道家父是位教授，却拿着微薄的薪酬后，大为震动。此后，在她的悉心栽培下，我在课堂上规矩多了。就在这一年，我们开始学习平面几何。

同学们对抽象思维都不习惯。由于在家中时常听父亲谈论哲学，对利用公理进行推导的做法，我一点也不觉得陌生。学习几何后，我对父亲的讲话又多明白了几分。利用简单的公理，却能推导出美妙的定理，这实在令人神往。

对几何的狂热，提高了我对数学（包括代数）的鉴赏能力。当你喜欢某科目时，所有与之有关的东西都会变得浅易。我对历史也甚有兴趣。它培养我对事物要整体观看，不断思考事件是如何发生的，到底是什么缘故，以及将来会如何。

就在这时，父亲完成了他的《西洋哲学史》[1]。他跟学生谈话，总是说应整体地去看历史。这种观念深深地影响了我。这种想法，在往后的日子中，指引我去寻找研究项目。父亲的书对我有很深的影响。书的引言中引用了《文心雕龙·诸子篇》中的一句话：

身与时舛，志共道申，标心于万古之上，而送怀于千载之下。

这是何等的胸襟，与古人神交，而能送怀于后世，确实是一位学者应有的态度。

哲学史的目的有三：一曰求因，哲学思潮其源甚多，必先上溯以

---

[1] 丘成桐整理父亲的遗稿，汇总《西洋哲学史》，编成《丘镇英先生哲学史讲稿》，于2022年由中信出版社出版。——编者注

求之；二曰明变，往昔哲学思想交缠纠绪，故重理其脉络，是为要务；三曰评论，所有思潮及其流派，皆一一评论，作警策精辟之言。这三点和自然科学的研究有密切的关系，再加上创新，便可以概括为研究的方法了。

我14岁时，父亲去世了。这或许是我一生中最大的打击。在一段颇长的日子里，对父亲离开了我和家人的事实，我都难以置信。家中经济顿入困境，我们面临辍学。幸得母亲苦心操持，以及先父旧交弟子的援手，我们才幸免沦落。

家中剧变，令我更加成熟坚强。困境中人情冷暖，父亲生前的教导，竟变得真实起来。以前诵读的诗词古文，有了进一步的体会。我花了整整半年，研习古典文学和中国历史，借此抚平绷紧的心弦。典丽的诗词教人欣赏自然之美，排除了世俗功利的思想。

我阅读了大量数学书，并考虑书中的难题。当这些难题都解决以后，我开始创造自己认为有挑战性的题目。此后，由个人去创造问题变成我研究事业中最关键的环节。学校的课本已经不能满足我的需求了。我跑到图书馆、书店去看书。我花了许多时间打书钉[1]，阅读那些买不起的书。我读了华罗庚先生写的很多参考书，无论是在分析还是在数论上的讨论，它们都漂亮极了。我也看了很多帮助课堂解题的书，例如陈明哲写的一些小册子。一般来说，我会比课程早一个学期做完所有的习题，所以听数学课是一种享受。

---

1 打书钉指看书。——编者注

从 15 岁起，我开始给低年级学生当家教，以帮补家计。我找到一些巧妙的方法，使成绩落后的孩子摇身变成优等生，为此我有点飘飘然。我积累了教导年轻人的经验，同时也体会到教学相长的道理。

我们的数学老师十分好。他教授的内容比课程要求的更加艰深，但我觉得丝毫不费气力，其实我的同学们虽然叫苦，但总的来说，数学都不错，这叫作"取法乎上，仅得其中"。近代数学的教学方法，恐怕适得其反，"取法乎中，仅得其下"。

当时我们的物理老师不太行，学生们对此不无失望。中学时养成不了物理上的基本直观，至今于心还有戚戚焉。中文老师却是无懈可击。他是我的父执辈。他教导我们思想要不落俗套。

中文老师说，思维要自出机杼，读好书之余，烂书也无妨一读，以资比较。因此我什么书都啃，他的这种观点，就是放诸我日后的科学生涯中，也有其可取之处。中文老师问的问题很有意思，他出过一个作文题叫"猪的哲学观"。于是大伙儿兴高采烈，自由发挥。在班里，我并非名列前茅，数学科的等级也不见得最高。但我比同班诸子想得更深，书也读得更多。

中学读书，除数学外，真正对我前途有影响的是中文和历史。现在来谈谈中学中文和历史对我的影响。下面一篇文章使我觉得做学问是我一辈子的志愿。曹丕在《典论·论文》中说：

盖文章，经国之大业，不朽之盛事。年寿有时而尽，荣乐止乎其身，二者必至之常期，未若文章之无穷。是以古之作者，寄身于翰墨，见意于篇籍，不假良史之辞，不托飞驰之势，而声名自传于后。

有了做学问的志愿后，我尽量培养自己做学问的兴趣，这要从做大量的习题和思考开始。《论语》中说：

学而时习之，不亦说乎？

学而不思则罔，思而不学则殆。

追求学问的道路曲折有致，必须有毅力，才能持久。《楚辞》描述的浓厚感情使我感慨良深。《离骚》中说：

亦余心之所善兮，虽九死其犹未悔。

《九章·抽思》中说：

惟郢路之辽远兮，魂一夕而九逝。

《离骚》中说：

路漫漫其修远兮，吾将上下而求索。

我在中学和大学时就注重培养气质。有好的气质，才能够有志趣去做大学问，孟子说：

我知言，我善养吾浩然之气。

有很多人认为自己不是天才，没有办法做大学问。请看曹丕所论：

譬诸音乐，曲度虽均，节奏同检，至于引气不齐，巧拙有素，虽在父兄，不能以移子弟。

但我认为，这是错误的看法。气质是可以改变的，下面的故事可以说明。《琴苑要录》中说：

伯牙学琴于成连，三年而成；至于精神寂寞，情之专一，未能得也。成连曰："吾之学不能移人之情，吾师有方子春，在东海中。"乃赍粮从之，至蓬莱山，留伯牙曰："吾将迎吾师。"刺船而去，旬时不返。伯牙心悲，延颈四望，但闻海水汨没，山林窈冥，群鸟悲号，仰天叹曰："先生将移我情。"乃援琴作歌……

可见师友和读书的环境足以转变人的情怀雅志。我在中学、大学和研究院都深受良师益友的影响，后来才慢慢成长。

其实做学问，无论是自然科学还是文学，都有气质的问题，从文章中往往可以看出作者的修养。古代注重音乐，从乐声中可以看见国家的盛衰，也是同样的道理，《左传·季札观乐》中说：

吴公子札来聘，请观于周乐。使工为之歌《周南》《召南》，曰："美哉！始基之矣，犹未也，然勤而不怨矣。"
……
为之歌《郑》，曰："美哉！其细已甚，民弗堪也。是其先亡乎？"
为之歌《齐》，曰："美哉！泱泱乎，大风也哉！表东海者，其大公乎？国未可量也！"
……
为之歌《大雅》，曰："广哉！熙熙乎！曲而有直体，其文王之德乎？"

在培养我自己的气质时，我尽量观摩别人的长处。韩愈说：

师者，所以传道授业解惑也。

《论语》中说：

三人行，必有我师焉。

我觉得在与师友相交之际，需要言必及文，而最重要的乃是善于发问。"善待问者如撞钟，叩之以小者则小鸣，叩之以大者则大鸣。"历史上最著名的发问乃是屈原的《天问》：

遂古之初，谁传道之？上下未形，何由考之？……日月安属？列星安陈？

后来的学者很少有这种精神，这可能是中国科学不发达的一个原因。

善于发问后，才能寻找到自己的志趣所在，才能够择善而固执之。很多同学开始时读书读得很好，后来就灰心了，不求上进，一方面是基础没有打好，又不敢重新学，另一方面是跟师友之间的关系没有搞好，言不及义，得不到精神上的支持。有些则是利欲熏心，不求上进。我有些学生毕业时很踏实，但受到表扬后，就以为自己了不起，事实上，他们的学问还没有成熟，就凋谢了。这都是因为气质和志趣没有培养好。《离骚》中说：

民生各有所乐兮，余独好修以为常。虽体解吾犹未变兮，岂余心之可惩。

《涉江》中说：

苟余心其端直兮，虽僻远之何伤。

《离骚》中说：

何昔日之芳草兮，今直为此萧艾也？岂其有他故兮，莫好修之害也！

韩愈作文的态度一直影响我做学问的方法，韩愈的《答李翊书》中说：

始者，非三代两汉之书不敢观，非圣人之志不敢存。处若忘，行若遗，俨乎其若思，茫乎其若迷。当其取于心而注于手也，惟陈言之务去，戛戛乎其难哉！……其观于人也，笑之则以为喜，誉之则以为忧，以其犹有人之说者存也。如是者亦有年，然后浩乎其沛然矣。吾又惧其杂也，迎而距之，平心而察之，其皆醇也，然后肆焉。虽然，不可以不养也。行之乎仁义之途，游之乎诗书之源。无迷其途，无绝其源，终吾身而已矣。

1966年，我进入香港中文大学。虽然对历史抱着浓厚的兴趣，但我还是选择了数学作为我的事业。

就在这时，中学时念的高等数学渐渐消化。刚开始，我还不大懂，但后来一下子全都懂了。我比班中同辈高明不少。

大学的数学使我大开眼界。连最基本的实数系统都可以严格地建立起来，这着实令人兴奋万分。当我了解数学是如此建构后，就写信给教授，表达我的喜悦之情。这是本人赏析数学之始。

一位刚从加州大学伯克利分校（UCB）毕业的博士来了香港，他名叫斯蒂芬·萨拉夫（Stephen Salaff）。他对我大为赞赏，我们合写了一本有关常微分方程的书。

另外一位老师布罗迪（Brody）来自普林斯顿，他有一套独特的教学法。他找来一本高深的数学著作，然后要求学生在书中找寻错误，并提出改正的方法。这是让我们不要盲目依赖书本的良方，同时也训练了我对书本上的定理采取存疑的态度。我有时将某些定理推广，并在课堂上说出自己的想法，他听了很高兴。

这些教导的重要性在于：培养独立思考的习惯；在人前表达数学的时候，找出自己的弱点，与同学和老师一同切磋。这不论对我当下做学问还是对我日后的教学都十分重要。

我虽然只读了三年大学，但已经完成了大学的课程。在萨拉夫教授的帮助下，我进入了加州大学伯克利分校研究院。加州大学伯克利分校的数学系当时在世界上是数一数二的。我8月入校，便认识了陈省身教授。他后来成为我的论文导师。

在香港时，我醉心于极度抽象的数学（当然，我的分析功夫也很扎实），觉得数学越广泛越好。我打算念泛函分析，已经学了不少这方面的东西，包括N. 邓福德（N. Dunford）和J. T. 施瓦茨（J. T. Schwartz）所著的三卷本巨著《线性算子》（*Linear Operators*），还有不少有关算子代数的书。到加州大学伯克利分校后，我认识了不少卓越的学者，我的看法改变了。

我如饥似渴地从他们那里学习各学科的知识。每天从早上8点到下午5点，我都在上课（有时在班里吃午饭）。这些学科包括拓扑、几何、微分方程、李群、数论、组合学、概率及动力系统。我并非科科都精通，但对某几门学问格外留神。学拓扑时，我发现它跟我以前学的完全不同。我们班上一共有50人，每个人看来都醒目在行，比我好多了。他们表现出色，说话条理分明。

于是，我埋首做好功课。不久之后，我发现自己也不赖。关键是要做好所有棘手的题目，并把这些题目想通想透。

我读了约翰·米尔诺（John Milnor）的一本书，对里面讲到的曲率的概念深深着迷。米尔诺是一位卓越的拓扑学者。我开始思考与这本书有关的问题，并大部分时间待在图书馆，读了不少书和期刊。当时的研究生并没有办公室。加州大学伯克利分校名牌教授不少，然而，不久之后，我对他们竟有英雄所见略同的感觉。

在加州大学伯克利分校的第二个学期，我渐渐能证出一些不简单的定理。这些定理与群论有关。在崇基书院，我跟老师聊天时曾谈及与之有关的内容，现在，我把它用到几何上去了。教授都为我的进展而惊讶不已，欣慰异常。其中一位教授开始与我合作，写了两篇论文。陈省身教授其时正在休年假。他回来时，对我的表现甚为嘉许。

纵然如此，对这些工作，我倒不觉得怎样。莫里（Charles B. Morrey）教授有关非线性偏微分方程的课令人难忘。他教授的非线性技巧当时并不流行。他的书也佶屈聱牙，但我隐隐感觉到他发展的技巧十分深奥，对未来几何学的发展举足轻重。我用心地学习这些技巧。

虽在盛名之下，但听他课的学生和同事都不多。到学期终结时，我竟成为他班上唯一的学生。他索性就在自己的办公室里授课了。这一艰深的科目后来成为我数学生涯的基石。

完成几篇文章后，陈（省身）先生到处说我是何等出色，我感到，他实在是过分夸奖了我。我也开始全盘地思考数学，尤其是几何，也试图去研究几何学的其他问题，可是进度缓慢。这年夏天，老友郑绍远从香港过来了。我们在校园旁租了一所公寓，心情更加开朗了。

就在这个夏天，我请求陈先生当我的论文导师，他答应了。约一个月后，他告诉我，我在一年级时的文章已够格做毕业论文。我有点纳闷，心想这些工作还不够好，而且我还希望多学点东西。就这样，在第二个学年中，我学了不少复几何及拓扑的知识。陈师对我期望甚殷，他提议我考虑黎曼猜想。十分遗憾的是，到目前为止，我还没有想过它。

代之者，我尝试去了解空间的曲率。我确认卡拉比（Eugenio Calabi）在 20 世纪 50 年代提出的某建议，会是理解这个概念的关键。当时我不认为卡拉比是对的，开始对此深思苦想。这并不是当代几何学者研究的标准课题，很明显，这是分析学上的一道难题，没有人愿意跟它沾上边。

我渐渐地养成把分析作为工具引进几何中去的志趣。在此之前，曾有人把非线性理论用于三维空间的曲面上，但我考虑的是任意维数的抽象空间。由于莫里教授及陈师对极小曲面的兴趣，我亦对此项目深深着迷。我对调和映射尤其情有独钟，并因此钻研了变分法。

我对几何中的所有分析内容都感兴趣。简而言之，就是要把非线性微分方程和几何融为一体。要了解非线性方程，就必须先了解线性方程。因此，我建立了在流形上调和函数的主要定理。在我的影响下，郑绍远研究了有关的特征值及特征函数等问题。我们合作写了几篇重要的文章，它们到而今还是该项目的基础。

毕业时，我得到了几份聘书。陈师提议我去普林斯顿高等研究院，那儿的薪水不及哈佛大学提供的一半，但我还是到那儿去了。在高等研究院，我认识了其他科目的出色数学家，同时提升了对拓扑，尤其是空间对称理论的鉴赏力。事实上，我将分析的想法应用到流形上的群作用的课题，得出了这个科目的一些重要成果。

由于签证的问题，我到了纽约州立大学石溪分校。当时石溪是尺度几何的重镇，事实上，那儿真的不错，聚集了一批朝气蓬勃的几何学家。我学习他们的技巧，但并不认为那是几何的正确方向。一年后，我到了斯坦福大学，当时那里并没有几何学者。斯坦福环境安宁，在非线性偏微分方程领域很出色。在那里，我遇见好友利昂·西蒙（Leon Simon）及共同的弟子孙理察（Richard Schoen），我们一起拓展了在几何上的非线性分析。有如陶渊明所云："久在樊笼里，复得返自然。"

我刚到斯坦福时，一个几何大会正在举行，有位物理学家应邀就广义相对论发言。当时我对物理还不算在行，但对他提及有关相对论的一个几何问题却一见倾心。赋予空间的数学解释，与空间物理导出数学问题，两者皆令人神往。

这个问题当时对我而言，还是遥不可及的，但我对它念念不忘。

我与孙理察

在会议期间，我找到了一个办法，去反证卡拉比猜想是错的。我提出了我的想法，反响似乎不错，没人提出异议。人们都松了口气，毕竟大家都猜对了，卡拉比猜想是不对的。

两个月后，卡拉比教授写信给我，厘清了我的一些想法。我在自己的推理中找到一个严重的缺陷。在我的研究生涯中，这可以说是最痛苦的经历了。我辗转反侧，不能成眠。

我差不多两个星期都在失眠，眼见名誉因犯错（虽然我没把想法整理成文发表）而毁于一旦。反复仔细审阅每个步骤后，我相信问题反过来才对。为卡拉比猜想举出反例，其论据是先假设它是对的，然后考虑其后果。数年后，我解答了这个猜想，很多有关的自然推论就水到渠成了。

意识到卡拉比猜想是对的后，我便朝着正确的方向迈进。在准备最后的证明前，需要做大量的准备工作。我和郑绍远合作研究蒙日–安培方程、仿射几何、极大曲面等相关问题。我与孙理察合作研究调和映射，与孙理察和西蒙合作研究极小曲面。在短短两年时间里，我们在与几何有关的非线性分析上硕果累累。这是几何学的黄金时代。

新婚伊始，我找到了完成卡拉比猜想的正确想法。我终于掌握了凯勒几何中曲率的概念了。一些老大难的代数几何问题，都因卡拉比猜想的证明而解决了。当我认为是我首先了解凯勒几何的曲率结构后，颇有物我相融的感觉：

落花人独立，微雨燕双飞。

这个工作影响至今，可以看《纽约时报》（2003年9月2日）的一篇报道《宇宙一悬案，众人答案殊》：

弦理论中的一个困难在于它要用十维的时空来描述，而我们生存的空间只有四维而已。施特罗明格（Strominger）博士回忆起他在找到数学家丘成桐博士的一篇论文时的万分喜悦之情。丘博士现任教于哈佛大学及香港中文大学。在这篇文章里，他证明了卡拉比博士提出的猜想。卡拉比博士现已从宾夕法尼亚大学退休。这个猜想指出，这些额外的维数虽然不可捉摸，但在微观下可以想象它们卷曲起来，就像地毯的小毛圈。

完成卡拉比猜想的证明后，我看出自己建立了融合两门重要科目——非线性偏微分方程和几何的架构。1976年，我在加州大学洛杉矶分校碰见老友米克斯（Meeks），他是我在研究院时的同学。他的境况不大好。米克斯是一位具有原创性的数学家，我向他提议合作，试图把极小曲面和三维流形的拓扑联系起来。

结果成绩斐然。我们解决了这两门科目中的两个经典难题：

（1）当一块肥皂膜的边界是凸时，膜面不能自相交。

（2）史密斯猜想（Smith conjecture）的证明。这是与瑟斯顿（William Paul Thurston）工作结合的成果。

一旦把方向校正了，很多经典问题便能迎刃而解。

次年，我回到加州大学伯克利分校访问，并组织了"几何上非线性问题"的研讨班。孙理察和郑绍远都在那儿。我和孙理察终于解决了那个让我念念不忘的有关广义相对论的难题。这道难题叫作正质量猜想，它在广义相对论中占基本的地位（只有当质量为正时，时空才能稳定）。

1978年，我又回到斯坦福。我们和萧荫棠一起，以极小曲面为工具，解决了复几何上有名的弗兰克尔猜想（Frankel conjecture）。我也以调和映射为工具去研究复几何和离散群的刚性问题。后来，萧荫棠在这方面有极大的贡献。这些想法迄今仍有其重要性。利用我们在广义相对论上的工作，孙理察和我研究了具正纯量曲率的流形的结构。

1979年，我们在普林斯顿高等研究院举办几何分析年。差不多所有几何学家都来了。我们为几何学厘定了发展的方向。我提出120个在几何里的有趣问题[1]，到目前为止，有的已经解决，有的还是没有

---

[1] 此即著名的"丘成桐120问题"，其目标是指出几何分析的重要方向，以及重要的还没有解决的问题，这些问题影响了几何分析50多年来的发展。

解决。20世纪70年代确实是几何学的丰收期。

到了20世纪70年代末，我在数学界可以说略有名望。对于我解决的难题，媒体也有广泛报道，然而，如果认为我的奋斗目标是奖项，是成名成家，那就不对了。这些都不是本人研究的首要目标。我对数学的兴趣，源于人类智能足以参悟自然的欣喜。从几何上看，大自然的美是永恒不朽的。

在与朋辈，如孙理察、西蒙、郑绍远、米克斯、乌伦贝克（K. Uhlenbeck）、汉密尔顿（R. Hamilton），以及稍后的唐纳森（S. Donaldson）、陶布斯（H. Taubes）、赫伊斯肯（G. Huisken）等人的共同努力下，几何上的非线性分析已汇成大流。它在探讨自然之美中的作用不容低估。晚近的进展更显示出它在物理及其他应用科学中的重要性。

当几个重要领域——几何、非线性分析、代数几何、数学物理自然地融合在一起后，经典的老大难题便会迎刃而解。解决难题可以被视为人们理解大自然的路灯柱。

但几何学实在超越了科学家的想象，它日新月异，观念层出不穷。伟大的数学家高斯曾说：

窃意以为几何之本，其真伪实非人类心智所能证明，亦非人类心智所能理解者，余意于此，日久弥坚。此等空间之属性，莫测高深，后之来者，或有灼见，得窥堂奥。惟今之世，吾辈宜视几何学与纯先验之算术为殊途，宜彼与力学并列也。

在过去10年间,我和合作伙伴致力于研究基本物理在几何中的作用。为了从物理中掌握动机后面的直观,我花了不少时间参加物理系举办的研讨班。在与理论物理学家的交往中,我们获得了数学上一些深刻的定理。其中重要的概念是所谓的对偶性。

对偶性这个概念优美典雅。它指出在某理论中的强作用等同于另一理论中的弱作用。这与中国道家谈阴阳有不少共通之处。但对偶性严格得多,同时它是定量的。利用它,我们可以算出某些数学量。如果用其他方法来进行,那是极度困难的。

新的理论物理和现代几何的密切结合使我们觉得几何学会有一个革命性的改进。正如高斯在二百年前的看法一样,希望我们在几何学中唯美的直观感受能够帮助了解自然界的基本问题。

为数学而数学,实属显然,何须三思。于无用诸物理学之种种数学理论,均需一视同仁,与其他理论无分轩轾。

——庞加莱(Henri Poincaré)

使余复稚年,童蒙初习,则愿从柏拉图之教诲,自数学始。

——伽利略

本文写于2004年。

那些年，父亲教导我的日子

今年是先父的百岁冥辰，我已年过六十，回首这些年来的所作所为，无论在学术上还是为人处世上都深受先父的影响。我在数学上或有异于同侪的看法，大致上都可溯源于父亲的教导。我在这里述说我少时的经历和当时父亲教导我的光景，或可作为诸位的一个参考。

父亲丘镇英（1912—1963）在广东省蕉岭县长大，蕉岭县是一个比较偏僻的小县，毗邻的梅县则为大县。两县居民以客家人为主，我母亲是梅县人，所以我们家中以客家话交谈。我的祖父丘集熙曾做过丘逢甲的幕僚，创办过学校，行过医。祖父早逝，家道中落，赖四伯艰难苦撑，教先父成人。

父亲幼时好读书，除经史外，亦饱读群书，又好创作，酷仿骈体，吟风弄月。父亲年幼时亦受祖母影响，思想上受佛、老庄影响甚深，多游侠观念，后受西方哲学家卢梭（Jean-Jacques Rousseau, 1712—1778）和斯宾诺莎（Baruch de Spinoza, 1632—1677）之思想熏陶，言行则学曾国藩，而梁启超之著作亦影响匪浅。

我的外祖父梁伯聪是前清秀才，在梅县中学教书，诗画都数一流，门生众多。父亲和母亲结婚时，外祖父赠送我父亲一首诗："能使欧公让出头，眉山原不等庸流，……"说的是欧阳修在苏东坡初试时赏识苏东坡的事情，可见父亲当时的文采。

父亲毕业于厦门大学，留学日本早稻田大学，学政治经济。年轻时以抗日为志，曾读军校，以身弱不克完成军训，遂从政。抗战胜利后，他成为联合国救济总署在潮汕区的委员，因清廉而屡得奖赏。

战乱漂泊到香港

我1949年4月出生于广东汕头，父亲继承家中传统为我取名成桐，字凤生。1949年10月初，父母携带一家七口和外祖母一家坐渔船到香港，留下了由母亲用父亲的薪水投资得来的一些产业。父亲决定在元朗定居，当时以为很快就会返回汕头，并没有做长久的打算。他与朋友合资创办了一间农场，以维持生计。其实父亲对开农场并无经验，只是听从朋友的建议。但开农场并不简单，过了两年，农场就倒闭了，家中大困。他再无法维持亲戚的生计，外婆一家人也就搬离了我们家。

我们一家人则搬到元朗一间叫李屋的大屋，几家人合住，屋中没有电灯，父亲晚上看书用小油灯。也没有自来水，每天到河里洗澡。我那时不到三岁，水深时不敢下水，母亲和年纪比较大的姊姊们则到河边挑水回家，让我在家中洗澡。我和哥哥帮忙做一些琐事。有一次在倒垃圾时，我竟从二楼沿着楼梯滚下来，由母亲带去医院在额头上缝了几针，至今疤痕犹在。

父亲每天去香港岛崇基书院教书，当时崇基还在港岛。父亲由凌道扬博士安排，在崇基书院教经济、地理，他又跟从陈树渠（陈济棠的侄子）创办香江书院，教文史哲。当时教授的薪俸以钟点计，少得可怜，上班要骑脚踏车到元朗市区搭乘公共汽车，再坐渡海轮船过海，然后再坐公共汽车，单程就需要一个半到两个钟头，所以总是到了晚上才能回到家里，晚餐后已经很累了，还要准备讲义。母亲则一面维持家中生活，一面到判头处找一些能够在家里做的工作，这些工作包括绣花、穿珠、做塑胶花等手工。我父亲还有一个养女叫妹妮姊的与我们同住，年纪比我们大，她和母亲在家中做着辛劳的工作。

在李屋住了一年多，因为离元朗市区太远，我家迁居到一间离市区比较近的独立小屋，旁边有农民用来晒牛粪的小广场，风一起，牛粪满天飞，所以我们叫这间屋为牛屎屋。在农村生活虽苦，我们一家人倒也其乐融融。我自造风筝来放。母亲养了鸡，我和哥哥则到田里和小池塘钓青蛙来喂鸡。有时我们也到河边钓鱼，或到田里掘农民剩下的地瓜。当时看着农民春耕时，鞭牛犁田，在冷水中干活，实在辛苦。朴实的农村生活，却使我缅怀。听着农民谈种田的心得，看着他们祭祖和结婚的仪式，都很有意思。春天时禾苗绿油油一片，生机盎然。夏天则禾草苗壮，水田中还有水蛇、黄鳝和青蛙。秋收时则到处是金黄的禾秆，可以感受到农夫们喜气洋洋的气氛。后来我读陶渊明

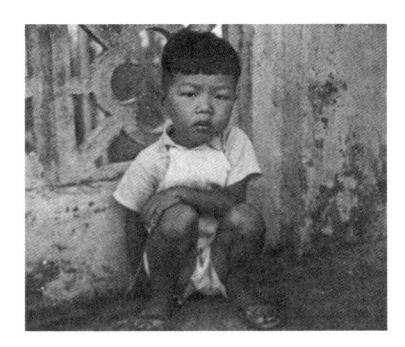

我三岁某次气愤大哭之后。
摄于元朗

1949年，我坐于母亲怀里，旁为大哥、三位姊姊与亲戚。摄于汕头

的田园诗，也能领略他描述的乡村风味。

我五岁时，父亲决定让我去读小学一年级，先去报考公立小学。考试题目很简单，每个学生都要写从1到50的阿拉伯数字，但我自作聪明，认为中国书法从右到左，所以我写这些数字时，也从右到左，结果考试不合格，上不了这间公立小学。于是我到一间乡村小学上学，每天单程要走30多分钟，母亲坚持让我带雨伞。由于我当时身材矮小，带了雨伞就像一个冬菇，因此姊姊们叫我"冬菇"。当时的生活实在很苦，父亲去上课，母亲尽力去找手工做，无手工可做时，早上甚至不知道晚上有没有吃的，妈妈有时去教会或救济机构拿到面条和面粉，才能让我们饱餐一顿。

在元朗这五年间，我妹妹成琪和弟弟成栋相继出生，加上父亲的养女,一家十口。晚饭能够有肉食,就算是很幸运了。所以我们小时候都希望过年,因为过年时总有鸡吃,但却不知道父亲是借钱来过年的。家虽穷,父亲每年岁末三十必祭祖,让我们记得我们祖父母们建立的家庭传统。我家有个很特别的传统,我祖父不希望后人做状师,因为做状师要把持公正,这并不是容易的事,做得不对时,往往会伤天害理。

我每天上学要经过外婆家,外婆和姨妈住在一起。有一次我路过她家时,外婆叫我中午到她家吃饭,说有好东西吃。结果吃中饭时,外婆提供的是白饭和酱油,到如今还记得外婆满足的笑容。

我小时候身体弱,早上到学校时,总有一大群乡村儿童欺负我。有一次,他们甚至向老师诬告我。老师信以为真,使我无端受到惩罚,我因此受惊得病。一年级下学期,我在家里养病,有相当长的时间在发烧,由父母悉心照顾,常做噩梦,至今还记得父亲坐在床沿念经达旦。幸赖母亲喂我汤食,身体才慢慢地好转。我至今仍记得母亲喂我食藕粉的滋味。在这么穷的环境中,母亲还舍得花钱用比较好的食物喂养我。有了自己的小孩后,我才知道父母抚养孩子的心情。

1954年,凌道扬博士和父亲说服了马料水的丘姓客家人让出他们的西洋菜田给崇基书院办学。我们一家人也搬到沙田排头村居住。搬家时,我们坐货车到了沙田,从沙田一间寺院租了一幢房子的第二层住。沙田的风景与元朗大不相同,在爬上半山时,山上有岩壁,泉水涓涓而流,山壁上的芒萁别有一番风味。我们住的地方叫作英霞别墅,长满大树,有荔枝树和李子树。开始时我们觉得很新鲜,后来才发觉住宿阴暗，容易生病，珂妹却在此时出生，因为妹妮姊已经嫁人，家中还是十口。

美好的沙田时光

在这一年，姊姊、大哥和我都到大围的沙田公立小学上课。我读二年级，每日背着书包走路上学，觉得很累，往往走到半路时不肯走了，斗脾气，父亲总是叫三姊扶我回家。大哥比我听话，但他突然生病，时有发烧，看医生也没有发现毛病是怎样产生的。过了十年，才晓得是脑瘤作怪。

在沙田排头村住了一年后，父亲又决定迁居到沙田下禾輋的龙凤台，此地靠山面海，环境舒畅。我们的房东叫余福。我们住在房子一楼的右侧，共两房一厅，面积不大，一家十口住在两个房间里，非常拥挤。刚开始时，孩子们还小，倒也亲密愉快。在这里住的七年时光，可以说是我童年最愉快的一段日子。

我们和邻居相处和睦，住在我们隔壁的一家姓周，他们有两子一女，我们叫他们八哥、九哥和港珍。楼上亦姓周，我们叫他们夫妇周大哥、周大嫂。我们刚到时，他们有三个女孩，后来则多了个男孩，他们找我父亲替小男孩命名，叫作周基典。过年过节时，所有小孩一齐联欢，甚为热闹。中秋节则吃月饼、玩灯笼，过年则送红包，放鞭炮、放烟火、玩纸牌、做状元游街等游戏。九哥、哥哥和我年纪相仿，常在一起玩耍，有时打波子、捉迷藏和爬山。周伯母很喜欢我们，视我们如亲生儿女，总是将最好的食物给我们吃，也带我们到海边游泳、挖蚬、捉螃蟹。后来他们家搬到港岛住，还常和我们往来。有一次，我病得相当严重，母亲带着我住在周伯母家里看医生，有一个星期之久，她悉心照顾，使我毕生难忘。

在我们这个两层楼的房子旁边还有一个小别墅，住了一家人，姓王，儿子叫王世源。他们住的环境比我们舒畅得多，房子是他姊夫的物业，他姊姊每月只来这里住一两天，一切以他姊姊为中心。他母亲叫作王婆，不太看得起穷困的我们。王婆的女儿有时带朋友很晚回家，到中午才起床，我们的读书声常常吵醒她，所以王婆常来干预我们读书，有时会弄得不愉快。她们有个用人叫银姐，烹调很出色，有时会送点心给我们吃。我母亲也会礼尚往来。他们家有

全家福。1955 年，摄于沙田龙凤台

一大片竹树，还有一块极为润滑的大石头，我常在这块大石头附近玩耍。

离我们比较远的一家人姓黄，他们有一个带花园的大房子，他们称自己的房子为江夏台。他们有四兄弟，生活相当美国化，小孩子看的连环画也是用英文写的。他们都是虔诚的基督徒。他们的花园，林木青翠，风景秀丽，还有一个很漂亮的乒乓桌子和一个很大的养鱼池。他们对我很是友善，所以我也常到他们家玩耍。

沙田公立小学在大围的一个小丘上，我们每天一早沿铁轨走到沙田火车站，再坐公共汽车上学。当时公共汽车每程需一毫子，有时我们就沿着铁轨走路上学，省下的钱可以买雪条吃。

到如今，龙凤台六号仍然是我一生最怀念的地方。这里有高大的凤凰木，夏天开着火红的花朵，有青葱的竹树、松树，还有高大的白玉兰，春天在翠叶丛中长满了洁白如象牙般的花朵，芬芳而美丽。我们自己又种了玫瑰花、牡丹花、海棠花、蔷薇花、茉莉花和炮仗花。春夏之交，花朵盛开，对着深蓝的海水，读书声和着松涛声。院子虽只容三数人坐，感觉却如人间仙境。尤其在月明之夜，月光照在海上的倒影，使人心旷神怡，读着苏东坡的《赤壁赋》，直有羽化登仙的感觉。

在这里，我们有电灯，但水却从山溪引出，储在小水塘，再用管子引到屋里，但在冬天时，山水不足，往往要与另外一个温姓人家争取水源，屡有纠纷。这家人在当地居住比较久，可以说是土豪吧，往往炫耀他们熟悉多少个警察，有恃强之势。

缺水时，他们将我们三家人共享水塘的水渠用石头和草泥堵塞，使山水只注到他们的水塘，九哥、哥哥和我及三姊就爬上山去拿开这些堵塞物，却因此产生了不少摩擦。但秀才胜不过强梁，往往忍气吞声。有很多个晚上，温氏阿婶站在当道，张大嗓门，辱骂我们两个钟头，我父亲和他的学生们也只能作壁上观。直到有一年，我们附近搬来了一家潮州人，他们有十个年轻力壮的小伙子。一天深夜，他们拿了木棍与土豪大战。还记得大战完后，在大路上，十名大汉雄赳赳地一字排开，一时冷月无声。虽然不能说自此太平无事，土豪家的气焰却收敛不少。这件事情使我印象深刻，我从中了解到自卫能力的可贵。

凡事有弊亦有利，由于常到山上"放水"，我和兄弟姊妹们走遍了山上的大石，寻花觅草。山上有一山溪在山岩上流下，夏天水多时有如瀑布，所以我们命之为"瀑布"。我们常到该处流连，捉小鱼、小虾、昆虫。山上有一大片花卉，有杜鹃花、牡丹花、吊钟花，春天时有如花海。微雨过后，水滴花朵，鲜丽可爱，徘徊其中真是乐也融融。

过年时，三姊和我会去山上采集这些花朵回家插在花瓶里，我自己则弄了一个大水缸养一些捉回来的鱼、蝌蚪等小动物。我也养蚕虫，斗蟋蟀，还有一种叫作豹虎的昆虫，我常到山上找这些小昆虫。我会用龙吐珠这种植物的肥厚叶子做成盒子，将这些昆虫养起来。有一次看到树上有蜂巢，和朋友用竹竿去采蜂蜜，被黄蜂叮了很多包包，过了很多天才恢复过来。我和哥哥喜欢下跳棋和象棋，至于打乒乓球，没有桌子，就在地上打，所以始终没有学好。我们又喜欢放风筝，往往风筝在天上飞时，他人的风筝飞过来和我们的线绞在一起，将我们的线弄断了,后来才知他们是故意的,但我们也没有办法。

母亲在屋后养鸡和鸭,却引来了蛇和老鹰。打蛇和捉鹰都是相当精彩的节目,由我们的邻居主持。我们都喜欢在母鸡生蛋时到处寻找这些蛋,又喜欢喂养这些鸡和鸭。

父亲的教导

从小学起,父亲教我们念唐诗宋词,从简易的开始。我们在山上朗诵这些诗词古文,看着大自然的景色,意境确实不一样。

那时候家里穷,但渴望读小说和课外书。记得隔壁八哥家有一位叫作沈君雄的年轻朋友到他们家住了一个多月,他从南洋留学回来,热爱祖国,要回国服务。他留下了一大堆书,其中有种种不同的演义和章回小说,包括《说岳全传》《七侠五义》《薛仁贵征东》《薛丁山征西》等,还有鲁迅先生的短文。八哥将它们送给我看,我看得津津有味。当时金庸先生开始办《明报》,每天写一栏武侠小说,我们很兴奋,争着去看。但中间往往有间断看不到的日子,幸而隔壁的王世源兄会购买全套的金庸小说,他也愿意借给我看。父亲知道了这件事,认为这些书文意不佳,不太满意,叫我们不要浪费时间。于是我就偷偷地看,躲在床上或上洗手间看。

为了弥补我读课外书的不足,父亲买了一些国内外名著,例如《三国演义》《水浒传》《西游记》,还有鲁迅的《中国小说史略》、安徒生的童话、荷马的史诗、但丁的《神曲》、歌德的《浮士德》等给我读。他还向我们解释这些书的精义，读《西游记》就提到意马心猿的意思，读《水浒传》则提到农民的艰苦引致农民革命等事情。那时我还小，没有那些深入的想法，只会惋惜孙悟空不能逃过如来佛祖的十根手指，也对林冲棒打洪教头的故事觉得兴奋。父亲认为这些章回小说里面的诗词占着整个故事的重要部分，所以要我背诵它们，初时我也觉得实在困难。但《三国演义》里面的诸葛亮祭周瑜文、《红楼梦》里面的黛玉葬花词等都写得很好，念熟了也开始喜爱它们了。

从九岁起，父亲要我们每天习毛笔字，临柳公权和王羲之的帖。当时我们邻居几个年轻人每个星期聚在一起，比赛写毛笔字，由父亲做裁判。我还小，没有资格参加比赛，在旁边观赏，觉得这种有益身心的比赛很有意思。

父亲又开始教我们念古文，由浅入深，开始时念《礼记·檀弓下》中的《嗟来之食》，又念陶渊明的《五柳先生传》，回想起来都是跟做人和读书有关的文章。父亲去世后，我们家穷困得不得了，要不断对付的问题就是要不要吃"嗟来之食"，至于陶渊明说"好读书，不求甚解；每有会意，便欣然忘食"，则是我历来读书的习惯。有浓厚的兴趣去读书，最为重要，即使开始时不求其解，在时间的积累下，慢慢也"解其中意"了。

后来读《答苏武书》《滕王阁序》《吊古战场文》等，长篇难解，但父亲下班回家后，常要我背诵这些文章。他拿着书，我一面偷看一面念，他也让我及格过去，现在想来，他是有意让我偷看的吧。但父亲和我有时也一起去欣赏这些古文,记得我们读《西门豹治邺》到河伯娶妇、巫婆下水时,相视大笑,父子互相切磋学问真是乐也融融。

虽然我们家境贫寒,但香港经济却渐有起色。相对来说,内地正在进行"大跃进",从报纸上可以看到当时农村饥荒的惨状,我们家住的地方离铁轨不远,每天看到从火车上运载的牛和猪都很瘦瘠,这些牲畜都是用来换取外汇的,却没有足够的饲料,可见当时贫穷的光景。父亲也开始明白短期内无法回返家乡了。他和凌道扬校长跟一位叫王同荣的朋友开始筹办银行,本来计划由父亲到南洋去集资,但由于人事的关系没有成功。从此我也知道了谋事的艰难。

我这时长大了些,也能够替父亲给他的朋友送信或送礼。钱穆先生是新亚书院的校长,他住在西林寺附近,父亲有时从沙田火车站走到他家里聊天。我站在旁边,也学了一些历史和哲学上的知识。钱师母对我们很好,过年时除了给我们红包,还送礼,有一次送了我们一只猪头,真是别开生面。我母亲的手艺很好,她会做粽子、年糕、芋头糕,她也会酿酒、做腊肠、腊肉。过年过节时,由我负责将这些食物送到父亲的朋友家里,因此常得到父亲朋友们的赞赏。

常有来往的教授有钟应梅和王韶生(1904—1998)等,王教授替父亲著的书《西洋哲学史》写了一个书评,对父亲的思想极为推崇。在父亲来往的朋友里,还有寺院里的和尚,父亲喜欢和他们讨论佛教的哲理。

当时崇基书院的学生有不少到家中和父亲交流,交谈的内容包含西方哲学与儒、道、佛等中国思想的融合。父亲尤其推崇王阳明的学说，也论及近代科学的思潮。常来家里的学生有何朋、傅元国、黄沛雄、李伯荣、陈耀南等，香江书院则有李锦镕、陈郁彬、陈庆浩、支宇涛、王友浩等，他们和父亲的交情很好。伯荣先生家里环境不错，还在经济上帮助父亲。在那个时候，我们兄弟姊妹渐渐长大，居住的地方已经不够用了。父亲相中了附近一块可以建筑的地方，伯荣兄愿意借钱让他购买此地。父亲以为没有问题了，但我们的温姓邻居却要求父亲送他茶钱。父亲拒绝了他的无理要求，他就带了一个比较有钱的商人，在投标时将那块地买走了。

我们在客厅里摆了一个吃饭的桌子，吃完饭后就要赶快清理出来，一同坐在那里念书。父亲的书桌则放到旁边，他一边看书，一边看管我们。他将一个大书架放在他的书桌上，我常爬到他的书桌上看书。有一次，我看到一本书叫《文心雕龙》，以为是武侠小说，打开来看后，不觉大失所望，不过后来我倒是看了这本书里的很多文章。我的大姊在初四时得到奖学金，到英国念护士。而二姊则到澳门一间中学寄宿。当时澳门一位姓曾的中学校长，在汕头时欠了我父亲一大笔钱（有五万元之多）无法偿还，他就请父亲送孩子到他的学校住宿，不收学费。结果二姊在澳门染病，回家两年后去世。看着二姊憔悴而逝，心中实在悲哀，父亲哭得很伤心。

小学的学校生活

穷困的痛苦,是当时读书人共同的问题。父亲评论黄仲则的诗"全家都在风声里,九月衣裳未剪裁"时,说这是描写穷困最赤裸的一首诗。我们小孩子没有好的衣服穿,比不上同学,觉得惭愧,却不知道父母的心情。但衣着不光鲜确实容易让人歧视,记得珂妹小时上幼儿班,由我负责接送,在沙田信义小学接她时,校长以为我是顽童,居然打了我一巴掌迫我离开。

小学二三年级时,我喜欢玩,书读得不好。我有一个要好的朋友叫吴汉,在三年级学期结束时,我们在回家的路上走,碰到我的三姊,吴汉很高兴地跟她说:"你弟弟考得很好,比我分高。"回家后,我却被父母大骂了一顿,因为我名列班上第36名。我的数学大概还好,

母亲、大哥与我。摄于元朗

1958年。摄于家后山上

记得当时学校有一个别开生面的比赛，学生绕着校园跑步，每到一个角落，就解一道数学题，我跑得最慢，却将所有题目都答对了。小学五年级那一年，我书读得还算不错，大概数学还可以，中文也不错，考了第二名，父亲大为赞赏。他与我们小学的校长刘随关系很好，这年校长去世，父亲还送了挽联。班上有劳作和美术课，三姊手工很好，常替我做劳作的功课。我绘画还可以，画山水画，还代表学校去比赛。

到小学六年级时，学校要我们准备香港所有小学都参加的会考，是升入公立中学最重要的考试，所以这一年下学期全部时间用来温习，上学期则开始学英文和学习算术里的鸡兔同笼等问题。英文老师叫马谦，刚从香港大学毕业，到我们这种乡下小学教书，大概有虎落平阳、牛刀小试的感觉。他上课时全部用英文，这对我们这种没有学过英文的小孩来说，真是措手不及。还记得我过了一个多星期后才晓得什么叫作"Do you understand"（你明白吗）。他出的题目也不容易，大家都考得不好，有些顽皮的同学竟在乡村的路上揍了他一顿。这件事影响很大，大家都很惶恐。师道不尊，学生没有办法学习了。有一次，一个学生竟从家中带了牛刀到学校上课，学校出动了很多老师才将其制服。其实马谦老师人很不错。我们小学毕业时，全校到梅窝旅游，几乎所有同学都去海中游泳了，父亲却送了一张纸条给马老师。到梅窝后，马老师将纸条打开，原来是"禁止小儿成桐游泳"。马老师则租了一乘小艇，带我在海滩旁照看同学玩耍。

乡村的儿童有很多可爱的地方。我们在学校的山丘上种菜，常会挖出金塔,是死人埋骨的地方,学校的洗手间则常有"道友"在那里占据。有一年读范成大的诗时,同学们就顺口将其改为"有条老野想升仙,下有尿渠绕野田"。读书读得最好的同学张梅号毕业后却去耕田了。

到小六下学期,老师将我们班分作几组,每一小组由组长带领一同读书,以准备考试。我分数比较好,所以成为组长。我带着六名同学,借温习之名,不去上课,到处游荡。我每天背着书包出门,父母还以为我很用功,因为父亲叫我读的书我还应付得了。我带着我们组的同学在山间田野和海边玩耍,也到市区与商贩来往。有一次,我们在铁轨道旁边见到一群顽童在捉蛇,我们打扰了他们,把他们惹火了,于是来追逐我们。我不知从哪里来的勇气,拿起铁轨上铺的石头不停地丢向他们,竟然将他们驱逐走了。后来再见面时,他们竟对我有些佩服。

这半年,我当然没有好好地念书,去参加会考时,我们组中其他人全军覆没,我则仅以身免。考完试后,老师将考题复述出来,看我们有多少同学得分。当我举手说我答对了某些题目时,同学们都觉得惊讶,不相信我有这些能力。当时发榜是通过报纸看到的,我正在隔壁与一群小孩玩追逐游戏。父亲看报纸时没有看到我的名字,因而大怒,由三姊负责捉我回来受责骂,父亲已经准备了藤条侍候。我打开报纸一看,很镇定地告诉父亲第二版还有名单,我的名字赫然在第二版上,虽未名落孙山,却与之并等。

进入培正中学

原来这一年港英政府官校学位不够，所以将考生分两等，头等入官校，次等则由考生自己找私校，私校愿意接收则由政府提供所有学费。我哥哥已经进了巴富街中学，是官校。我父亲却需要带着我到处奔走，找一间愿意收留我的私校。第一所就是培正中学，当然这是名校，不容易考取。培正中学校长是林子丰博士，很懂得办学，他曾经邀请父亲到培正任教，父亲婉拒了这个邀请，但也因此结识了林校长和他的秘书长林雁峰。因为这是最后一次考中学的机会，我为了准备入学考试，花了不少时间，破釜沉舟，终于考上了培正，但我也不排除林雁峰老师帮过忙。

我们家在沙田，培正中学则在何文田的窝打老道。我们每天走到沙田火车站坐火车到油麻地的火车站，再走路到培正中学上课，总共要花一个多钟头。火车每小时一班，赶不上火车，则坐巴士，经过城门水塘，绕着山路，花很多时间。学校八点半上课，准时到校没有问题，但下午课从一点到两点半。火车三点钟从油麻地车站出发，往往要赶火车，赶上后在火车上气喘连连。过狮子山隧道时，油气和水汽会从窗外冲入车厢内，所以一定要将窗门关紧。久而久之，我在车上认识不少朋友，谈天说地，倒不寂寞。有时甚至沿着铁轨步行到沙田，经过隧道时，漆黑难行，很是惊险。沙田车站有一株大榕树，有很多小贩卖零食，受我们欢迎。我们喜欢吃他们卖的咖喱鱿鱼，钱则是从午餐中省下来的。

刚开始到培正上学时，我把母亲做的午饭带到学校吃，往往被同学讥笑，后来就在学校门口的茶餐馆吃干炒牛河，一元一碟。读中学一年级时，小舅和妹妮姊结婚，住在学校旁边，有时我到他们家吃饭，省下一些午饭钱。这件事情最后被外婆知道了，她和母亲诉说小舅家也很穷。后来，我就不敢再去占便宜了。

在念中学一年级时，乡村孩子的野性未改。班主任叶息机老师在我手册上的第一段评语为"多言多动"，第二段评语为"仍多言多动"，第三段则为"略有改进"，可见我上课时并不安静。父亲不见得很开心，由二姊来管束我。但教数学的易少华老师倒很喜欢我，她刚大学毕业，还在谈恋爱，在课堂上总是笑口常开。我也很高兴地用刚学懂的线性方程来解鸡兔同笼问题，我还跑去跟我的小学老师谈这种解法，但他没有兴趣听。这一年最让我头痛的是英文、音乐课和体育课，英文还刚开始学，勉强过关，音乐就真的不行了。纪福伯先生教音乐，每课必点名学生站起来唱一首歌，往往找班上最差那一名和最好那一名，最差的是我，最好的则为宋立扬兄。

我唱歌严重走音，而且我三姊说，我每次走音的方式都不同，无可救药。当时我的表姊教音乐、弹钢琴，我每周末都到她那里花两个钟头学习唱歌，但于事无补，中学一年级和二年级的音乐课都需要补考。其实我考音乐课的乐理反而考得很好，有一次在班上考第二。纪先生派卷子时说："这次考试使我很惊讶，某人居然考得很高分。"所幸我父亲不在乎我音乐考得不好。

至于体育课，要考跑步、仰卧起坐和引体向上，跑五十米我跑九点五秒，仰卧起坐大概有三十次，而引体向上则不到两次，结果都不合格。到学期终，老师总会使加起来的分数达到六十分，让我免于补考。

一个乡下小孩到一个比较贵族化的中学念书，总会受同学歧视。有一个体重二百多磅[1]的王同学有空就拿着我的手臂不放，当时我只有六十多磅，所以拿他没有什么办法，只有绕过他的座位而行。后来，我才从物理学上知道重力的原理。所幸还有其他同学，如吴善强和彭次山都跟我很要好，互相帮忙。

这年暑期，父亲要我读冯友兰的《新原道》《新原人》，还有唐君毅和熊十力的哲学书，虽然不知所云，但也逐渐习惯比较抽象的学术讨论。父亲在家中与学生讨论古希腊哲学和自然辩证法时，我欣赏到了数学的重要性。

1961年秋，我从初一正班升初二善班，开始比较习惯培正的生活。中文由潘宝霞老师教，她刚从台湾大学中文系毕业，戴了一副很有棱角的眼镜，做事很负责任，管我们很严，教书也很用心。她教我们学范仲淹的词，很合我的胃口。

我们每个星期都有一次全校在一起的早会，由校长或其他嘉宾训话。我们都要穿制服，打红色领带。我有时赶火车，没有将领带戴上。有一次早会时，学生在大堂里吵得很厉害，林子丰校长很不高兴，说我们学生衣衫不整、领带不戴。我一听赶快将领带拿出来戴上，这下可惹火了潘老师。早会后，她把捉我到她的办公台处，要狠狠地罚我，

---

[1] 1磅≈0.45千克。——编者注

记我两个小过。我吓了一跳，因为父亲知道了可不得了，我只好向潘老师求情。潘老师心肠却是极好，见我衣着并不光鲜，就问了我很多家中状况。知道我父亲是教授，却家境穷困后，她产生了同情心，不但不惩罚我，还想办法帮我忙，送我一些奶粉。这件事使我甚为感动，我也由一个喜欢玩耍的顽童变成一个专注读书的学生。我二姊倒是大为惊奇，认为我开始长进了。

20世纪50年代，香港的大专院校里有很多来自内地的学生，他们的工作大多没有着落。从崇基书院搬到马料水时，要辟山建校舍，不少学生帮忙打石头、盖房子，以赚取生活费。在炎热的太阳下做这些工作，其辛苦可想而知。何朋教授就是其中一位，他和夫人常到我家，有一次还带了他翻译的雪莱（Percy Bysshe Shelley, 1792—1822）的诗给父亲读。父亲很高兴，写了一首诗贺他。有几个山东学生没有钱，常到我家吃饭，父亲还给他们车钱。香江书院的一个女学生没有能力交学费，要到舞厅做事，父亲替她解决了问题。她后来嫁给了父亲的另外一个学生，父亲去世时，她哭得很伤心。这些学生后来多有出息。除何朋等人外，还有陈耀南、陈郁彬、李锦镕等常在我家高谈阔论，让我眼界大开。父亲没有直接教我们作诗词，但记得有一次，一家人坐巴士从沙田到元朗的路上，经过大雾山，父亲出了一个上联"云遮大雾山"叫我们对，我随口说"雨洒浅水湾"，父亲很是高兴，认为孺子可教。

香港暑期时都会有台风，每次台风来的时候不用上课。由于市场关门，我们吃鱼或肉罐头，我们小孩都很高兴。但台风来时，吹得房子动摇，有天旋地转的感觉，一家人都惶惶恐恐，希望房子不会倒下。那时，每年都有渔民淹死。1962年秋，9月初，台风"温黛"袭港，同时引起海啸。早上起来，从半山看下去，整个沙田水汪汪，才陆续知道整个沙田渔村被毁，大量人员丧生的惨况。渔船都飘到了铁轨上，过了很久，市镇上还带臭味。我家门前高大秀美的玉兰树也倒了下来，花木凋零，景象惨不忍睹。

这年开学以后，坏事接二连三。先是二姊去世，虽然母亲多次带她看病，终究无救，母亲带我去和合石坟场找她的葬地。第一次遇到生离死别的伤心事，父亲写了一首悼诗，心情实在难过。

数学的召唤

这一年，梁君伟老师教平面几何学，讲解生动。他将优美的几何公理系统在课堂上一一解释，使我印象深刻，这是我对几何学产生兴趣的开始。看到这些定理，我兴奋不已，在火车和在路上都会思考这些问题。直到中学三年级钟伟光老师继续上几何课时，我已经开始自己找寻一些有趣的问题，自己解答。有一些问题花了我很长时间都解答不出来，困扰很久。有一次到书店看参考书时，才发觉这些问题有人已经考虑过，同时也知道了它们不能够用圆规和直尺来解决。这些证明不是中学二、三年级的学生所能理解的，但也让我惊讶于代数的威力。老师们的循循善诱，使我对数学兴趣盎然，欲罢不能。

那时学校没有图书馆，所以我常去逛书店，站在书店看书，一看就是两三个钟头，有空也到洗衣街的旧书店买旧书。外文书太贵，也看不太懂，倒是内地出版的书还买得起，但水平参差不齐，我也不自量力去浏览。

自从中学二年级喜欢上数学后，我的数学成绩都差不多满分，父亲也很高兴。

这一年秋天，突然有人送信到我们家，说是三伯的儿子丘成标从家乡偷渡到了罗湖，要我们去接应。母亲带了二姊一同将他带回家，在我们家住了两年多。父亲心地很好，悉心照顾侄儿，但我们家空间本来就不够，又多了一个人，不单是饭菜不够，父亲还决定送堂哥到香江书院去读书，家庭负担更重，母亲和父亲常为这件事偷偷地争吵。当时父亲一年收入才两千多港币，而房租一个月就要一百元，现在想起来，不能不佩服父母的胸襟。他们对小贩、对一切穷苦大众都富有同情心。家门前常有各种挑担的小贩经过，有很多是家中并不需要的物品，父亲还是愿意帮衬他们，他还教导我们需要照顾穷苦人家。

紧接着重要的事情是父亲在香江书院的教席受到冲击。父亲跟陈树渠创办香江书院多年，做文史哲的系主任，系务蒸蒸日上，聘请了很多有学问的教授。父亲认为他们系的素质已经超越香港大学，但陈树渠却与台湾国民党勾结，一方面容许国民党特务到香江书院做学生，另一方面容许由台湾派人代替父亲系主任的位置，据闻台湾答应"反攻大陆"成功后，陈树渠可被任命为某市的市长。当时学生们都说陈树渠与红线女的桃色秘闻掌握在台湾特务手上。父亲对接受特务和校方有人欺负女学生的事情极为反感，开学两个多月后，校方又突然要免去他系主任的职务，这与之前定下的合同不符合，父亲遂愤而辞职。

在这三个月，由于二姊去世再加上辞职，父亲的心情很差。而且凌道扬在崇基书院校长的位置不稳，父亲是他的亲信，职位自然会受到影响。因此，父亲又到联合书院兼职，家庭负担加重，极为辛苦。

父亲过世

三个月后，在农历新年时，父亲吃了醉蟹，就开始不舒服，晚上不能睡觉。由于祖父是中医，父亲也懂一些中医的知识，因此自己开药来治疗，但一直不见好转。家里的经济条件不允许他到正规医院看病，母亲到处奔波，找亲戚朋友帮忙。当时她的亲弟弟——我的大舅，竟然拒绝见她，尽管他们一家人从小都是父亲养育的。当时大舅在办一间私立中学，得到天主教的大力支持，环境很是不错。一直到1963年4月，父亲的几个学生才一同送父亲到养和医院治疗。当时医生确诊为尿中毒，要放尿。

在父亲生病这几个月，我们都很惶恐。外婆求神拜佛，用了种种不同的手段，父亲的病都没有任何起色。我从学校到养和医院，坐巴士、渡海轮，再坐巴士，在路上都很担心父亲的病。开始时，父亲还可以说话，过了一两个星期后，父亲竟不能说话了，这真是令人悲哀的事。有一天，父亲的学生租了港岛旅馆的一个房间叫哥哥和我住，三姊则和母亲陪父亲。6月3日深夜，我们到医院看父亲，母亲大哭，父亲已经去世。哀哉，这恍如晴天霹雳，我迷迷糊糊，不知如何是好。

后来两个星期，就是到殡仪馆守夜。父亲的学生和朋友们组织了一个治丧委员会。我们兄弟姊妹六人年纪都还小，母亲则很坚强，一面打理父亲的后事，一面考虑这个家庭如何维持下去。父亲的学生们都很仰慕父亲，无奈他们都穷苦。有些学生则很气愤，要找陈树渠算账。在灵堂守夜，看着亲友们送的挽联，我很伤心，我至今还记得其中几副。从中也可见父亲受到朋友、学生的爱戴。主祭的有凌道扬、钱穆、张发奎等父亲生前好友，我们家属则循中国礼节披麻并跪下来还礼,我们跟着殡仪馆的车送父亲的遗体到香港仔华人永远坟场入葬。我当时整个人麻木了，看着母亲哭得很伤心，不知如何是好。亲友们送殡时，都送了钱，他们大都担心我们以后的生活。大舅竟然将钱全部收去，说是殡仪馆的费用，经过管事的学生力争，才追回一部分。大舅又建议母亲让我们不再念书，到荃湾去养鸭。母亲坚决拒绝，此后五年，再也没有见到大舅的影子。

在这期间，我们都在学校请假，并且补考，所幸成绩还好。然而，我们没有注意到母亲每日泪流满面，还到处奔走。我们住的房子已经欠租半年，房东同意不收回欠债，但只容许我们多住两个月，所以第一件重大的事是解决住处问题。父亲的学生李锦镕和王友浩跟着母亲到处找廉价的房子,终于在沙田白田村找到一个小房子。房东也姓丘，他有两个女儿和两个儿子，大女儿丘宇美与三姊是同学，小女儿宇璧在小学时跟我是同学。

从父亲去世到搬往白田这段日子,母亲和三姊实在辛苦。三姊刚好中学毕业,决定不念大学,到小学教书,以维持家计,一个月只有150元的薪金,又替小孩子补习,争取更多的收入。刚开始时,母亲将这个噩耗瞒着在英国的大姊,怕影响到她的学业,但她在报纸上看到了父亲去世的消息。她虽然也很辛苦,但有时会寄五镑或十镑回家,帮忙解决问题。母亲和三姊会寄一些手工品到英国,由大姊帮忙售卖,母亲、三姊和大妹又帮忙车衣服赚取工钱,往往深夜以后还在工作。

母亲则认为搬家到白田始终不是解决的办法,就到港英政府救济机构商量在沙田火炭村拔子窝的山地上申请一块地用来盖房子。母亲人缘很好,有位堂哥自愿帮忙,收取很少的费用,材料则用父亲出殡时亲友送的钱来购买。当时沙田市区很小,母亲和售卖蔬菜、肉食的小贩都很熟,其中有一个绰号叫"牛肉婆"的寡妇,背着小孩卖牛肉,却借钱给母亲渡过难关。据她们说,在她们遇到困难时,父亲和母亲都曾帮过她们的忙。父亲的学生李锦镕在经济上也帮了很大的忙,锦镕先生和陈庆浩先生在黄大仙的徙置区顶楼办了一个天台小学,叫作普贤小学。前者的父亲在美国做餐馆生意,后者则由佛教寺院支持,三姊后来也到这间小学教书。

困境中的成长

从前父亲叫我念书,我总是心不甘情不愿。父亲去世时,我没有流泪，但我总是不愿相信他已经去世，我们一家人的精神支柱一下子没有了。我就从父亲教过我的书中去找寻他的影子。从前念的古文一下子都容易懂了，这时我最喜欢读陶渊明的诗文。

母亲很坚定，对大舅的态度极为不满，到这时我才了解到什么叫作"嗟来之食"。母亲要继承父亲的遗愿，坚持让我们继续读书。当时培正的学费每月50元，后来加到100元。幸好我有港英政府的补助，不用交学费。但是，港英政府的钱要在学期末才送到学校，所以每年我都要去找教务长林英豪老师容许我迟交学费。英豪老师仍健在，大概他没有想到我会难为情，但他每次都很爽快地答应，这使我感激。大概很多老师和同学都知道我家的穷困和我父亲去世的事。有些老师竟对我还可以继续读书表示惊讶，这使我心情沉重，但也使我更为努力。

我们在白田住的地方离火车站更远，每天和邻居家两个漂亮女孩坐火车和走路，却始终没有交谈。直到五年前，我才跟宇璧碰面来往，宇美则五十年来不知所终。住家门前是一个养猪的地方，每天早上不到六点钟，猪起来吃食，吵闹声将我们叫醒。

由于白田离火车站比较远，锦镕先生建议我住在他办的天台小学。我在那里住了一年半，黄大仙到窝打老道的巴士非常拥挤，每天都要想办法才挤得进巴士。在天台小学，有时一个老师同时带两班同学，其中一班上课，另外一班则坐在椅子上做功课。这些都是贫苦的儿童，很是可爱。我也代过课，休息时睡在学生的长木桌子上，有时不小心会掉下来，有时醒得晚了，学生会进来推醒我，我竟然习以为常。水渠和厕所都是公共的，当然不太卫生，每天要忍受，倒是学了不少厕所文章，其中有一些还记得。"宁欺白须公，莫欺少年穷"，吃饭有时跟一个姓容的工友一同吃，有时则到楼下的廉价饭店吃，一元一煲煲仔饭就可以饱餐，每两个星期回家，带衣服回家洗。

锦镕先生和他的朋友常到学校来，高谈阔论，很多是关于学问的问题。他有个朋友正在研究许慎的《说文解字》，我也听了一些这方面的理论。他有一个朋友也是我父亲在香江书院的学生，被发现是台湾特务，被港英政府捉去打了一身，递解出境。陈庆浩是潘重规教授的学生，研究《红楼梦》，很多中学女生跑来问他文学的问题。我不同意潘重规先生对红学的见解，所以和陈庆浩会有辩论。

但大部分时间，我都是自己在读书。每天晚上八点以后，就只有我一个人在那间小学的办公室里读书。学校的功课和课外书，我都有涉猎。我也看了不少历史书，包括范文澜的书，以及经典的《史记》和《汉书》。所以陈启潜老师教历史时很喜欢我，他做班主任，还特别表扬我的历史知识。我们班上有一位同学邓文正，绰号"大飞"，坐在最后排。启潜老师决定将他从后面调到前面，由比较安静的同学包围他，我便是其中一个重要的棋子。这一着棋的确让邓兄学业进步，后来成为饱学之士。

中文由高晓夫先生教，他出的题目都很有意思，比如有一次作文题叫"猪的哲学观"。他是我父亲的朋友，他说好的书和不好的书都要看，可以做比较。所以我到理发店理发时，也看那些下流黄色的报纸。那一年上学期，我的中文、历史和数学基本上都拿了满分。数学由黄逸樵先生教，他很喜欢我的同学徐少达和我，徐少达从中学四年级到中学六年级都坐在我的旁边，我们常互相切磋。中学这三年间，我受到良师益友的熏陶，学业大有长进。

在这一年，我开始教补习生。当时要找补习生不容易，我为此做了广告，但要写电话。当时同学曾英材家里有电话，本来我们说好一起去教补习生，但最后他父亲不准他去，结果由我独自一人去做补习老师。有一次找到了一个叫阮伟亭的补习生，住在九龙塘。曾英材本来跟我说是一个月100元学费，结果学生交学费时，却是25元一个月，这大概是个误会吧。

我在中学四年级时替一个三年级的学生补习，倒还得心应手。他在拔萃男校读书，他母亲很喜欢我的教学方法，还开车送我回家。第二次补习的学生是小学六年级的一个小女孩和一个小男孩，他们的父亲得了重病。我也不负所望，将他们教得很好。我还去培正中学对面山上一家教他们的女儿，她的名字叫作谭玉洁，大概跟我同年。她的妹妹在读小学六年级，数学成绩不行。她妈妈很担心，也找我辅导她的妹妹。我认为鸡兔同笼问题应该用线性方程来解，就开始教线性方程。她母亲大吃一惊，认为我在胡闹，她女儿小学六年级的课程都还没有学好，我居然教她初一的数学。我请求她给我一个月的工夫。结果，她女儿学懂了如何解线性方程，这些问题一下子都变得容易了。结果她每次考试都拿一百分，她母亲很高兴，认为我什么都懂，要我也教英文，那当然不是理想的事。

给别人补习的生涯要到我大学二年级才停止。那段时间，我跟中小学生接触，乐趣无穷。有些学生的家境不见得很好，有些则很富有，

1962年，父母摄于沙田龙凤台

但他们都很尊重我。在中学六年级时，我教李伯荣先生的外甥，住在他们港岛罗便臣道的家。他们的家靠山面海，是香港世家，有用人招待。由徙置区搬到香港有钱人家住，这个经验实在难得，我常听伯荣先生述说香港有钱人家的趣史。伯荣先生的妹妹还未结婚，常有精彩的言论，后来她嫁给了哥伦比亚大学的一位历史学教授。

由于我在高中时数学很好，老师要求做的习题我都会做，我的同学苏志刚、黄维荣等人常来找我借习题答案。有些体格比较强壮的同学想欺负我时，我可以用不借习题作为抵抗的办法。有一段时间，我到培正饭堂吃中午饭，十二点一下课，就跑步到饭堂，迟了就吃不到好的饭菜。十个同学一围台，谈天说地，很有意思。我也踢球，打乒乓球，但我的体育比不上他们，大部分时间是旁观者。

最后的中学时光

中学四年级和中学五年级读物理和化学，以张启滇老师教化学最为杰出。我虽然想学物理，但从老师处所得收获不大。我的同学徐少达读得很好，大概是得益于他兄长的教导吧。

黄逸樵先生上课时唾沫横飞，我们听得津津有味。记得他讲三次方程和四次方程的解法时，讲述意大利数学家争取这些数学成果时的种种故事，即使天气炎热，我们也不会打瞌睡。在中学四年级时，他教射影几何和立体几何，中学五年级则教微积分，他的课程比其他中学先进得多，所以在五年级下学期考中学会考时，我们都觉得很轻松。

英文老师李晋庭是一位很慈祥的老人，他不断强调分数并不重要，只要过得去，他都会通融。刚巧我当时的分数是 59 分，李老师还是给了一个红分，因此我做不了优异生，但我不觉得遗憾。老师们都很和气，也很鼓励我们上进，我还记得早会时常唱的一首《青年向上歌》的几句："我要真诚，莫负人家信任深。"校歌中"培后进兮其志素，永为真理之干城"是我一生的理想。老师们鼓励我们要有志气，正如我父亲从前教我鲁国叔孙豹提出的三不朽——立德、立功、立言。父亲去世后，我想人生在世，终需要做一些不朽的事吧。1963 年，杨振宁教授到香港演讲。他的演讲对我们有莫大的鼓舞。我虽然没有雄心去争取诺贝尔奖，但想做一些贡献，做能够对人类有益、能够传世的工作。

我们班上的同学一面竞争，一面互相帮忙，当时老师在课余会给学生补习。直到中学五年级以后，我才知道这些事情。我还是很乐意跟我的同学们切磋的，帮助同学做习题对我大有裨益，所以我现在也鼓励我的学生们互相帮忙。

刘茂华老师是很有学问的学者，他是我父亲的朋友，在中学五年级时教我们中文。他很同情我们家的情形，并从我们的班主任吴荣招老师那里知道我各个学科的分数。他发觉我有两门学科有问题，其中一门是体育。刘老师认为我身材不错，我的体育考分不高是毫无理由的。他的结论是我上课时不用心，得罪了老师，便将我臭骂了一顿。第二门学科是英文，吴荣招老师教英文。刘老师向他解释我的家境后，吴老师就给我们几个同班同学补习，除我之外，还有徐少达、苏志刚和吴老师的女儿吴日晶。吴老师每个星期上一次课，没有收我的补习费。

直到如今，我衷心感激教导我的老师们。这几位老师已经去世十多年了，在他们没有去世前，我工作很忙，没有太多时间去拜候他们，等到要拜候时，他们已经不在了，真是遗憾终生。在培正中学极盛的时代，确实是人才济济，今日说往事，有"白头宫女说玄宗"的感觉。

1964年秋，我们从白田村迁家到火炭村拔子窝。那个刚盖好的小屋居住面积很小。我一个人住在阁楼上，要用梯子爬上去，地方刚够躺下。夏天时常有蜈蚣光顾，水是从附近的小溪引来的山水，灯则是用煤油点的灯。厨房是农村式的，大锅放在灶上，用柴草烧饭。家事大部分由母亲和大妹承担。母亲每天要到市区买菜，拿着很重的食物和家庭用具，长途跋涉，真是不易。由于我和哥哥都要准备会考，母亲很担心我们的学业，赶着回家给我们点灯烧饭。

从家里走路到火车站更远了，母亲早上六点多就要叫我们起床。如今想来，我一生对父母亏欠真是不少。这个地方背山而面对一片沃野和农田。旁边有很多松树，清风徐来，松涛声和虫声伴着读书声，真是令人心旷神怡。我们在园子里种了很多果树，又养了三条狗，一群鸡、鹅。养鹅是因为在家中常有蛇出没，养鹅可以赶蛇。有很多次，我要用竹竿来将这些爬到园子来的青竹蛇打死。我们跟邻居和农夫们关系都很好，唯一遗憾的是我们的狗常跑到农田上践踏农作物，结果被农夫们毒死了，弟弟妹妹们很伤心。我补习完回家往往是明月当

1965年，摄于火炭村拔子窝的新家。父亲和二姊已过世，大姊在英国

空，一路走一路念苏东坡的词："明月如霜，好风如水。"只不过在被农村的狗追逐时，却得提心吊胆，同时每天回家还要经过一条没有桥的山溪。大雨后，溪水大涨，桥就过不去了。当时家里主要的娱乐除了看小说，就是听收音机。

对我来说，读书不成，便无退路。每当看到母亲眼中充满期望，辛苦地为我们工作时，我岂能无动于衷？母亲从不罚我，父亲却会用藤条罚我，但他罚我的时候，却于心不忍。有一次，哥哥和我争着用洗手间，父亲认为我理亏，用两手推我，让我走开。看着他的额头上都是皱纹，两手无力，很是衰弱的样子，我差点哭了出来。父亲去世后，我遇到挫折时，喜欢念梁启超翻译的拜伦的诗："在那波斯的古墓前，我凭栏远眺……难道我今生今世为奴为隶便了？不信我今生今世为奴为隶便了。"

我也喜欢看悲剧小说，《红楼梦》看了好多遍。父亲在时，我有很多情节没有欣赏，到这时始有感触，我也背诵了里面的诗词。父亲曾经带我们去看过一部越剧电影《红楼梦》，看王文娟演的林黛玉。父亲刚去世，我再回想起这部电影特别有感触，会想起剧中紫鹃唱的曲："想你眼中能有多少泪，怎禁得冬流到春，夏流到秋。"读司马迁自传，我会感怀他的身世，他后半生决心完成《史记》的精神更使我钦佩，读他写的《报任安书》，如血泪书成，使我不能自已。读《答苏武书》《离骚》《哀郢》等文章，荡气回肠，也使我毕生难忘。这些文章成为我后来消闲吟咏的重要内容。

有一次我生病在家，两天后回到学校。我事先不知道要考试，林侠魂老师坚持我跟同学一起默写欧阳修的祭文。我因为喜欢这篇祭文，很早时就在家里念过这篇文章，所以默写时只错了三个字，林老师也有点惊讶。我述说这件事情的原因时指出我当时对念古文有很浓厚的兴趣，所以背诵它们并不觉得困难。

除了中国文学，我也看一些外国的翻译作品，花了不少时间读歌德的《浮士德》，也看父亲写的《西洋哲学史》，慢慢吸收了西方的一些哲学思想。

准备进入大学

我们中学会考是中学五年级和中学六年级学生一起考，所以我和哥哥一起参加这个考试。我取得了两优五良的成绩，差强人意。在考完会考那个暑假，我除了给别人补习，也无所事事，就响应老师的号召，到徐少达兄家做了一个数学模型。他父母和兄长们对我都很好，我在他家过得很愉快。但我们这个模型在参加比赛时却以失败告终。

母亲认识一位法国回来的华侨，教法文，她自告奋勇要教我，于是我找了徐少达、曾英材、黄维荣、苏志刚和他的妹妹，一起去学法文。语文实非我之所长，法文学得最差的还是我，倒是我们这些男生在漂亮的女生面前有不同的表现，甚为有趣。

中学六年级时，因为是新学制，老师们有些手足无措，不知道教什么内容。而同学们很多想去美国留学，所以没有静下心来读书。我自己也试图申请奖学金到国外留学，但最后因为连申请学校的费用都出不起，只好作罢，去考香港中文大学和台湾大学。我们原本没有资格考香港大学，因为他们规定只收英文书院的学生。我和我的同学苏志刚申请考英国 GCE 考试。这个考试本来也不准我们考，但我使出了浑身解数，终于说服把关的职员让我们报名了。当时理科需要考实验，但培正中学没有好的实验室，也不教这个考试范围内的实验。我独自跑到我从前邻居江夏台的地下室做化学实验，所幸没有出事。但考试时，我将仪器打破了，结果自然是不合格。我考台湾大学时考了很高的分数，他们不但录取了我，还要给我丰厚的奖学金，但我决定留在香港，因为这样可以照料家人。

这一年，我们参加香港中文大学的入学考试，很多同学已经被国外大学录取，所以考试前并不十分用心复习功课，倒是花了不少时间写同学录和排练话剧。茂华老师开始鼓励我们写文言文，我这年的作文大部分用文言文写，在文言文里用了很多科学名词。刘老师竟然大为赞赏。考香港中文大学时，培正同学的成绩都不太理想。我则仅以身免，但大学给我的助学金因此比不上数学系的其他同学。毕业那天，茂华老师到处找我们同学来教他的女儿数学，结果只有我愿意去。他女儿长得很美，但不用功，想做电影明星。我很惭愧，因为我没有教好她数学。回想当时的情形，茂华老师的用意可能不只在于教他女儿数学。

中学六年级时，我们班只有两名女同学，坐在最前排。我和英汝兴兄坐在她们后面。那时候大家无所事事，年龄也差不多，很多男同学想跟坐在我前面的黄希真约会，劳烦我传递信件。黄希真同学学貌兼优，得了个品学兼优第一奖，很有吸引力，但我"春心"未动，在中学时从未与女孩约会过。

中学以前的教育和人生经历可以说多彩多姿，在时间的浸化里，我学到了影响我一辈子的知识。繁花如梦，何曾梦觉，对我影响最大的仍然是我的父亲。我父母从未要求我为富贵而读书，这一点影响了我的一生，我至为感激。

我父亲对曾祖母、祖父、叔伯、侄儿、母亲和我们的爱护，发自内心深处。他对贫苦百姓、对国家的爱，是他终生不渝的追求。他终生不断地思考着中华民族的文化与西方思潮的异同，希望建立一个文化基础，以实现和谐社会的建设。他的早逝使他不能完成他的志愿，只留下了一本《西洋哲学史》。但他留下的热情，留下的爱，使我终生受用不尽，也让我终生感激。父亲的去世对我是一个很大的打击，但也因此使我成熟。孟子说："天将降大任于斯人也，必先苦其心志，劳其筋骨。"我对此甚有感触。今年是他的百岁冥辰，希望他泉下有知，会为儿孙们的成就感到骄傲。

父亲去世时，有一副挽联说："亡尚有风规留梓里，哲人其逝，空余热泪洒桐棺。"我想，父亲的热泪未有空流，遗爱尚在人间。谨作《忆江南》一首："百年梦，沧海月明中，还想旧时慈母泪，师友如磐父爱浓，世代守儒风。"

我父亲和我的大儿子明诚都喜欢读《三国演义》开章的第一首

诗："滚滚长江东逝水，浪花淘尽英雄。……青山依旧在，几度夕阳红……"只可惜沙田青山已改，沧海亦成为跑马场，培正的同学大多白发满头，无复当年意气，但杨振宁教授喜欢的陆游诗句"形骸已与流年老，诗句犹争造物功"，却仍然鼓励着我。

本文写于 2013 年。

怀念母亲

1991年春天,母亲病重,自知不起,交代后事时特别叮嘱成桐,在葬礼时述说其生平。母亲40岁以前之事迹,成桐所知有限,多是母亲病中口述,由成瑶姐笔录转告,其他兄弟姐妹亦有补不足之处。

我的母亲若琳,生于1921年2月15日,广东梅县人氏。外祖父梁伯聪为前清秀才,在广东省立梅州中学任教30多年,桃李满天下。外祖父好吟诗作画,与父亲常有唱和,可谓门第清华。母亲从小受外祖父熏陶,养成传统中华文化妇女美德。婚后持家,相夫教子,处处可以看到她的美德,尤其是在家境极困难的时候,更显示出她客家妇女的坚忍精神。

母亲的生母陈赛珍为外祖父的偏房,在旧社会的大家庭中,地位低微,受尽族人歧视。虽然外祖母(外祖父之正室)很疼爱母亲,母亲亦很孝顺她的生母,但由于生母在大家庭中受鄙视,庶出的母亲的幼小心灵受到不可磨灭的影响,因此常常努力做事,希望有所作为,不要为人轻视。母亲还特别孝顺外祖母陈氏,照顾比自己年幼的

父母结婚照

弟妹。外祖父去世时，舅舅和阿姨们都还年幼，母亲坚持由父亲抚养，并携他们一起前往香港。

母亲在梅县女子师范学校读小学，8岁时避乱到汕头，9岁回梅县，在梅州中学念初中，入广益中学念高中，毕业后在梅州中学任图书管理员。21岁时，由父母双方之老师介绍认识。外祖父极欣赏父亲丘镇英，在父母订婚时还贺诗一首，我们小时候均能背诵。婚后，母亲和父亲一直很恩爱，母亲对父亲一直温柔体贴，这都是从小受外祖父熏陶的缘故。

母亲和父亲对人生有相同的看法，要我们对得起国家，对得起民族，尤其痛恨日本帝国主义侵略中国。

我的父亲丘镇英，生长于农村社会，祖父为状师（即以前乡间之律师）及中医师，常赠医施药，为乡民所敬仰和崇拜，但不幸早逝。祖父遗留给父亲做学费的存款，为叔伯等先行挪用，父亲无奈，只好借债念书。父亲又以救国做学问为己愿，不善理财，母亲常要想法帮忙经营，维持一家的生计。父母结婚才三个多月，就将订婚戒指和结婚戒指卖掉，用来维持生活。

父母结婚两年后，在梅县生大姐，再后两年生二姐。当时父亲在长汀工作，便举家搬往长汀。1943年，父亲大病，由伤寒转痢疾，每日下痢70多次，因为居处无厕所，半夜都由母亲服侍父亲。其时，祖母刚过世不久，父亲分得家产最少，连碗筷都没有，债务却分担最多，母亲亦毫无怨言，以借债为生。

父亲在长汀驿运任总站长，家境转好。不久，抗战胜利，驿运结束，父亲失业，只好到广州谋事。母亲带三位姐姐留住蕉岭，用母亲从前替父亲存下的积蓄过日子，随后便以借债为生。半年间，父亲音信全无，母亲被叔伯妯娌讥笑，他们甚至建议母亲改嫁。幸而，父亲被聘到汕头，在救济总署任职，生活始有好转。此时，煜哥和我先后在汕头出生，外婆和舅舅、阿姨们亦与我们同住，家中十多口人的生计均由父亲一人维持。

1949年，父亲携一家老小，包括外婆、舅舅和阿姨们，一起来到香港，在元朗居住。当时，元朗还是农村，出入很不方便。父亲因没有想到会在香港长住，所以准备不足，经营农场又失败了，从汕头一同前往香港的亲朋亦多，最后连母亲所有的首饰等贵重物品都典当用尽，亲朋方才相继离去，只剩我们一家人和一个从汕头带到香港的养女。

在元朗居住时，父亲前往九龙执教，路途遥远，早出晚归，薪水微薄，实在不足以维持生计，往往早上不知道晚上有没有饭吃。每天早上，母亲除准备好早餐给我们吃，还要赶路前往市场买菜。家贫无力购买饭菜，常常向菜贩赊账，小贩们都尽力帮助母亲，除赊账外，甚至在母亲有急需时还借钱给她用。

每天，母亲从市场回家后，还需要刺绣、穿珠、打毛衣挣些钱，协助父亲维持生计，遇上赶活时，往往通宵达旦。儿女们的衣服也由母亲亲自剪裁。为了儿女们的温暖，母亲常通宵达旦地赶打毛衣给我们穿。小时候，我们不懂母亲的辛苦和慈爱，现在，自己只携带两个儿子就已手忙脚乱，才知母亲勤劳之苦。而母亲除抚养我们兄弟姐妹八人之外，还要接济其亲戚的生计，可以想见母亲辛劳之深，而她却从无怨言。

母亲除心地善良、性情温和外，尚英明果断，对自己的亲戚或朋友，都先替对方着想，绝不吝啬，不叫别人吃亏。虽然情况极度艰苦，母亲亦常常救济比我们更穷苦的亲戚朋友，甚至对不相识的人，她也常常慷慨相助。所以母亲常常得到朋友的爱戴和帮助，连市场上的小贩或是泥水匠都乐意与母亲做朋友。

母亲在汕头时领养的养女妹妮姊，在家里很能干，母亲对她亦很好。当时，虽然家中急需用人，但妹妮姊到了婚嫁年龄，母亲亦能先为她的前途着想，为她物色合适的配偶，替她安排婚事。妹妮姊结婚时，父母都很高兴。

由于母亲为人处世，处处先替别人着想，儿女长大后，对人稍有逾越的地方，母亲即加规劝。母亲临终前，还告诫儿孙，不可为非作歹，有辱丘家祖宗。在其病得最痛苦时，口不能言，尚用笔写字，嘱咐我和栋弟二人互相合作，并说，丘家子孙都要好好合作，才对得起母亲。

在元朗居住时，琪妹和栋弟相继出生。我们曾两次搬家，姐姐、哥哥和我相继入学，生活负担加重，家境日益艰难。然而，母亲依旧持家教子，不出怨言，使父亲出外做事无后顾之忧，儿女们亦高高兴兴。虽然衣食不足，但在母亲的慈爱庇荫之下，却毫不觉苦。

我们小时候有病或需要衣物，母亲往往整夜不睡，为我们打点一切。多年以来，母亲每天早上没到六点就起床做家务，直到深夜才睡，所以父亲常说，我们儿女若读书不成，实无以报答母亲。

父亲去世将近30年了。小时候，父亲是严父，亦是慈父，母亲却一直都是慈母，疼爱我们之心溢于言表。我们做儿女的，一直以为母亲爱我们是天经地义的。然而，母亲去世了，我们才知道珍惜这份母爱，但已经太迟了。

1954年，父亲任教于崇基书院，因交通不便，举家自元朗迁居沙田。当时，珂妹出生，诸兄弟姐妹都要上学，父亲的薪金微薄，家中极穷困。可是，我们兄弟姐妹却度过了最快乐的童年。无论是在外面还是在家里，我们有事都会找母亲。大家都知道有困难的话，母亲总会替我们解决。

1955年，我们家从排头村迁往下禾輋龙凤台。那里环境优美，父亲和我们都很高兴。父亲和母亲待人以诚、和睦谦厚，所以和邻居们相处得都很好。

1955年，因生计困难，父亲送瑚姐到澳门友人办的学校做寄宿生，（瑚姐）竟染上了恶疾。母亲不但要照顾家人，还要照顾病中的瑚姐。为了给她治病，母亲到处奔走，瑚姐最终不幸不治早逝。父母都非常伤心，这是家中第一次不幸事件。

瑚姐去世后，家中尚有七兄弟姐妹需要抚养，瑚姐之丧事又用去一笔钱，我们兄弟姐妹的教育费便成为大问题。当时，除父亲兼教三间书院外，母亲还要做手工帮补家计。父亲以教育子女为重，虽然困苦，但仍坚持供所有子女念书。大姐当时念英文中学，至初四时，因有很多同学前往英国念护士课程，她也渴望前往英国进修。当时，我家虽然在赤贫之下，父母还是为大姐去英国读书到处张罗经费。大姐念完初四，即远涉重洋前往英国攻读。随后，父亲去世，母亲早年守寡，大姐无法在旁照顾。然而，母亲丝毫不责怪大姐。在父亲逝世时，她怕大姐伤心，影响学业，便不把父亲逝世的噩耗告知大姐，处处为大姐着想。大姐婚后，由于她丈夫的大哥早逝，一门孤寡独靠其丈夫一人维持，因此，大姐婚后从未寄过分文给家中。那时，家中极度艰难，母亲不仅不责怪大姐，反而写信安慰大姐说，我们家中虽然很穷困，但我尚有其他子女在，不像你婆婆只有你丈夫一人照顾。母亲反复嘱咐大姐放心，悉心照顾婆家。凡此种种，都可以照见母亲博大的慈爱之心。

1963年初,父亲积劳成疾,加上心境不好,到6月9日竟然不治逝世。父亲生病时已经失业,需要以借债为生,母亲为此常受屈辱。我们当时年纪虽小,但可以体会到母亲之焦虑,只是不能替母亲分忧。然而,人情冷暖,此时一一可见,很多以前曾得到父亲大力帮助的亲朋,在我们极困难的时候竟然冷眼相看。为了医治父亲的病,母亲想尽了办法,到处哀求别人帮忙。母亲本是一个注重尊严的人,如果仅仅为了自己,她是绝不会去乞求的。可是,为了父亲,她却忍辱负重,连尊严亦不顾。父亲刚去世,母亲悲痛欲绝。父亲因为没有想到他自

全家福,外祖母也一起合照。二姊成瑚
于当年悲剧过世(1962年)

己会这么快过世，一切后事都没有准备，幸亏得到父亲的朋友和学生们的帮助，母亲才得以将父亲的丧事办理得得体和庄严。

当时，我们有六个兄弟姐妹在香港。母亲除了心情不好，还要立即面对一大串经济问题。父亲死时未留分文，连房租都没有着落，儿女的学费更是一个大难题。母亲当时43岁，自己又营养不良，常患贫血症。现在想来，实在佩服母亲的毅力和坚强。

母亲本来可以依靠她抚养长大的弟弟来维持生活，但他建议小孩子不用念书，去养鸭子，母亲对此意见毫不考虑，坚持要供我们继续读书，母亲的决断令我深受鼓舞。我后来不畏强权，建立自己的信心，也是受母亲的影响和熏陶。

母亲一辈子的愿望，就是要看到我们兄弟姐妹的成长。她不单要我们成长，还要我们有成就，不单要我们有成就，还要我们在历史上留名。我们当时年纪小，虽然为父亲早逝而伤心，但从未感受到生活的压力，更不晓得是因为母亲的极力张罗，才减轻了我们的重负。在父亲的朋友和学生的帮助下，我们才有机会继续读书。连学校的老师都惊讶，我们在父亲去世后，还有能力继续读书。

我们可以从母亲的言行中，从母亲的眼色中，知道她要我们做大事业。母亲对我们的信心，对我们的期望，使我们放心向前。母亲不单勉励我们念书，还常常担心我们营养不足，每当我们念书到深夜时，她就会炖牛肉汁、炖猪脑或炖猪肝，使我们精神为之一振。母亲的慈爱就是我们的精神支柱。而我们不懂事，有时还惹她不高兴。有一次，她偷偷地哭了，现在回想起来，真是追悔莫及，从前我们是多么不懂得体恤母亲啊！有时，我考试不好，母亲也不责怪，因为她有信心，知道我总会成功的。后来，我在外面做事能够勇往直前，无后顾之忧，都是母亲的功劳。父亲去世不久，瑶姐刚从中学毕业，就出来做事，全家都很辛苦。到了1967年，大哥和我都在香港中文大学读书，家庭渐趋安定。不幸，大哥突然患上脑癌，母亲又为大哥的病东奔西跑，为了办事方便，我们又举家搬往九龙。那时，大哥的病略有好转，我亦前往美国留学，母亲很是高兴，她总算看到了儿子慢慢成长。然后，我在美国做事，母亲更是高兴，来信要我早日结婚，处处为我打算。我结婚时，母亲还远涉重洋，特地来到美国参加我的婚礼，大家都很高兴。

由于母亲的悉心照顾和循循善诱，弟弟和妹妹们都长大成人，而且很有出息。当时最令母亲担心的是大哥的病情。大哥在1968年开刀后，病情有所好转，但到1979年，病情又突然恶化，我匆忙将大哥接到美国治病。大哥在医院时，我们兄弟需要上班，不能随时探视大哥。母亲虽然英文不好，却不畏艰辛，每天转几轮公共汽车，前往医院陪伴大哥。大哥身体肥胖，母亲服侍极不容易，却仍无微不至地照顾大哥，慈母之爱无处不现。那时，幸好儿女们都长大成人有出息，才稍慰母亲心。

1984年，大哥去世，母亲非常伤心，特为大哥捐钱给医院做奖学金。大哥去世后，母亲因儿女都长大成人，想过过清净的生活，便独自前往加州蒙特利尔市居住。因为无后顾之忧，她生活得比较轻松愉快，加上认识了三五好友，天天欢聚在一起。母亲认为，在蒙特利尔市居住的七年，是她一生中最无挂虑的岁月。

母亲一共有8个儿女，有3个孙子，7个外孙。无论是家孙还是外孙，都很喜欢母亲，对母亲亦很亲切，常在电话中跟母亲聊天，将他们的成绩告诉母亲，或在电话中唱歌给母亲听，或绘画、做手工送给母亲。母亲也抽时间前往各地探访他们，为他们打毛衣，做糕点。因为每个孙儿不仅成绩优秀，而且品格良好，母亲甚觉欣慰。

1990年，母亲因身体不适前往医院检查，发现患上癌症，时常疼痛难忍。虽然如此，母亲待人接物还是与平常无异。她常对瑶姐说，我虽然很痛苦，但常常提醒自己，不可因此乱发脾气。直到逝去前，母亲还称道朋友们对她的友谊。所幸母亲逝世时，除大姐外，儿孙们都在她的身旁，母亲亦很觉欣慰。对中国人来说，人生七十古来稀，母亲能活过70岁，亦可算是长寿。然而，她一生中任劳任怨地为丈夫、为儿女、为亲戚、为朋友尽了那么大的责任，晚年也只有七年比较享福的岁月。我们做子女的，不能很好地照顾母亲，早日发现母亲的病，使她能够多享几年清福，深感未尽孝道。

今日儿孙聚首，嘉宾满堂，大家都来同母亲告别，而母亲的睡容又很安详。我想，母亲若能知道大家对她的情谊，心中一定很欣慰。

后记

近几个月来，梦中常常惊醒，数年来与母亲所经历的患难日子，历历在目，使我神伤而泪流满面。当年为了赶功课，睡眠不足，但还要早起上学，母亲叫我起床的声音既温柔又不忍，确实不能忘怀。母亲病重时，想着孙子们，特别做了他们爱吃的年糕。然而，孩子们再也吃不到母亲的年糕了……

安息吧，母亲，孩子们永远怀念你！

本文写于2013年。

鞍山马水一甲子,游子他乡半世情

从1966年到1969年夏天,我在香港中文大学度过了我的大学生活,这三年是我成长中重要的日子。在马料水的岁月里,我无忧无虑,生活比较舒适。现在回想起来,我对其中的人和事都记忆犹新。直到如今,我还会吟诵崇基书院学生会的会歌"鞍山苍苍,吐露洋洋……",还有崇基书院院歌"漫漫长夜,屹立明灯,使命莫辜负。学成致用,挽救狂澜,灵光照寰宇……",我也会想起崇基书院门前的对联"崇高惟博爱,本天地立心,无问东西……"。当然,最重要的是师友的熏陶,使我逐渐认识到现代数学发展的痕迹。

香港中文大学的创始三大书院

我的成长和香港中文大学脱不了关系。香港中文大学创校至今,筚路蓝缕,以长以成,已经六十年了。然而,组成香港中文大学的三个书院在 20 世纪 50 年代初期已经开始都和我有一定的关系。我和香港中文大学的关系，始于先父丘镇英教授。他任教于崇基书院。

崇基书院的成立和岭南大学有密切的关系，崇基书院的第一任院长就是岭南大学的前任校长李应林（1892—1954）。1948 年，他辞去了岭南大学校长的职位。到 1951 年，他用岭南大学美国基金会以及燕京、金陵、沪江、圣约翰等 13 所教会大学在香港的存款，筹办了崇基书院，代表基督教发展高等教育的延续。他于 1954 年去世。

崇基、新亚和联合书院是组成香港中文大学的主要成员，三个书院有不同的背景。

1955 年，凌道扬继任成为崇基书院第二任院长。他 1888 年出生于广东省新安县布吉村（今深圳市龙岗区），耶鲁大学硕士，中国第一代农业专家，他的看法对孙中山的学说有所影响。20 世纪 40 年代，凌氏任职于联合国粮食及农业组织，我父亲是他的下属，在汕头工作。

他和我父亲都是客家人，当年崇基书院从香港坚道搬到马料水，购买校舍用地，我父亲就是用客家人的身份和马料水农民沟通的。这些农民大部分姓丘，在我父亲的游说下，终于愿意让出他们的西洋菜田，迁家到赤泥坪。马料水这块地对崇基书院和后来的香港中文大学意义十分重大。从那时起，父亲在崇基经济系任教了一段日子，崇基书院老一辈的老师和学生都和我家熟悉。

凌校长 1960 年到联合书院当院长，父亲有一段日子到联合书院帮忙。由于父亲和凌校长的关系，我还在念小学时，就多次替父亲送信给凌校长。他对我印象不错，但我们生长的背景不一样。有一次，他竟然问我懂不懂打高尔夫球。我说我没有碰过，他又问我懂不懂打网球。我后来才知道，他在年纪很小时就到美国读书了。

无论如何，我在小学时，已经和香港中文大学结缘了！那个时候，生活艰苦，中文系的何朋教授对我父亲执弟子礼，他夫妻有时候会去我家。他在崇基求学时，帮忙建筑校舍，用锤头打石，赚取工资。中文系的另外一个学生陈耀南也常到我家和父亲讨论中国哲学的问题。

新亚书院由钱穆（1895—1990）、唐君毅（1909—1978）及一群来自内地的学者于1949年成立，时名亚洲文商学院，于1950年改名为新亚书院，弘扬中国传统文化。

唐君毅、牟宗三（1909—1995）、徐复观（1904—1982）等学者组成新儒学派，余英时（1930—2021）则受教于钱穆。梁寒操（1899—1975）教授写作，左舜生（1893—1969）教历史。名家董作宾（1895—1963）、饶宗颐（1917—2018）、罗香林（1906—1978）均曾在新亚任教，中国文化在中文大学因此得以保留。

父亲和他们都有往来。钱穆夫妇住在沙田西林寺附近的一个房子里，我们家则住在沙田下禾輋龙凤台。父亲常到西林寺和钱穆教授交流，我有时陪侍在侧。钱先生夫妇很喜欢我。在每年的重要节日，母亲都会送一些自己做的糕点、粽子和腊肉，让我送到钱家。钱伯母很喜欢我，给我丰厚的红包并回送一些礼物，记忆中最令我兴奋的是整只猪头，我们兄弟姐妹都很高兴。

三十年后，他们迁居台北外双溪，我多次拜访。新亚书院要到

1973年才迁入沙田。

联合书院在1956年成立，由平正会计专科学校以及华侨、广侨、文化和光夏等书院组成。1957年，三个书院成立"香港中文专上学校协会"，蒋法贤（1903—1974）校长成为协会主席，他对三个书院在1963年创办香港中文大学有重要的贡献！

考入崇基书院数学系求学

我读初三时，父亲过世，母亲含辛茹苦地将我们几个兄弟姐妹带大。当时最重要的问题是：家境如此困苦，我们兄弟姐妹是不是继续上学。今天很多同学不会想到这是一个问题，但现实的问题必须解决。我母亲坚持，也得到父亲的朋友和学生的帮忙，钱穆先生夫妇就是其中之一。

我在培正中学毕业的时候，成绩其实不错，后来才知道是全年级第四名。当时只有两所大学，但香港大学不准中文中学的学生去考试，我们只能考香港中文大学。

香港中文大学规定中文必须及格。那一年考试出了个八股文的题目，大家不习惯。对于培正中学毕业生来说，这更是一个噩耗。我则仅以身免，不过数学应该考得还可以。但中文考试成绩影响到我从政府得到的助学金，在崇基书院数学系的同学中，我拿到的助学金恐怕是最少的。

香港中文大学入学考试虽然过关了，但有三个书院，我们要挑一个书院面试。对我来说，崇基书院是最自然的选择，毕竟我父亲曾在此处任教，而我大哥正在崇基书院读中文。我母亲很紧张，当时崇基书院数学系的系主任叫作谢兰安，是我父亲的朋友。我母亲坚持带我去见他，我反而不太在乎，因为台湾大学已经收了我做学生，还给我旅费和四年的奖学金。

虽然母亲没有对我说什么，但我可以猜测到她还是希望我留在香港。反正谢兰安先生已经让我口试合格，我想"父母在，不远游"，家中经济虽然稍有改善，但还是相差甚远，我在香港仍可以帮补家用。我决定留在香港，进入香港中文大学崇基书院。这是我数学人生中第一个重要决定，这个决定让我有机会去伯克利跟随陈省身先生。

在大学这几年，我的助学金不够，还是继续帮中学生补习，贴补家用。这些学生分布在香港岛和九龙的不同地方，有的家庭十分富裕，有一个学生住在半山的罗便臣道。有些家庭并不见得富有，但家长还是希望孩子受到最好的训练。对于我自己来说，我并不觉得这浪费了读书的时间。我接触到了社会上不同背景的家庭和学生，也了解到了教育的重要性。

当时我家住在沙田火炭村拔子窝山坡上的一个小房子里。从海边的马路下车后，沿着一条小路，经过一个鱼塘，沿着农田中间的小路，来到一条没有桥梁的山溪，再爬上山路回家。

当时火炭村的吐露港十分优美，早上我坐公共汽车到香港中文大学，晨曦薄雾、鞍山苍苍的光景，至今记忆犹新！沿着公路，长着一排尤加利树（桉树），往往可以见到渔人早起打鱼，小舟轻摇地吐露海面。晚上回家，则见到晚霞归鸦，灯火点点。深夜时，明月当空，松涛满山。虽然居处简陋，但在这样山明水秀的地方读书思考，却大有裨益。

进入香港中文大学时，我在入学考试中表现不算良好，但我对自己充满信心。同届共有十名同学，只有一名是女同学。开学时，系主任谢兰安做了一个演讲，他说在数学的殿堂中，即使不能够奠基立柱，粉刷一下它的墙壁也是很好的。我想想，这很有道理，何况我的能力应该不止于此，于是决定在数学的原野上尽情地奔驰！我如饥似渴地吸收我能够见到的数学思想。

可是，当时崇基书院的师资不算理想，除了布罗迪外，其余老师都没有博士学位。图书馆也不行，能够得到的现代数学知识有限。书店卖的外文书实在太贵，我委托在台湾读书的中学同学购买了大量盗版书。内地的书也有不少可以在香港购买，但不全。

除了华罗庚（1910—1985）的书外，还有李文清（1918—2017）的《泛函分析》，夏道行的《无限维空间上的测度和积分：抽象调和分析》等。内地学者也译了不少俄罗斯作者的数学书，对我帮助很大。

大学一年级的数学课，我在高中时就已经相当熟悉了。我请求系中教授容许我跳过这些课，让我去修二年级的课。不知道什么原因，他们居然同意了。我修了线性代数，由谢兰安先生讲课。一年级、二年级和四年级学生共修，用的书是美国奈宁（Evan Nering）写的《线性代数和矩阵理论》(*Linear Algebra and Matrix Theory*)。老师和同学都觉得困难，我倒是觉得有点意思。

我也开始学习高等微积分，用加州理工学院的阿波斯托尔（Tom Apostol，1923—2016）写的两卷本《微积分》(*Calculus*)。书中比较基础的部分，由周庆麟先生讲授。他刚从美国纽约大学回来，我花了不少时间在他的办公室和他讨论学问，因此学到了不少分析的技巧。在读到用戴德金分割（Dedekind cut）构造实数的方法后，我非常兴奋，终于了解到数学的严谨和美丽，可以说是茅塞顿开。为了这件事，我还特别写了一封信给周先生，表达了我对数学博大精深的赞叹！

在一年级时，还要上其他课，包括中文、英语、物理、人生哲学和体育课。人生哲学由沈宣仁（1931—2004）先生教授，他写了一本书，我也学习了西方的一些思想。

物理课当然比中学时学得深入得多，但仪器不够先进，我们没能看到物理的真谛。当时香港中文大学成立才三年，师资不足是可以理解的。但从1967年开始，我们开始见到学校聘请一批国外来的年轻

2009年，周庆麟先生与我

学者，其中有好几位是名校的博士，这使我们十分兴奋！

美国加州大学伯克利分校的萨拉夫和伦敦大学的特纳-史密斯（Ronald Fancis Turner-Smith）刚刚得到博士学位，再加上本来在崇基书院的布罗迪，使崇基书院的水平跃升至新的平台。同一时间，联合书院也聘来了两位剑桥的博士和两位斯旺西（Swansea，威尔士南部港市）的博士。

香港中文大学的数学水平有如此飞跃，应归功于李卓敏（1912—1991）校长的卓越领导。

大二开始不久，我基本上已经完成了这一年的课程。我得到主任特纳-史密斯的允许，开始修三、四年级的课。我和上述三位老师都有密切的交流，其中交流最密切的是萨拉夫。我时常在他的课堂上提出意见，甚至帮他完成定理的证明，因此他对我印象深刻。他邀请我每星期两天上他家讨论数学，并一起准备上课的讲义。如此过了几个月，他认为我已经有足够的知识去读研究生了。

萨拉夫费了不少唇舌，试图说服香港中文大学让我早一年毕业。可是，这并不容易，李卓敏校长认为只有天才才可以破例。他找了香港大学的黄用诹（1913—2004）教授来考我，但我并不知情。从沙田到香港大学并不简单，至少得一个半小时。到港大数学系后，黄教授安排了一批数学系教授和我交谈。

香港大学是英国成立的大学，刚开始时是医学院，孙中山先生曾在这里读书。但据我记忆所及，香港大学医学院没有纪念孙先生，二十年前改名，以纪念捐款的商人。

一百多年来,香港大学是培养当地官员的地方,在校内以英文为主要的交流语言。

我第一次进入香港大学,就感受到当局创办的大学的作风。他们的教授看不起香港其他专上学府,当然也包括香港中文大学在内。他们有一位教授叫梁鉴添(1932—2019),是研究代数的,他在培正中学毕业,对我比较友善。

我在香港大学见到梁鉴添后,知道他正在教一门关于李群的学科。我对它很感兴趣,花了不少工夫去听他的课。

刚好有位老师刚从英国回来,讲统计物理。我对熵(entropy)的观念很感兴趣,所以我也去听。大概是留学英国的缘故,此人十分骄傲,我倒不在乎,只想学习而已。

其实从沙田到港大来回,火车轮船,至少需要三个钟头。回想当时学习的精神,恐怕今天的同学不能体会。

但很明显的是,黄用诹教授在香港大学数学系有绝对的权威。他说话时,别人不敢插嘴。我念中学时,中学老师会提到他,说他是位伟大的数学家,世界前10名!所以我也很好奇,想要知道他的学问是做哪些方向的。

在香港大学的所有交谈都是英文,他没有问我任何问题,却花很多时间解释他在矩阵几何上的工作遇到了不少困难。他也描述华罗庚先生在这方面的工作。我读过华先生的书,华先生的计算能力特别强,比黄教授深入得多。

黄教授大概通过我的表情得知我对他的工作没有表示出仰慕,孺子不可教！所以他得到的结论是：丘成桐不是天才。

这个结论当然是正确的，但评估的过程不可取。黄教授将他的研究写成论文后，没有杂志接受。

四年后，我在陈省身先生家中遇到黄教授。他拿着他的论文，希望陈先生帮忙，找杂志发表。

无论如何，香港中文大学李卓敏校长决定我不可以提早一年毕业。他将自己的决定告诉萨拉夫，并且告诉他，只有华罗庚才算是天才。这件事情引发了萨拉夫对华罗庚的极大兴趣，要求我帮忙找到华先生的所有资料，翻译给他，因此我写了一篇《华罗庚传》。听说华先生很高兴，十年后邀请我到中国科学院访问。

萨拉夫不是容易屈服的人，他将一部分经过写成了一篇文章，将其发表在一本叫作《远东经济评论》（*Far Eastern Economic Review*）的杂志上。

在这期间，我哥哥的身体突然出现极为严重的问题。当时他在崇基书院中文系，比我早一届。当时我的家境不好，很感谢崇基书院的同学，在最危急的关头，学生会副会长邓若韶深夜到容启东（1908—1987）院长家中求救，并且筹钱送我哥哥入医院。我哥哥在三十九年前去世，但同学们的深情照顾，使我感动至今。

学生会副会长邓若韶是一名举止文雅的中文系女同学，后来和一名从美国来的学生伊普森（Mike Ipson）结婚。他是体育健将，后来没有联络。

萨拉夫教授知道我家境不好，而助学金又微薄，远远比不上其他同学，于是向校长要求增加补助，但学校不同意。

卢惠卿（1910—1984）老师是学生辅导处主任，我跟她学了一年太极拳。为了资助我，她找来了几位想学太极拳的老师，让我来指导。

学生中有好几位是美国来的大教授，有一位鲁尼恩博士（Dr. Runyan），她和她丈夫对我特别好。我也常常到他们宿舍走动，聊聊时事，很有意思。卢老师训练了一批杨派太极的学生，虽然我心中认为这是花拳绣腿，但居然可以做公众演出！学习太极也引起了我对瑜伽的兴趣，我弄到一本书，自己练了一阵子。

由于我上的课大部分和高我一级的同学在一起，我的朋友多半在其中，熟悉的有谭联辉、马绍良、林添波、梁励梅、彭鉴洒、潘铭燊等人。谭联辉后来成为一流的几何学家。彭鉴洒念经济，后嫁给李沛良（后任崇基书院院长多年）。潘铭燊来自中文系，他在加州大学伯克利分校成为我的室友。

在我读三年级上学期时，正如上面所说，在没有告诉我任何原因的情况下，李校长安排我到香港大学找黄用谝教授做测试，认定了我不是天才。于是，萨拉夫把我的情况告诉了他在加州大学伯克利分校的朋友萨拉森（Donald Sarason，1933—2017）教授，并建议我申请加州大学伯克利分校研究院。为此我花了不少工夫，考了各种必须参加的考试，崇基书院的老师们都很帮忙。

12月投寄申请表后，我引颈以待，终于在1969年4月1日接到通知，加州大学伯克利分校接受了我的申请。我们一家人都很高兴，尤其是我母亲，她守寡多年，终于见到曙光。

低我一级的邓植唐听到后，跑来跟我说，你听过菲尔兹奖没有，我说没有。他消息灵通，向我解说。

到了 1976 年秋，我在加州结婚，"小乔初嫁了，雄姿英发"。料不到在两个星期里，我就解决了当时几何学中最重要的问题，并且发展了几何分析的重要方向。

1977 年去东京开会前，我第一次重回学校。一群年轻同学在数学系的一个小会议室中围着我问一些问题，一位女同学直接问我是不是可以拿到菲尔兹奖了。我记得当时曹启升在旁边，拈花微笑，而我的同学王彬则笑着说："Good Luck！"（祝你好运）但我也不大在意，雄心壮志，正要解决另外一个重要问题，"想当年，金戈铁马，气吞万里如虎"。

直到 1978 年，我在芬兰赫尔辛基的国际数学家大会上做了一小时演讲，各方反应热烈时，我才知道这个可能性。但我读书求学，从来没有以得奖为终极目标。

萨拉夫想要将他的常微分方程讲义出版，提议和我合作。我们参考了不少书，远远超过课堂上的内容，例如庞加莱–本迪克松定理（Poincaré-Bendixson theorem），以及极限环理论的应用。内地有本讨论这个理论中著名的希尔伯特第十六问题的专著《极限环论》，作者叶彦谦（1923—2007），我全部看完了。萨拉夫和我花了大半年，完成了这本书。

在这段时间，布罗迪老师叫我每个星期六到他办公室一起读夏道行著的《无限维空间上的测度和积分：抽象调和分析》。原来布罗迪老师要翻译这本书，当时他正在考虑量子场论的问题，认为此书错误太多，找我一起修正，我从中倒学了不少东西。据说这本书的主要内容是夏道行 20 世纪 50 年代在莫斯科跟随盖尔范德（Israel Gelfand，1913—2009）时做的工作。夏先生本来要继续读完博士，但被同学嫉妒，被迫提早回国。

大概在 11 月，我考完美国的 GRE，数学得到了满分，但我不觉得自满，感觉那实在太容易了。到 12 月初，萨拉夫突然告诉我有一个美国考试，叫我试试看。他给我六道题，三个钟头。我只做对了三道题，我十分恼怒，认为这是我平生考数学之耻。但萨拉夫觉得还不错。我后来才知道，他给我考的题目来自普特南数学竞赛（Putnam competition），那是美国最难的数学竞赛，一般学生得零分。回想起来，虽然我只得了一半的分数，但这个分数对我去美国读书可能有帮助。

这一年，崇基书院创建了教职工俱乐部，就在教堂对面。萨拉夫、布罗迪、特纳–史密斯等几位老师会带我到俱乐部吃茶点。当时蔡文端当助教，他喜欢下象棋，我们在俱乐部大战了不少回合。他是拿过奖的棋手，我大败几次以后，摸清棋路，居然反胜了几次。那一年，萧煜祥组织了一个象棋会，举行象棋比赛，他坚持让我参加。记得我曾遇到一位亚军棋手，我已经完成一切包围，胜负已分，但围绕着一大批同学，我想早一点结束，结果反而让对手解了围，反胜为败。这件事情令我印象深刻，影响了我后来做学问的态度。

数学系往往在教职员俱乐部茶聚，这使我得益不少。印象最深刻的一次是和特纳–史密斯倾谈。他是伦敦大学的博士，研究的方向是群论。我好奇，问他的博士论文《可解群的性质》(Solvable Group Properties)究竟做了什么。他说了一堆名词，也解释了定理内容。我当时不甚了了，只记得两位数学家的名字：舒尔（Issai Schur，1875—1941）和布饶尔（Richard Brauer，1901—1977）。没想到一年半以后，我在加州大学伯克利分校做论文《关于非正曲率紧流形的基本群》["On the fundamental group of compact manifolds of non-positive curvature", Annals of Mathematics, May, 1971, Second Series, Vol. 93. No.3, pp.579-585]时，需要用到群论。我从两位数学家的名字出发，找到了所需的文献，解决了我的问题。

我和高我一级的同学比较熟悉，和他们多次出游。我们最常去的地方是坐小船到马料水对面的马鞍山。学生会会歌中说的"鞍山苍苍，吐露洋洋"，今日思之，犹自神往。

我们班叫颖社，高一级的叫协社。马绍良、萧煜祥他们组织了数学系会活动，设计了系会的外衣。可惜一级只有一位女同学，我们班是潘贺琼，协社则有梁励梅，万绿丛中一点红，都受到特殊照顾。

中文系的钟应梅教授和王韶生教授都是父亲的老朋友，王教授还替父亲的《西洋哲学史》写过评论。何朋教授是我父亲的学生，少年穷困，参加过打石头建校园的工作。

经济系的麦健曾（1900—1977）教授是父亲的上司，他儿子麦继强后来任教于生物系，在20世纪90年代和我认识。他是古董行家，曾带我去荷里活道看古玩，还有所收获。有渊源的还有傅元国

（1933—2015）教授和王沛雄教授，他们都是父亲的学生。

当时崇基书院有大约一千名学生，其中不少住在宿舍，比较资深的老师也住在校园。

学生中午都在饭堂吃饭，那是全校学生交流的主要场所，学生会开大会时也在这里发表演说。有一次，学校在运动场举行大型交流茶会，下了一场小雨，别有一番风味。

崇基书院除了面对吐露港和马鞍山外，背后也是一片树林，曲径通幽，花前月下，不少同学成双成对。这个情况在三、四年级特别普遍，穿得花枝招展的女同学和男同学手拉手的比比皆是。他们在准备毕业典礼，但我完成了学业，却不被准毕业，看起来有点狼狈。

毕业典礼那天，我还是去了，也没有人通知我要干什么。我糊里糊涂地披上一件毕业袍，随大队步入礼堂。原来崇基书院要颁发毕业

1969年，我在香港中文大学崇基书院毕业典礼上

证书，当我从容院长手上拿到证书时，全礼堂鼓掌，经久不息，使我感动不已！

物理系的苏志刚是我培正中学的老同学，他家人替我拍了不少照片。其后在加州大学伯克利分校，毕业典礼因越战示威取消了。所以崇基书院这次毕业典礼是我一生中唯一穿着黑色袍子拿到文凭的典礼，真的是弥足珍贵。

回顾五十四年前尘往事，犹觉当日同学少年，英气十足！

负笈美国

我在1969年9月1日和母亲及兄弟姊妹道别，坐泛美航空公司的飞机离开香港，经过夏威夷，飞往旧金山。我去加州大学伯克利分校读研究生，行李不多，身上只有不到100美元。但我一点恐惧都没有，反而觉得很兴奋，终于如鱼入海，有机会到世界数学的殿堂学习前沿的数学了。

我做了陈省身先生的学生，他与我父亲同年，我亦将他当作父亲一样尊敬。

1971年，他让我毕业，成为加州大学伯克利分校的数学博士。他很高兴，特别写了一封信给香港中文大学校长李卓敏，说："丘成桐博士论文优异，解决了几何中的沃尔夫猜想（Wolf conjecture）。香港中文大学应该授予他荣誉学位。"李校长在来香港前，是陈先生在加州大学伯克利分校的同事，当然是熟悉的老朋友。

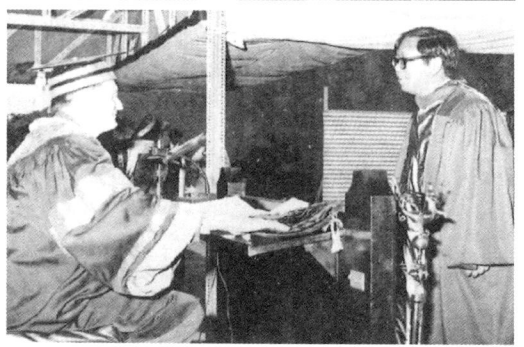

1980年获得香港中文大学荣誉博士学位

重返中大校园

我不知道李校长是如何给陈先生回信的，但大约十年后，1980年，马临（1925—2017）校长确实授予了我荣誉博士学位。我当时已经是普林斯顿高等研究院的教授。华罗庚先生曾经祝贺我成为普林斯顿高等研究院的第一位华裔教授，他说这是华人莫大的荣誉。尤其我到普林斯顿高等研究院是1979年，1980年成为教授时，我才31岁。

当时我坐泛美航空公司的飞机回香港，由于是被授予荣誉学位，学校请我坐商务舱，那是我生平第一次，我觉得很舒服。下飞机时，我碰到谭尚渭（1934—2021）夫妇，谭院长开玩笑说他没有资格坐商务舱。直到年纪比较大以后，我才开始经常坐商务舱。直到今天，我太太还是不太愿意坐商务舱。

有趣的是，我在高等研究院坐飞机时，都是找最便宜的飞机票。但我后来发现，高等研究院的教授有不少优待：有司机接送，商务舱飞机票由高研院付所有费用，可以开派对，等等。不过，我觉得和年轻人在一起，舒服得多。

这次回校，受到学校隆重招待，我很感动。当时大学秘书是陈方正兄，他给我看陈先生给李校长的信，还将它复制了一份送给我。可惜迁居多次以后，我找不到这封信了。

我的学生孙理察刚好访问中国的大学，经过香港，我邀请他来参加宴会。他虽然年轻，但已经是加州大学伯克利分校的教授了，大家都很惊讶！他很快成为数学界的大人物，我和他合作了十五年之久，很多重要的工作都是我们合作完成的。到今年，我们已经相识五十年了，情同兄弟！他教导了很多中国学生，有两位现在在香港中文大学任教。

毕业典礼时，香港中文大学的官方校长（真正的校长是马临）、港督麦理浩（Murray MacLehose，1917—2000）邀请了几位重要的嘉宾吃晚饭。席中，我看到港英政府对香港中文大学的凌霸，他们坚持要香港中文大学向英国大学学习，由四年制改为三年制。香港中文大学师生同心，反对这个无理的要求，港英政府坚决不理。

香港回归时，港英政府居然大言不惭地说回归后，香港会丧失自由！居然有很多香港学生相信，可谓滑稽之至！

1981年也是我的大儿子出生的一年，两年后，老二出生。我太太当时在加州圣迭戈做事，我母亲在洛杉矶照顾我哥哥，我自己在普林斯顿，忙得不可开交。回香港的时间比较间断。直到1991年，我哥哥和我母亲相继去世，而我两个儿子开始不想学习中文，我和太太决定带他们到香港或者是台湾一年，学习中文。

虽然在1988年时，高锟（1933—2018）校长到波士顿，邀请我去香港中文大学帮忙，但香港中文大学能够提供的条件不如台湾新竹清华大学。我们一家人去了新竹，但和香港近了，我也开始和香港中文大学有更多的接触。在1992年的春天，高校长得到新法书院的王院长的资助，创办了一个讲座，我每个星期从台北飞香港讲学，这是我重回母校的开始。

当时数学系的资深老师都只能做到高级讲师，没有人做到教授，因此没有人替数学系去争取应该得到的权益，这一点和物理系不一样。

我与两个儿子

直到十年前，物理系始终掌握香港中文大学理学院的管理权。这些管理人员没有了解到现代数学的重要性，对现代数学一知半解。

香港中文大学数学的转折点

到了20世纪90年代初，香港中文大学的数学系可以说是危机重重，学生成绩不尽如人意，直到高校长大力整顿，才稳住了当时数学系的领导地位。他找到了我的老同学郑绍远教授，让他从加州大学洛杉矶分校回来做系主任，这是香港中文大学数学系成功的第一个重要转折点。

他又提供了一笔经费，让我筹备香港中文大学数学科学研究所。几经波折，在我的朋友郭鹤年的大力捐赠下，数学科学研究所在1998年正式运作。我们有幸请到辛周平教授从纽约大学来主持，这可以说是数学系向上的另外一个重要转折点。

直到今天，数学系的经费仍极为紧缺，但还是聘请了一批年轻的数学教授，香港中文大学的数学因此一直领先于香港各校。有一阵子，香港中文大学数学论文的引用因子是亚洲第一。

我们培养出来的博士，得到世界名校（包括哈佛大学在内）的赏识，聘请他们做博士后。我们为中国数学培养了众多优秀人才，他们遍布大江南北。郑绍远后来离开香港中文大学，重整香港科技大学数学系，刘家成（1948—2021）继续做系主任。他们两人成为香港现代数学发展的大功臣。

我们看到香港中文大学数学系和数学科学研究所六十年来的发展，历尽艰辛，却成功为中国数学界积累和培养了大批人才，为国家的基础科学做出了贡献。麻雀虽小，五脏俱全，我们其实可以与美国和亚洲国家的任何数学系相媲美。

但我们的目标远不止于此，我们有希望，也有能力成为飞翔天空的雄鹰，傲视寰宇。可惜大学赋予我们的格局不够，在纪念香港中文大学成立六十周年的好日子里，我希望大家努力，让我们香港中文大学的数学"惊涛裂岸，卷起千堆雪"，奠定中华民族基础科学千年的基业！

—

本文为 2023 年 4 月 24 日我在香港中文大学理学院 60 周年杰出学者科学讲座上的演讲，原题为：《鞍山马水一甲子，游子他乡半世情》。

我在普林斯顿高等研究院的经历

缘起

在 1977—1978 年这个学年,我接受我的老师陈省身先生的邀请,访问母校伯克利大学(加州大学伯克利分校)。我在访问伯克利这段日子里,和我从前的学生孙理察一同解决了广义相对论里著名的正质量猜想。由于我 1976 年完成卡拉比猜想的证明,因此很得陈先生的器重。

我和陈先生的日常交谈,除了学问,也涉及学术行政的种种问题。他跟我提起,他和辛格(Isadore Manuel Singer, 1924—2021)教授正在向美国自然科学基金申请经费,以支持伯克利建立一个数学研究所(他们在 1981 年成功申请到政府经费,建立了后来被叫作 MSRI[1] 的数

1　MSRI(Mathematical Sciences Research Institute),美国国家数学科学研究所。——编者注

陈省身先生与我，1992年摄于香港

学研究所）。一方面，陈先生希望我留在伯克利做教授，帮忙建立这个研究所。另一方面，他也向我指出，国际数学家大会将在1978年夏天召开，他是这个大会学术委员会的一分子。波莱尔（Armand Borel, 1923—2003）教授是委员会的主席。这个委员会负责从全球数学家中挑选大会的演讲者。陈先生竟然破格提拔我，向波莱尔教授推荐我在大会上做一个小时的报告，我受宠若惊。但当时我才29岁，年少气盛，竟然没有觉得当之有愧。毕竟那几年正是几何分析从萌芽趋于成熟的阶段，我的朋友和学生们都为我们创造的方向和得到的成果感到兴奋和骄傲。假如我能够向全世界数学家解释我们的工作，会是很好的事情。

陈先生跟我说，波莱尔教授对我印象很好，这使我非常兴奋，因为波莱尔教授学问广博精深，开创了数学上几个不同的领域。但他极其自律，不苟言笑。他从小在瑞士长大，对他来说，一切都得有条有理，不可改变。年轻的数学家让人望而生畏！但有趣的是，大部分博士后或访问学者在访问高研院后，觉得最值得回忆的就是和波莱尔教授的交往。

高研院博士后：1971 年到 1972 年

记得我刚得到博士学位，就由陈先生推荐到高研院做了一年博士后。波莱尔教授在高研院任教已久，这里的主要活动即使不是他主持，他也会积极参加。所以我在 1971 年时已经和波莱尔教授有相当程度的交往。

我在高研院这一年的工作可以说是我做学问的第一个转折点。在这期间，我不再考虑无限群和曲率的关系，而开始涉猎极小子流形和复几何的研究。这些工作和高研院几位教授的工作关系不大，但通过聆听这些大师的演讲和与他们交流，我也学到数学中不同领域的不少学问。当时波莱尔教授邀请哈佛大学著名教授博特（Raoul Bott, 1923—2005）来主持拓扑学中的叶状结构（foliation）理论。他把做这方面的专家都集中到了高研院。

高研院的教授阿蒂亚和辛格、帕托迪（Vijay Kumar Patodi, 1945—1976）则在考虑奇维数空间的指标理论，这些理论牵涉到陈先生和西蒙斯（James Harris Simons, 1938—2024）合作的工作。阿蒂亚教授的助手希钦（Nigel James Hitchin, 1946—　）和我很熟悉，我们每天中午和晚饭都在一起。希钦教授比我年长三岁，他对几何学有很大的贡献。除了希钦，年轻的博士后还有吉赛格（David Giesecker）及一批从日本和印度来的年轻人，我们终日谈天说地，真是乐也融融。除了博士后，也有当时已经成名的学者来访问，讲他们最近的工作。苏利文（Dennis Parnell Sullivan, 1941—　）就是一个重要的例子，他在1972年春天讲述他刚刚完成的有理同伦论（rational homotopy theory）。过了很多年后，吴文俊教授再度考虑这些问题。

有趣的是，虽然博特教授会聚了天下做叶状结构的专家在高研院讲学，但当时在叶状结构领域里最重要的结论却由一个尚未毕业的伯

（从左至右）丘成桐、阿蒂亚与希钦，摄于1982年

克利学生瑟斯顿得到，博特教授还派了专人到伯克利问教于瑟斯顿。这件事情令我印象深刻，从这里可以见到西方人求学的精神。

我和莫宗坚本来约好跟随博灵（Arne Beurling, 1905—1986）教授学陶伯理论（Tauberian Theory），但心思不集中，终究没有和博灵做深入的交流。

这一年，我虽然和波莱尔教授偶尔见面，但不敢班门弄斧，接触不多。我在1972年冬申请在高研院多做一年博士后时，波莱尔和阿蒂亚都觉得我的研究还不错，愿意让我多留一年。在当年，这算是很不容易的事情了，因为高研院数学学院大部分时间只让博士后停留一年。结果由于签证的问题，我没有在高研院多留一年，而是选择到纽约州立大学石溪分校做助理教授。

波莱尔教授的邀请

六年后，陈先生和波莱尔教授谈到我时，我大概已非吴下阿蒙了。记得在1978年春天，有一天，我正在伯克利的办公室和朋友讨论数学时，接到一个电话，电话里传来："This is Armand Borel."（我是波莱尔）我吓了一跳，立刻正襟危坐，静听以待。原来波莱尔教授要求我帮忙在高研院主持一个几何分析年，从1979年秋天开始。在我还没有反应过来前，他问我在斯坦福或伯克利一年的薪酬是多少。我据实以告后，他有一分钟不作声，然后给我一个高研院能够提供的数字。我现在已经不记得是多少了，大约是我当时薪酬的四分之三吧。然后他说我是主将，非来不可！虽然我尊重的一位老教授给我的荣誉令我难以拒绝，但我还是用尽浑身解数，才争取到推迟一天再做出决定的机会。由于我访问伯克利大学时，我太太没有和我在一起，我需要先征求她的意见。对我们夫妻来说，这是很让人困扰的事情，因为我们结婚不到两年，但已经分开大半年了，我们不想再分开一年。不过，她两年前在普林斯顿等离子体物理实验室工作，她的一个同事是塞尔伯格（Atle Selberg, 1917—2007）教授的夫人，所以我太太知道普林斯顿高等研究院的分量。最后，她勉强同意我在1979年访问普林斯顿一年。在解决了家庭问题的同时，我得去请教陈先生。我开始跟他抱怨说高研院给我的报酬不够，对我的家庭是一个负担。但陈先生根本不想听任何理由，他只说了句："高研院正在考虑聘请你，你还是去吧。"事情就这样决定下来了。

这是1978年春天的事，我拟了一份名单给波莱尔教授，要求高研院邀请他们来参加1979年的几何分析年，其中有一些是我指导过的博士。波莱尔教授照单全收，但他做任何事都力求完美，他在全球各地搜索了一遍，多加了五六名和几何分析有关的学者，济济一堂。这些事情，都是他努力在做。1978年8月，我在芬兰赫尔辛基国际数学家大会上做了一个小时报告后，波莱尔教授表示他很欣赏我的工作，我很高兴。

我再次见到他的时候，是在1979年9月，当时我还是斯坦福大学的教授，数学系批准了我停薪留职。我太太在圣迭戈的一家公司做物理研究工作，和她父母住在一起，而我和我母亲住在一起。由于工作的问题，我太太没有办法到普林斯顿来，我母亲则搬到芝加哥和我弟弟住在一起。所以我将我在帕洛阿尔托（Palo Alto）的小房子租了出去（大概是租给了来斯坦福访问的杨健平夫妇），开始安排访问普林斯顿。

我在斯坦福大学有四个研究生，他们跟我一起到了高研院。我自己坐飞机到普林斯顿，有一个美国学生叫作麦克拉兹（James Mckraz），他开我的车横跨3000多英里[1]从斯坦福到普林斯顿，也带了我的一些行李。对一般学生来说，买车还是有点负担的，所以麦克拉兹很高兴他有机会在这段时间开我的车。到普林斯顿后，我租了高研院的一个公寓——两室一厅再加一个书房，麦克拉兹要求我租给他其中一个房间，我也很高兴地让他住了。（但直到今天，房租还没有着落。）后来我才知道，我的另外一个学生克洛茨（Rick Klotz）为此大发脾气，认为我太过偏心。

普林斯顿高等研究院的几何分析年

各路英雄一同组织讨论班

到了高研院后，我见到了不同国家、不同地方的几何分析学家。

---

[1] 1英里≈1.61千米。——编者注

大家都还年轻，都很兴奋。重要的领袖有卡拉比、孙理察、乌伦贝克、西蒙、奥宾（Thierry Aubin, 1942—2009）、希尔德布兰特（Stefan Hildebrandt, 1936—2015）、盖哈特（Claus Gerhart）、布吉尼翁（Jean-Pierre Bourguignon, 1947—　）等人，但在普林斯顿附近的学者参加的人数很多，除了普林斯顿大学的郑绍远、滕楚莲，还有罗格斯大学的特雷夫（François Trèves, 1930—　）、纽约大学的尼伦伯格（Louis Nirenberg, 1925—2020）、奇格（Jeff Cheeger, 1943—　），费城大学的卡兹当（Jerry Lawrence Kazdan, 1937—　）、齐勒尔（Wolfgang Ziller, 1901—1991）、克罗克（Christopher Croke）。比较年轻的几何分析学者，如陶布斯、帕克（Thomas Parker）、崔柏格斯（Andrjes Treibergs）以及布赖恩特（Robert Bryant, 1953—　）等都来参加我们的讨论班，他们后来都是著名的学者。

卡拉比和我（2004年摄于哈佛大学科学中心）

9月初，我召开高研院第一次会议，讨论如何规划几何分析年的运作方式。报道出来后，所有相关人员都来了。我建议每个星期组织两个讨论班：一个讨论班专注于与极小子流形有关的几何分析，另外一个讨论班专注于与复几何、度量几何和广义相对论有关的几何分析。除了这两个讨论班，高研院数学学院每个星期还有一个会员讨论班，有时也包含一些几何分析的讨论。

虽然几何学上的几个大问题都在这几年由分析方法解决了，但还有很多大问题需要解决。大家摩拳擦掌，希望干一番大事业。比较年长的卡拉比先生当时也不过55岁，他和我多有讨论。他开始发展卡拉比流形和仿射几何的理论。我向他解释我正在用调和映射的理论重新证明马古利斯（Gregory Margulis, 1946—　）出名的超刚性（superrigidity）的理论［在凯勒流形（Kähler manifold）的情形下，萧荫堂已经将我和他讨论的结果拿去发表了］，他提示我要注意他对松岛与三（Yozo Matsushima, 1921—1983）在消灭定理（vanishing theorem）重新证明的关系，后来我和约斯特（Jürgen Jost, 1956—　）真的用上了这个理论。我觉得每次和卡拉比先生交流，我都受益不少。

我个人在这一年的工作

a. 在这一段时间，我继续研究由卡拉比猜想延伸出的种种问题。我在伯克利时，已经和郑绍远完成了凯勒-爱因斯坦度量（Kähler-Einstein metric）在带奇点情况下和在非紧流形情况下的存在性，也已经开始策划如何找出纤维丛上相应的度量。事实上，我在斯坦福时，已经注意到最自然的纤维丛度量应该是从推广复曲面上反自对偶（anti-self-dual）方程到高维的复流形上的纤维丛得到。1977 年，杨振宁有一篇文章指出反自对偶方程可以在复二维几何时写得比较简单。当时我刚完成卡拉比猜想，在这个基础上，我推广这个方程到高维空间并猜测它的存在性和纤维丛的稳定性有密切的关系。三年后，我和乌伦贝克完成了这项重要的工作。无论是在代数几何还是在物理学的应用上，它都是极为重要的结论。

b. 除了和凯勒–爱因斯坦度量有关的工作，我和孙理察继续我们对极小子流形和正数量曲率流形关系的研究。我们首先证明正里奇曲率（Ricci curvature）的完备非紧三维空间（complete noncompact three dimensional space）必然和欧氏空间同胚（homeomorphic）。这个定理可以说是庞加莱猜想中第一个非同寻常的例子。

谈到庞加莱猜想，我得说说我在 1979 年秋天到康奈尔访问汉密尔顿先生的故事。我们一见如故。他正在考虑里奇流的存在性问题，我说从伊尔斯（James Eells, 1926—2007）和桑普森（J. H. Sampson, 1926—2003）的工作来看，这是很自然的想法，我也考虑过它的存在性，但有很大的困难。我没有想到汉密尔顿先生有这么强的毅力，继续坚持研究这个问题。当我结束在康奈尔的访问时，他将他仅存的精美博士论文送给我。他的论文讨论了黎曼曲面，极有深度。一个有趣的插曲是我从康奈尔的小城回来时，坐早班机，那天是美国的感恩节，飞机上坐满了乘客。我在飞机上睡着了，服务员没有叫醒我。我坐同一班飞机飞到芝加哥，飞到半途，才知道我在纽约没有下飞机。但美航也不错，安排我吃了一顿中饭，再回到纽约。回到普林斯顿，郑绍远问我去了哪里，我说去芝加哥机场玩了一下就回来了。

c. 这一年的秋天，我在讨论班做了一个我和萧荫堂合作的报告，这个工作刚在《数学年刊》上发表。在做报告时，我发现在我们文章的假设下，那些流形都是欧氏空间，文章变得意义不大，所以需要修正，我们修正了。我也了解到对这种流形有所谓空隙现象（gap phenomena）。我见到几位几何学家，包括格罗莫夫（Mikhail Gromov, 1943—　）在内，向他们解释。大概是因为我没有及时将文章写好，后来文献都说这是格罗莫夫的想法。

在萧荫堂拜访我期间，我建议研究一个问题，就是完备而非紧凯勒流形的紧化问题。我们成功解决了其中一个特例，就是体积有限而曲率小过负整数的时候。过了好几年，我又建议钟家庆和莫毅明继续研究更一般的情形，还算成功。其实我提出这一系列问题是受到波莱尔教授的影响：我在高研院时，看到波莱尔教授的一些主要工作都和紧化有关，用了大量李氏理论。我个人认为，这些几何问题还是用几何分析方法比较合适，几何方法也应该提供更多的几何信息。这是一个庞大的计划，到现在还没有全部完成。其中一个问题是流形上的 L^2 上同调（L^2 cohomology）和紧化空间的关系。在局部对称的空间，这个问题叫作扎克猜想（Zucker conjecture），波莱尔教授本人花了五年工夫去解决这个问题，最后由我在普林斯顿大学的两个学生萨珀（Leslie Saper）和斯特恩（Mark Stern）用几何分析的方法解决了。

〔在同一时间，荷兰的路杨格（Eduard Looijenga）教授用群表示论也得到了同样的结论。〕

d. 我和郑绍远及李伟光的合作，在来到高研院前已经开始，主要是在拉普拉斯算子（Laplace operator）的谱分析（spectral analysis）上的工作。记得我在1975年写了一篇文章，在流形的直径、体积和里奇曲率的受限条件下，我用等周不等式的办法，对第一特征值做了一个不错的估值。这个方法由克罗克在他芝加哥大学的博士论文中推广，受到关注。1979年，我和李伟光推广了李伟光博士论文的工作，发现第一特征值的下界只需要直径的上界和里奇曲率的下界。因为郑绍远已经得到特征值的上界估值，布吉尼翁说这是一个完美的工作，当时我们只在乎第一特征值和几何的关系，这是令人满意的工作。过了几年后，钟家庆到斯坦福大学访问，得到李伟光的指导，加强了我们的常数估计。这当然是不错的工作，因此得到国内数学家的赞赏。但有点奇怪的是，过了很多年后，有国内学者用所谓的概率方法重证这些工作，竟然名动一时。

1980年，波莱尔教授在做扎克猜想时，很想知道如何对热核估值，于是跑到我的办公室来问我。我和郑绍远、李伟光讨论，很快得出了结果。这篇文章发表在《美国数学杂志》（American Journal of Math）上，受到重视。一年后，奇格、格罗莫夫和泰勒（Michael Taylor, 1898—1984）用所谓的波动方程得到了同样的结果，但他们不断地表达他们结果的优越性。

参加人员的活动

这个几何分析年对每一位参加的几何学家都有深远的影响：我们主动互相交流，不同方向的想法融合在一起后，产生璀璨的火花。即使是从前认识的老朋友，来到这个群贤汇聚的地方，大家生活在一起，也有不同的想法，例如乌伦贝克在两年前和萨克斯（Jonathan Sacks）证明了极为重要的极小子流形的定理，使我钦佩异常。我建议萧荫堂用乌伦贝克的工作来证明著名的弗兰克尔猜想，那是一次令人满意的合作。这一年，乌伦贝克到了高研院后，开始研究纤维束上的规范场理论。她和我多有交流，后来完成了上述的厄米–杨–米尔斯（Hermitian-Yang-Mills）的存在性工作。她的工作也成为唐纳森在四维空间拓扑学的突破基础。这些都是数学上的重要工作。

孙理察和西蒙则对高维的极小子流形做了重要的基础工作。我的博士生崔柏格斯在这一年完成了闵可夫斯基空间（Minkowski space）里面最大类空超曲面（maximal spacelike hypersurface）的分类工作。崔柏格斯能力很强，但太过谦虚，得不到他应该得到的重视。由于正质量猜想的证明，孙理察和我都很想知道物理学家的想法。我请了普林斯顿大学的物理学家给我们解释当时广义相对论的进展，其中有拉帕迪斯（Alan Lapades）、佩里（Malcolm Perry, 1951— ）等人。最重要的当然是彭罗斯（Roger Penrose, 1931— ），他是一代大师，严格的黑洞理论由他和霍金创立。他很器重孙理察和我的工作，特别为我们做了三个精彩的演讲。他提出的其中一个问题对我有深远的影响。他提出要研究拟局部质量（quasi-local mass）的问题，他和霍金在这个问题上贡献不少。但这个问题很困难，直到 2019 年，王慕道和我才完成这个工作。

研究以外的活动

除了研究工作，比较熟悉的朋友也一同轮流做晚饭吃，其中有孙理察、西蒙和乌伦贝克三对夫妇，一些学生和郑绍远两夫妻有时也参加。但我烧饭的能力太差，最后我们到餐馆去吃了。吃完饭后，我们会去打乒乓球。西蒙和孙理察的水平比较高，我当然自愧不如。高研院的教授邦别里（Enrico Bombieri, 1940—　）有时也来参加这个活动，但他不服输，常常怪自己膀子扭痛了。我们每个星期六早上一起打排球，有时候也在我住的公寓开派对。我不喝酒，但有很多次我不在普林斯顿的时候，他们在公寓里喝酒，还举办其他活动。尤其是在圣诞节那天，我到圣迭戈去看太太时，他们开了一个大型跳舞派对，听说卡拉比夫妻也跳了，最有趣的是有些从国内来的访问学者也参加了。1979 年 11 月，哈佛大学数学系主任广中平佑邀请我到哈佛访问，希望我接受哈佛大学的聘书。我和太太到哈佛访问了几天，受到几位哈佛教授的隆重招待。我们特别感谢广中平佑、博特和芒福德的热情邀请。文理学院的院长是日本经济学家，他用了很有技巧又很圆滑的说法来解释为什么我应该去哈佛工作。我们对哈佛大学印象很好，但院长给我的正式聘书上的薪水却是我在斯坦福的四分之三。因为我太太在波士顿不见得找得到工作，我们两边的父母要我们照料，这使得到哈佛大学任教会有一定的难度。哈佛院长是一位既有趣又有学问

广中平佑（左，2004 年），芒福德（右，2012 年）

的教授，他对于东方的事情相当了解，和我谈得很投机。除了薪水，他说如果我到哈佛任教，每年大学会赠送我一张往返香港的飞机票。我不置可否，因为哈佛大学毕竟是美国最出色的大学，我需要仔细考虑。我回到高研院不久，波莱尔教授到我的办公室来找我。其实我的办公室就在他的办公室旁，很难避开他。但他在办公室时，不苟言笑；在他太太面前，却常常有可亲的笑容，所以我们都喜欢见到他们在一起。这次他来找我，也没有笑容，他第一句话就说："我听闻哈佛大学要聘请你，但你暂时不可以接受，因为高研院正在考虑聘请你的可能性。"他大概觉得这样的讲法不是最理想的方式。说完之后，他就走出我的办公室，我还来不及反应呢！

返回香港照顾哥哥

12月的时候,我突然接到三姐的电话,说我大哥病危,入了医院,我吓了一跳。大哥和我年纪相仿,我们一同长大,一同读书,他不幸患了病,花了八年时间看医生,最终被确诊为脑瘤。虽然是良性的,但瘤长在很不好的位置,由温祥莱医生主治。我离开香港后,换了一位姓张的医生。这一次再入医院,我想带他到美国医治,但张医生不肯给我病历;香港中文大学马临校长对我很好,和温祥莱医生熟,但只能找到老的病历。因为要到美国,需要签证,我去找芮陶庵(Andrew Roy)教授。他是崇基书院从前的副院长,跟我父亲熟悉。我跟他谈这件事,他极为热心,即刻找他在北京做驻华大使的儿子帮忙,说我和我的弟弟都极为杰出,美国应该让我们一家人定居美国。我开始替我哥哥申请到美国来。做完这几件事后,我回到普林斯顿,一方面替我哥哥找医院,一方面继续我们的研究。

高研院的聘请

到1月下旬,高研院正式通过聘请我的决定。当然我很高兴,华罗庚还托陆启铿跟我说,这是华人的骄傲。波莱尔教授、塞尔伯格教授、蒙哥马利(Deane Montgomery, 1909—1992)教授、朗兰兹教授和邦别里教授宴请我,这些都是一代大师,我受宠若惊。同时,我也见到了高研院的院长沃尔夫(Harry Woolf)教授。我和他谈起我哥哥生病的事,他即刻说,他从前是约翰斯·霍普金斯大学医院的教务长(provost),可以安排我哥哥到那边看脑科,这使我非常感动。我将我哥哥的病历送给那边的脑科主任，很快就得到回复，说可以送我哥哥到他那里医治。高研院的环境实在不错，普林斯顿大学也有一流的教授和学生。事实上，在这期间，普林斯顿大学也要聘请我。这是他们第二次聘请我了，有盛情难却的感觉。陈先生也希望我再考虑去伯克利，但那里的数学系很复杂，我还是喜欢斯坦福大学，毕竟这是我研究生涯成熟的地方。在高研院和斯坦福中做一个选择，我感到为难。斯坦福的教授们听说我受到高研院的聘请后，赶快请我回去商量。我实时回去和几位熟悉的教授交谈。扎梅尔松（Hans Samelson, 1916—2005）是当时的系主任，是我很尊敬的老教授，他在几何和拓扑学上都有很大的成就。四年前，也是他和奥瑟曼（Robert "Bob" Osserman, 1926—2011）教授极力推荐斯坦福给我终身教职的。他这次再见到我，脸色却有点紧张，大概是斯坦福不想我离开吧。他说系里会给我高薪，也不用上课（因为高研院只做研究）。我认为斯坦福数学系对我实在太好了，真是不好意思。这些机构都是世界第一流的，我只有回家再度考虑这几个地方哪个最适合我的前途。当然，我和陈先生有过多次通信，征求他的意见。

几何年的结束

高研院的活动一般是在 4 月初结束。在 3 月中旬，大家希望我做一个总结，尤其是做一场报告，提供在几何分支这个数学分支里面还没有解决的问题。于是我做了三场报告，包括波莱尔教授在内，很多人都来听这三场报告。在我做第一场报告时，整个大演讲厅坐满了人，但那天我患了重感冒，裹着羽绒大衣做演讲。我总共讲了60个题目，反响很大，最后我将这些问题写下来，参考了各方面的意见，总共有120个不同的问题，这些问题对几何分析这30多年来的影响不小。很多年轻的数学家遵循这些问题引出的方向努力，结果很令人满意。到了今天，很多年轻人还在做这些问题，却往往忘记了它们的出处。去年我整理了一下这些问题，大概有四分之三的问题还未解决，但值得高兴的是，已经解决的问题和我当初的期望基本上是一致的。

接受聘请

几何年结束时，大家都很满意，对很多人来说，可以用满载而归这个词来形容。当时的年轻人，现在已经是国际上出色的学者。我则归心似箭，回家去看太太了。圣迭戈面临太平洋，我太太的办公室面临碧海，一望无际，看海鸟飞翔，让人心旷神怡，惬意极了。我们终于决定离开斯坦福，到高研院去。我打电话给扎梅尔松和奥瑟曼辞职时，心中不无内疚。然而，经过大半年的考虑，我终于做了这个决定，又和妻子在一起，心情很觉轻松。7月初，我太太怀孕了，我们当然很高兴！我们找了几个老朋友庆祝。我母亲尤其高兴，她有第一个孙子了。对客家人来说，传宗接代是一家人最重要的大事，尤其是这是个男孩。

离开斯坦福大学到普林斯顿高等研究院做教授

到北京参加第一次双微会议和到香港带哥哥到美国医病

1980 年暮春，我还在安排我哥哥到美国治病。通过高研院院长沃尔夫的介绍，约翰斯·霍普金斯医院的脑科手术主任朗医生（Dr. Long）看完我从香港带来的脑部 X 射线扫描后，同意为他治疗。但当我替我哥哥申请美国签证时，却遇到了极大的问题，原来美国驻港澳总领事馆去查问正在医治我哥哥的张医生，张医生坚持他有能力照顾他，所以领事馆拒绝发放签证。普林斯顿高研院帮我去找新泽西州的参议员写信给总领事馆，他们也不理，一点办法都没有。结果我在伯克利拜访陈先生时，刚巧见到麻省理工学院的辛格教授。他是一代数学大师，也是里根总统的科学顾问团成员，所以他和美国国务院的官员相当熟悉。辛格教授和我关系很好，听到我的问题后，他即刻要求国务院中排名第三的官员帮我忙。他和我说，他们常常在一起打网球，当他向这位官员提出要求时，这位官员实时与美国驻港澳总领事馆通电话，解决了我哥哥的签证问题。这使我对辛格教授终生感激！我和哥哥一起长大，手足情深，生死关头，岂能不尽力？

美国驻港澳总领事馆直接由美国国务院指挥，接到华盛顿的命令后，即刻通知我到香港办理文件。我飞到香港处理这件事，还记得美国驻港澳总领事馆那个官员心不甘情不愿的脸色。他给我看差不多有一寸厚的文件，都是关于我哥哥不能得到签证的文件，也有描述我和三弟成栋在美国的文件。估计没有美国国务院的命令，美国驻港澳总领事馆绝对不会给我哥哥发放签证。看完这些文件后,我更感激辛格教授的仗义行为。我感慨至深:我一生得到不少长者的帮忙,也希望自己以后能够学习他们的高风亮节!

得到签证后,已经是7月多了,我赶快去办理旅行的手续。我哥哥已经不能坐起来了,只能躺在床上,要安排救护车一直把他送到飞机上。三姊找到一家熟悉的旅行社,他们做了很多工作,但这种安排极不容易,要到9月初才能成行。于是,我回到圣迭戈我太太那里。这一年暑假,陈先生在北京发起一系列双微国际会议。双微的意思是微分方程和微分几何。他发起这个国际会议时,没有和我商量,但郑绍远、我和一批世界有名的大师都在受邀请之列,还包括阿蒂亚、博特、邦别里、戈尔丁、拉克斯等极有成就的学者。

在双微国际会议上,我花了不少时间,解释我建议的120个几何问题,事实上也是指出当时几何分析的走向。有趣的是,外国的数学家,例如博特对这些题目有很大兴趣,提出了很多问题,但中国几何学家的兴趣不是很大。由于陈先生的声望,国内有名的几何学家都来了。苏步青教授、谷超豪教授和胡和生教授都从上海飞到北京来参加,陈先生安排了盛大的宴会招待他们。我还记得苏教授当场提出要谷教授做他的接班人,胡教授笑得合不拢嘴的有趣场面。

有一天晚上,陈先生邀请了当时从国外来的知名学者在宾馆开会,讨论国内数学研究状况。由于大家刚到中国,主要是陈先生描述当时的情形。陈先生又指出,美国科学院在几年前由麦克莱恩(Saunders Mac Lane, 1909—2005)带领到中国访问,写了一份报告,影响很大。所以他要求在座的知名学者也写一份报告，他提出要建议科学院关闭数学所。当时我们都吓了一跳，一时鸦雀无声。我不自量力，提出我们是外宾，不宜做这种主张，博特等即刻举手赞成，陈先生就此作罢。恐怕这是我得罪了陈先生而不自知。

由于怀孕的问题，我太太始终没有办法决定是否参加这次旅行，但由于她很想看望她30年没有见过的姊姊，在飞机起飞前五个小时，她决定去了。由于飞机从洛杉矶起飞，从圣迭戈去洛杉矶有一段时间，因此要赶上飞机，有一定的难度。刚好我前文提到的那个学生麦克拉兹也在圣迭戈，我赶紧打电话叫他来帮忙，开我的车送我们去洛杉矶机场。既要收拾行李，又要赶飞机，这次行程的确很刺激。那一次，我太太收拾行李的速度之快，可谓空前绝后。麦克拉兹开车，我看路，我们以最快的速度到达洛杉矶。那个时候，开到每小时80英里，还是可以的。当然，我们运气很好，没有遇到交通警察。到达机场后，我们是最后一个上飞机的，郑绍远夫妇也坐这班飞机，他们等我们等得很焦急。我们坐下来后，大松了一口气。飞机也准时起飞。这次麦克拉兹也很高兴，因为他可以拥有我的车长达一个多月。到普林斯顿时，我才见到我的车。

在这次会议上，我将我提出来的几何分析问题又讲了一遍。当时，这些大师，尤其是博特教授对此很欣赏，这对中国的几何学界有很好的影响。

我太太的姊姊和姊夫来了。见到我太太，他们都很兴奋。开完会后，我太太和我到杭州旅游了两天。她因为有孕在身，先回了圣迭戈。

我则到香港，带着我哥哥从香港飞纽约，他坐头等舱，我坐经济舱，服务员的服务态度都很好。整个行程并不容易。在香港机场，我坐在送我哥哥的救护车上。刚巧有某位大人物到港，机场戒严，有一大批英国雇佣兵在做保安。他们大概是尼泊尔的廓尔喀雇佣兵，块头很大，一手按在我身上，有如老鹰抓小鸡一般，使我动弹不得。

到了纽约后，我在飞机上陪着哥哥，移民局的官员到机舱内查看签证，极富人情味。这件事使我印象深刻。在这里，我的二妹成琪送我母亲到机舱，和我们一起飞到巴尔的摩。我的朋友王彬带着台湾来的一个叫林渊炳的研究生开车来接我们，而约翰斯·霍普金斯医院则派了一辆救护车来接我哥哥。安排好一切手续，吃完了饭，住到王彬给我们安排的公寓，整个护送哥哥就医的行程才暂告一段落。

但我还需要安顿我母亲，她需要住在大学附近，方便看望我哥哥。由于她不懂英文，王彬和林渊炳都帮了大忙。在巴尔的摩住了一个星期，我需要回高研院上班，由王彬帮忙开车送我回去。我在高研院租了间公寓，自己一个人住，但每个星期要开车到巴尔的摩看望母亲和大哥。哥哥没有美国的医疗保险，因此我有一半时间花在如何解决费用的问题上。由于脑部动大手术，费用很高，实在没有能力自付，最后的解决方法是将大部分费用看作主治医师研究项目的一部分。（事实上，我哥哥的脑瘤长在一个比较特殊的部位，几位教授会诊时，有激烈的辩论。）朗医生是脑科主任，也是著名教授，我对他的帮助终生感激！他每个星期工作六天，有时候一天做两台手术，他的敬业精神使我钦佩万分。

初到高研院做教授

我一面忙哥哥的事情,一面要处理高研院的事务。我住在高研院提供的公寓,两室一厅,还算宽敞。我太太怀了我们的第一个儿子,和她父母住在圣迭戈一个叫德尔马(Del Mar)的小城,所以我是一个人住在普林斯顿的公寓。由于我这一次是来做终身教授的,因此高研院大教授们的家人都待我优礼有加。他们知道我太太不在普林斯顿,常常来问候我的起居。其中有塞尔伯格的太太,她是我太太从前在普林斯顿等离子体物理实验室的同事,还有波莱尔、哈里斯、钱德拉、朗兰兹、邦别里等同事的太太,她们都请我到家里吃过饭。

波莱尔教授一向表情严肃,唯一例外的时候是在他太太面前。他喜欢音乐,收藏了丰富的爵士乐唱片。他女儿是一位艺术家,在他家里会觉得如沐春风,和在他办公室里完全不一样。他一丝不苟,做所有事都有条有理,很有计划,每天有一定的时间运动,风雨无阻。每天下午5点多时,必定见到他骑着脚踏车锻炼。但他大概是最用功的教授,举个例子来说:我们数学学院一般在星期一早上10点开会,开会的当天晚上,波莱尔教授的办公室必定灯火通明,他不愿放掉任何做研究的时间!

邦别里的太太叫苏珊,很贤惠,腿有些残疾。他本人是意大利人,在来高研院前,他在意大利比萨做教授,在数论、代数几何和偏微分方程领域都做了极为重要的工作。他的家人做金融,他在那时也开始参与家族的生意。他和我交情不错,常请我到他家吃饭,吃完晚饭后,他带我到高研院的小池塘去钓鱼,有时能钓到一些不错的鱼,以鲌鱼为主。

后来高研院的秘书告诉我,邦别里教授每星期钓完鱼后,他们要赶快买一些鱼放回小池塘中。这个消息不知道是不是真的,但我觉得钓鱼还是挺有意思的。管理高研院宿舍的一个美国人长得高大威猛,常常出海垂钓,带回不少新鲜的蓝鱼,将其卖给住在宿舍的访问学者。后来我母亲来普林斯顿住的时候,我们常找他买鱼。高研院环境很好,绿草如茵,还有一片不错的树林,是一个散步思考问题的好地方。秋天时,红叶遍地,景色极美。只不过有时会有猎人狩猎,散步时提心吊胆的。

在高研院做教授的第一年

博士后和研究生

1980年虽然是我在高研院的第一年,但德国的希尔德布兰特教授已经写信给我,要求我接收他的博士生佑斯特做博士后,由德国政府支付经费。因为希尔德布兰特教授和我在德国波恩认识,有些来往,我就一口答应了。佑斯特来了以后,我们有一系列合作,研究调和映射的刚性结构,并将它应用到复流形的刚性问题。这个用调和映射研究流形结构的想法是我十年前做研究生时开始的。在纽约州立大学石溪分校做助理教授时,我以这个为题,得到了学校提供的经费。后来我遇到萧荫堂,提出用调和映射来研究复流形的刚性问题。他极为兴奋，开始时想避开调和映射的路子，最终还是和我讨论用调和映射的方法。但做出一些结果后，他没有经过我同意，就自己拿去发表了。在这一年，我和佑斯特继续做这个方向的研究，做出了一些有意思的成果。没有想到萧荫堂在各地演讲和写文章时，叙述我和佑斯特已经发表的文章中的一个引理，但没有提到我们的名字。佑斯特很不高兴，因为其他作者都不提我们的名字，尽管我们的文章先发表了好几年。

这一年，我在斯坦福的研究生帕克和崔柏格斯刚好毕业。前者到哈佛大学做皮尔斯（Benjamin Pierce）的助理教授，后者到宾夕法尼亚大学做助理教授，前文说的麦克拉兹跟我到了高研院，转学到普林斯顿大学。我还有一个学生克洛茨留在斯坦福完成他的博士论文。他的博士论文处理带奇点的凯勒–爱因斯坦流形，现在是比较流行的一门学科。

我的朋友西蒙则送了一个很杰出的澳大利亚学生巴特尼克（Robert Bartnik）到普林斯顿来跟我读书。普林斯顿数学系有另外两个学生叫萨珀和斯特恩，他们也来跟我读博士。

我的办公室在高研院主楼的顶楼。刚开始时，院长沃尔夫亲自来问候我，坚持要给我一个最好的办公室。结果将两个办公室打通，成为一个大办公室，书架上可以放很多书，同时还有一个小会议室。我的同事米尔诺的办公室在二楼，里面堆满了书和影印本。一楼则是塞尔伯格和蒙哥马利的办公室。蒙哥马利在高研院资历最深，他因为解决希尔伯特的出名问题而成名。他的办公室很漂亮，装潢甚佳。虽然他已退休，但每逢我们数学学院星期一开会，他都让我们用他的办公室。蒙哥马利教授很照顾后辈，常和年轻的博士后在一起开讨论班。他很喜欢中国人，和宾州大学的杨忠道教授长期合作。

高研院在我的办公室里弄了一个大办公室给我的几个研究生用。头半年，这些学生在麦克拉兹的带领下，吵吵闹闹。麦克拉兹喜欢玩桌式足球，打长途电话到处买桌子，我只好警告他，他才没有乱搞。

在斯坦福带研究生时，我喜欢叫他们每星期开讨论班，讨论一些有意思的文献。我在高研院继续开这些讨论班，很多访问学者也来参加。学生当然有时候不太懂得文献的内容，往往会出错。但我没有想到波莱尔教授也来参加我们的学生讨论班。学生不懂时，他的面色不是太好看，要我解释。大概高研院从来没有过学生讨论班吧。

数学学院每个星期一有个比较正式的讨论班，由我主持，邀请博士后和访问学者来讲他们的工作。由于我当时和孙理察已经在广义相对论方面做了一些工作，因此和物理学家有不少交流，有时也请他们来参加讨论班。没有想到我的同事们大为惊讶，说我忘记了数学学院和物理学院吵架的事情。原来前任院长要在高研院成立社会学学院，聘请一位社会学教授。物理学院教授一致支持，但数学教授在韦伊教授的带领下极力反对，甚至由韦伊教授执笔，投稿到《纽约时报》抗议。

韦伊教授和从前在高研院做事的外尔教授可以说是20世纪最伟大的数学家，才华横溢，现代数学的多个领域都是由他们首先开发出来的。陈先生的两个著名工作——高斯–博内–陈定理（Gauss-Bonnet-Chern theorem）和陈类的发现——都受他们的影响。

我在高研院的位置是韦伊教授退休后留下来的，华罗庚教授认为这是莫大的荣耀。在物理学家和数学家吵架的时候，杨振宁先生和韦伊先生大概是对立的。十年前，我见到杨先生，我说韦伊先生有他可爱的一面。杨先生悻悻然地说，我看不出来韦伊有什么可爱的地方。想来当年的吵架必然极为激烈。

中国代表团来高研院访问

我到高研院做教授不久，塞尔伯格教授来找我，很兴奋地说，华罗庚带了一群中国数学家来访问，叫我帮忙接待。中国来的访美代表团成员有谷超豪、程民德、王元等人。在高研院主楼前，我给塞尔伯格和全体代表团成员合影。晚上我请他们吃饭，交谈起来，乐也融融。我还邀请华先生做了一个演讲，讲的题目关系到孪生素数的问题。华先生要估计双素数多少的渐近公式，但他的误差估计比主项大，不过，塞尔伯格教授认为这是好结果。直到三年前张益唐做出他的著名工作时，我才比较了解其中的困难，这些工作极为有意思。

华先生可以说是一位传奇人物，一生努力，少年家贫，未能上中学，却得到熊庆来、杨武之的提拔，到清华旁听。留学英国剑桥后，他返回西南联大领导中国解析数论的研究，得到中国第一届科学大奖，独占鳌头。他到美国学习与原子弹有关的科学。中华人民共和国成立后，华先生放弃在国外做研究的舒适生活，并号召所有留学生一同回国。

编辑几何分析和极小子流形文集

波莱尔教授做事十分讲究纪律。由于前一年我组织高研院的几何分析和极小子流形两个不同方向的讨论班,他请我整理当时的结果,成书在普林斯顿大学出版社的《数学年鉴》中出版。我决定出两本书,将重要的工作编辑起来,第一本叫作 *Seminars on Differential Geometry*,第二本叫作 *Seminars on Minimal Submanifolds*。我在编第一本书时,邀请了很多名家投稿,我的 120 个问题集也在这本书中出版,该书影响很大。我花了一个多月时间准备这本书的第一篇文章,总述几何分析的成果和展望。这篇文章我是在约翰斯·霍普金斯医院探望哥哥和母亲时,在医院的休息室写的,一边写一边叫我的研究生巴特尼克修正,他和我都受益不少。后来有很多几何学家(包括唐纳森在内)受到这篇文章的影响。

同时,我也花了不少工夫将 *Seminar on Minimal Submanifolds* 这本文集编好。编好后的一天,邦别里教授突然来到我的办公室,要求做这本书的主编。我觉得可以,就将所有文件放在一个大盒子里面交给他。结果他将这个盒子原封不动地放在他的办公室,有一年半之久!由于大大延误了出版所有作者的文章,他们都很不高兴,将其怪在我身上。我只好去找波莱尔教授帮忙,邦别里教授就将我准备好的文稿一字不动地发表了,加了一个序,既没有提到我帮他邀稿和整理这些文章,也没有送一册最后出版的书给我。

高研院教授的责任

在高研院，教授们不用上课，唯一重要的工作是遴选每年申请到高研院的博士后和访问学者。大概是 1 月上旬开会讨论，在一大批申请人中挑选 10 名博士后。这些博士后的经费有一部分由美国国家科学基金会提供，一部分由高研院提供。由于高研院的学术研究环境很好，很多机构愿意提供经费给他们自己的教授和学生到高研院访问。但这些人数量不少，我们往往要推掉很多不错的申请，有些情形引起了不少讨论。其中一位著名的访问学者是陈景润，他的学问当然没有问题，但他对外宣称他回国后，会将他从高研院得到的薪水上交给中国政府。波莱尔对此大为震怒，他认为高研院的薪水不是用来支持任何国家，而是给研究员个人的。最后我们都同意邀请陈景润，但他有没有将薪资上交，则不得而知。

按照传统，高研院的教授享有不少优惠，每位教授都有经费邀请一位助理研究员，提供开派对和酒会的经费，也可以有司机接送。但数学学院的教授不愿浪费任何经费。有一次，已经退休的惠特尼教授获得沃尔夫数学奖，我向当时管事的邦别里教授提出开一个派对来庆祝，邦别里教授拒绝了。

数学学院的教授们也拒绝向政府申请暑期经费，并表示数学和经费脱钩，政府管不了我们！由于数学学院的博士后有一部分还是由国家科学基金会提供，而经费渐减，我建议高研院和政府谈判，将教授可能得到的暑期薪资转为对博士后的支持，但因有些同事反对而作罢。（在其他地方的某些教授却捕风捉影地说，丘要去争取工资。）

当时博士后的薪资很低，才八千多美元一年，米尔纳教授和我提出要求他们加薪。不料某教授在会议中竟然说，这些年轻人到高研院来跟我们学习，已经得到了足够的薪资。我很失望，其实高研院成功的一个重要原因，在于这些年轻人聚在一起，互相影响，找到新的方向。

当然，数学学院的教授都是一代大师，博士后和访问学者确实受到了他们的影响。很多教授每学期都会讲授他们当时的研究工作。

钱德拉教授和我说，由于他大部分时间待在家里，他决定每星期做一个演讲，叙述他最近的研究工作。每学期开始时，他会做一个总题演讲，给出那一学期的主要研究思想。这个演讲很重要，世界各地都有专家来听这个演讲，我每年都见到萨利（Paul Sally, 1933—2013）从芝加哥来听。

驰骋数学五十载，几何人生报家国

我从事数学研究五十多年了。在我看来，数学是所有学科的基础，是通过有系统、有逻辑的方法找出大自然的真理，与实验科学相辅相成。通过实验科学，我们可以发现真理的走向，但仅靠实验科学，无法探索出真理。真理必须经过有逻辑的方法、有次序的证明，才能被发现——这是数学家的工作。

邂逅卡拉比猜想

1969年，我人生中首次搭乘飞机，口袋里装着不到100美元，来到加州大学伯克利分校，开始攻读博士学位，这是我一生研究学问的开始。刚到加州大学伯克利分校，我一心渴望竭尽所能地吸纳数学知识，在图书馆花了不少时间读数学书，如饥似渴地学习代数拓扑、微分几何、微分方程、群论，还旁听了其他一些课程，如广义相对论。

对参加各类讨论班，我也有兴趣，包括偏微分方程、数论、复几何和代数几何、调和分析、遍历理论。任何学科，只要跟我的研究有一点点关系，我都会涉猎。养成这个习惯，对我的学术研究产生了很大影响。

在加州大学伯克利分校图书馆，我邂逅了卡拉比猜想，心弦一下子响起共鸣。卡拉比猜想与众不同，它联通着几何学的某一区域，深入而宽广。然而，我知道，研究卡拉比猜想并不是一朝一夕能完成的，必须持之以恒。在起初三年里，我一直试图找到反例，证明该猜想是错的。就在众人以为我真的推翻了这个猜想时，卡拉比的一封信如暮鼓晨钟，把我惊醒了。我很快做了180度的转变，倾注心力去证明卡拉比说的没错。我又花了三年时间，终于完成了对卡拉比猜想的证明。这不仅是几何分析的第一场重要胜利，而且解决了一些代数几何的重要问题，后来还对弦理论产生了深远影响。

1979年，我与我的学生孙理察用几何分析解决了困扰物理学家50多年的一个问题——广义相对论中的正质量猜想。我们证明了物质结构在爱因斯坦广义相对论框架下是稳定的。这是数学、物理与几何结合的经典例子，至今仍然有重要的影响。

我与朋友、学生一起，进一步将几何与分析融合，与现代其他学科联络，为几何分析学科的完善和现代化做了不少贡献。这个学科发展至今，仍然很有威力，足见其深度。我很荣幸见证了一个学科的成长。20世纪，几何在很多学科中有重要的作用。我的研究就是以几何为核心，拓展至微分方程、代数几何、拓扑学、数学物理，理论物理的广义相对论、高能物理的弦理论，及应用数学中使用共形理论、最优传输解决图像处理的问题等。

王国维曾撷取三段宋词来描述古今之成大事业、大学问者需要经历的三种境界。对此，我深以为然：开始做学问时，我们要找到一个制高点，对整个问题有通透的理解，即"昨夜西风凋碧树，独上高楼，望尽天涯路"；然后，不眠不休、废寝忘食地投入其中，即"衣带渐宽终不悔，为伊消得人憔悴"；最后，灵光一闪，看到了完整证明的途径，所谓"众里寻他千百度，蓦然回首，那人却在，灯火阑珊处"。

父亲的言传身教

我的父亲学问很好，曾任教于香港中文大学的前身——崇基书院，先后教授过中国上古史纲目、中国近代史、经济史、中国哲学史、儒家哲学史、西方哲学史等等。在困苦之中，他最感兴趣的始终是学问，并且不抱什么功利的目的。这一直让我敬佩有加，引以为傲！

差不多从十岁开始，我就见父亲埋头著书，并时常与学生在家中交流。当时我还小，在我的印象中，他们交流的内容很丰富，包括古希腊哲学、西方哲学与东方哲学的比较等，这些话题于我而言虽然比较难懂，但开始激发我对相关问题的思考，培养了我的抽象思维能力。父亲对诗词颇有造诣，经常给我讲解相关知识，要求我努力背诵其中的名篇。小时候免不了贪玩、偷懒，但我还是认真学习、背诵了一点。

11岁那年，我按照父亲的要求，开始读冯友兰先生的《新原道》《新原人》，翻阅牟宗三、唐君毅、钱穆先生的著作。当时的感觉是，他们的作品很深奥，大部分看不懂。14岁那年，父亲不幸辞世，家里失去了顶梁柱和收入来源，我们兄弟姐妹与母亲相依为命，家境十分艰苦，一度到了山穷水尽的地步。在那样的艰苦环境中，我有时自然而然地背诵起父亲教过的诗词。我开始广泛阅读父亲的藏书，努力走进他的文学和哲学世界，回顾从他那里获得的谆谆教诲，思考、探索如何走好自己的人生路。就这样经年累月，我不仅培养了哲学、国学素养，而且变得更加自信、成熟。

父亲有浓郁的家国情怀，生前常常教导吾辈，作为中国人，有机会要为国家多做点事。我一直将其铭记于心，并倾力而为。作为华人科学家，我40多年来矢志不渝地推进中国科学，尤其是数学迈向世界前沿。为此，我充分利用自己的国际学术影响力，汇聚国际高端学术资源，在国内（包括香港和台湾）先后成立了8个研究所。

父亲有崇高的学术追求，写了大量学术手稿，但他过早去世，生前没有条件付梓，直到20年前，我才有机会找人帮忙辑录。我反复研读书稿，对父亲感佩不已！最近，我终于把父亲关于中西方哲学的思考整理完毕并出版，这就是《丘镇英先生哲学史讲稿》，以此作为对父亲的纪念。

追寻大自然的奥秘

父亲虽非数学家,但我能成为数学家,现在又专注于数学教育,在很大程度上得益于他的影响。自我童年开始,父亲就经常教诲我,追求并发现大自然蕴藏的真和美。这让我从小就在内心深处对数学产生了浓厚的兴趣和爱好,之后不知疲倦地研究探索并走上数学教育之路。

2021年,我在清华大学牵头成立了求真书院,旨在培养数学科学领军者。我要培养的不是竞赛人才,也不是一般的数学家,而是真正有能力、有抱负、懂数学、懂科学、有文化、有内涵的"通才"。我希望数学学科能在中国更好地建立起来,培养一批对学问有纯粹看法的年轻人,并希望他们走出属于自己的路。

求真书院的院训"寻天人乐处,拓万古心胸",源自我父亲撰写的一副对联,我稍做修改而成。"寻天人乐处"是要在追寻大自然奥秘的过程中,找到最有意义、最有乐趣之处。所谓"拓万古心胸",是说要心胸广大,容纳万物。做学问不能只为了高考,为了拿奖,为了做院士,而是要追求在科学史上留下重要的轨迹,产生深远的影响。

求真书院目前有200多名学生,是我们从全国各地找到的最优秀的孩子。八年制"通才"培养方案的目的是让他们不受外界干扰,沿着数学研究的道路走下去。在求真书院,学生们一方面接受数学和物理学基础知识的严格训练;另一方面要学习数学史、科学史、文学等通识课程，养成对科学、数学的宏观看法，拥有深厚的人文修养。

文化修养很重要

对一位学者而言，文化修养很重要。我曾见过很多伟大的学者，他们都有很高的文化修养。比如，20世纪最伟大的数学家之一安德烈·韦伊，是数论、代数几何的大师，他的研究涉及诸多方面，还懂得印度文、梵文、拉丁文以及多种古典学问。

文化修养可以是诗词、音乐，也可以是其他方面。我本人喜欢诗词歌赋，它们并不见得与数学有直接的关系，但在我看来，它们都源自对美的追求，都对我产生了重大影响。

文学、哲学能够让我们的心灵和思考纯化，同时集合了人类对大自然的认识、对各种思想的了解，是科学发展的土壤。没有这样的土壤，一流的学问发展不起来。无论是大学还是中学，都应该提供这些土壤，让学生和老师可以播下思想的种子，打下坚实的文化根基，这样才能慢慢发展出一流的学问。

做学问，要从大局来看，要看整个学问走势是什么样子，才能判断重要的方向是什么。很多人解决了小问题就很高兴，只有少数人从整个学问的流向来考虑，从大局中找到自己努力的方向并做出重要贡献。

真正对人类历史有贡献的学者都一定有深度。历史上的伟大学者，从古希腊的亚里士多德等到近现代的牛顿、笛卡儿、爱因斯坦，看得都很深远，他们的工作是对大自然规律的深度研究。太阳怎么运行、其他星球怎么运行，这些问题困扰了人类几千年。从伽利略到牛顿的时代，是个伟大的时代，这些科学家不仅解决了这些问题，还给出严格的证明和计算。

这些有深度的学问、这些伟大学者的成就，都源于他们对大自然的好奇心，而不是出于某种功利的目的。如果仅从实用角度来看，这些成就既无法提升产量，也无法提高劳动生产率和经济效益，似乎没有什么价值；但正是这样的成就、这样的学问，对整个民族的科学文化，对整个人类文化的发展和进步，都有重要影响。

我希望，我们的学生能够有这个宏愿，用心感受大自然，真诚热爱大自然，努力探究大自然，长期投身一些基础性的、有深远影响的研究。我们要努力培养一批思想淳厚的大学者，他们既有发自内心地探寻大自然奥秘的热情，又有深厚的家国情怀。唯有如此，中国的科学才能赶上世界一流水平。

瞄准一流的学问

为了成立求真书院，我们准备了十多年，其中包括为书院聘请世界一流的大师。我请来了菲尔兹奖得主考切尔·比尔卡尔、数学物理大师尼古拉·莱舍提金等。与大师在一起，学生会逐渐被他们的学风感染。看着一位重要的、有学问的大师，不断思考、构造、尝试、前进、失败，学生的体会完全不一样。我在读数学史、科学史时看到，很多伟大的数学家都是由大师教导而成长的，比如，20世纪初最伟大的数学家之一希尔伯特就培养了赫尔曼·外尔这样的大学者。

当年，我随父亲一起去见国学大师钱穆先生。虽然不懂他们探讨的内容，但我受到了那种气氛的熏陶。父亲的看法很宏大，与学生谈儒家哲学、西方哲学等，我虽然不能完全理解，但感觉思考的过程很奇妙。父亲喜欢斯宾诺莎、康德的哲学，当时我念小学，对这些人名并不熟悉，只留下一些印象，但这对我后来的学习帮助很大，后来翻看哲学书时，我就知道哪些是大家，哪些是重点。父亲也会批评、比较一些哲学思想，让我明白做学问不能迷信权威，必须培养自己的批判思维能力。

培养一批一流的数学家是我的专长和梦想。我在努力办好求真书院的同时，还在各地中学培养初中生，让孩子们可以早一点发挥所长。让十三四岁的学生开始接触深厚的数学文化，学习一流的学问，不是揠苗助长，也不是弯道超车，而是涵养数学文化。求真书院每年招收100个学生，过了五六年以后，就有几百名学生。如果他们将来能够成为基础科学的领军人才，那么中国基础科学发展的走向将因他们而改变。这并非主观臆测，而是基于现实得出的结论。以美国为例，最重要的数学家也就一两百位。美国能不断实现基础科学的突破，成为世界科技创新的中心，在很大程度上是因为该国拥有的这一两百位全球顶尖的数学家。

一个民族的科学文化不累积到一定程度，伟大的、基础的学问不会绽放。我们必须从现在做起，从基础做起，从点滴做起，让数学文化的种子在一批优秀的中国学子心中生根发芽。我如今带着求真书院的学生到各地举办数学史讲座。这样一点点做，中国的数学文化就能够慢慢建立起来。

我希望国家和社会能够接受这样培养本土领军人才的思路，让我们能够走一条属于我们自己的路！

——

本文原载于《人民日报》（海外版），2023年1月9日，第09版，由孙宇、牛芸根据我的口述整理。

02

做学问,追求真与美的热忱很重要

做学问，追求真与美的热忱很重要，因为我们在整个做学问的路上要碰到很多不同的困难，假如没有热忱，就没有办法继续下去。所以追求学问的最崇高目标，无过于真与美，追求的目标无误，热情才不会消减。

求学与个人家庭教育密切相关

今天主要想讲的是我小学、中学的求学经验。小时候的经验是影响人一辈子的,所谓"百年树人"。我从前也教过学生,从事过家教工作,所以谈这方面的事小有经验。我在国外做研究、教书20多年,至今教过20多个博士。我的经验告诉我,其实他们后来的成就是和他们小时候有关的,主要是靠他们对学问及做人做事的看法。现在虽然因为社会环境、经济状况都和以前不同,对教育的观点每个人或许不一样,但我还是要强调求学与个人家庭教育有密切的关系。

家庭的教育

我小时候是在香港长大的,住在香港的郊区。20世纪50年代的香港还是有很多农村的,所以事实上,我是在农村长大的孩子。我的祖父是医生,父亲是教书的,对我影响最大的是父亲。父亲是1912

年生人，在广东省蕉岭县长大。父亲从前想当兵，但因为身体不好，只好改念大学。他念的是厦门大学经济系，想将来救中国，之后到日本的早稻田大学留学，后来自己再念文学、哲学。父亲的文学、哲学素养后来间接地对我影响很大。香港当时有很多书院（香港中文大学前身），父亲在当时的书院教书，常有学生来家里讨论，父亲很认真地和他们讨论中西方文化、中国当时的命运及未来的前途。师生讨论得很热烈，我们在一旁听得很专心。当时我虽然听不懂，但后来回想起来，那对我本人有很大的帮助，培养了我对学术研究的兴趣及专注力。

古人讲"开卷有益"，其实是很对的求学方法。我常看一些难懂的书，当时虽然不懂，有时也忘了书中的内容，后来过了几年，回想起来，都觉得很有帮助。举例来说，我在大学修了一门课，和我所学无关，但我还是去听了。当时觉得好像什么都没有学到，只记得老师介绍了在哪些书上可以印证这些理论。五年后，我自己做研究，当时老师教了什么全忘了，想的问题也全忘了，我只记得哪些问题可以在哪些书里找到答案，这些参考文献使我的问题迎刃而解。

家庭当时的学术研究气氛和哲学讨论，培养了我对学术研究的兴趣，提高了哲学素养。父亲当时教授欧洲哲学史，但因家中有八个孩子需要抚养，家庭经济状况不好，教书的薪水又低（当时教书是按授课钟点数来计算的），所以以教书的收入来负担全家生计，实在是很困难。父亲不得不到三个地方教书、演讲，回家后还要写书，我们看了实在很佩服。父亲常强调哲学思想的重要性及哲学对科学的重要性，我们因此花工夫去看一些哲学书。记得父亲当时给我们看冯友兰的哲学史，当时觉得很难，看不懂。父亲也要我们读文学、历史书，文学、历史、哲学的启发对我日后的研究影响很大。大家一定很奇怪，文学、历史、哲学为什么和数学有关？其实我们从事理论研究，在选择问题时都要有自己的风格，就是后来选择自己的研究生，也是根据自己的经验来选择的。文学、历史、哲学的影响进入自己的潜意识，左右自己的想法，这很多都是从小时候的经验来的。

父亲培养了我做学问的兴趣，他对我有很大的期望，但不是为赚钱做学问，他希望我在学问上留下历史成果。各位都看到我数学念得很好，事实上，在我的求学过程中，数学成绩是有高有低的，考试有时好，有时不好。因为当你每次考得很好时，就容易被一定的方法固定住。考试事实上并不能真正测出你对问题懂了没有，重要的是你自己是否真正懂了。我14岁那年，父亲去世了，母亲担负起教导我的责任。记得有一次，我的数学分数很差，我自己觉得很不好意思，但母亲并没有责骂我。从这里可以看出，我的父母都不因我一两次考不好而对我失去信心，他们都知道我后来的能力是怎样的。

后来，我教过20多个研究生。有些研究生在高中、大学时，考试都考得很好，但就是因为从前考得很好，以至于后来做研究做不好时就颓丧、灰心、站都站不起来。这些可能跟家长的观念有关。尤其是中国的学生都将考试看得很重。这本身并不是很重要，却被看得很重要。我很庆幸我的父母并没有这些想法。

学校的求学经验

当时我念的是乡下小学,这所学校并不是很好。上小学时要考数学,因为考不好,好的小学不准我入学,所以我只好到较差的小学去念书。我每天走路要45分钟,路上常被大孩子欺负。大家都以为是我做错了事,还被校长痛骂一顿,吓得我生病生了半年。这时刚好搬了家,只好转到别的小学去念书。到了五年级时,我的成绩是全班第二名,但数学还是念不好,遇到鸡兔同笼等问题就搞不懂,背公式始终背不出来,所以数学常常考不好。那时小学毕业要考中学,老师叫我们分组,五人一组,由我带领同学念书,但我逃学了半年。直到后来我告诉母亲,她才晓得我逃学的事。

当时香港的中学有所谓的港英政府学校及私立学校两种,第二流的学生可考私立学校,如果考上的话,还可以有港英政府的经费补助。我考进了培正中学。在刚就读的一年半时间里,我还是很调皮。去年我因为搬家回香港,和过去的同学再相聚,拿出以前的簿子来看,发现第一年班主任给我的第一段评语是"多言多动",第二段评语是"仍多言多动",第三段评语则是"略有改进"。可见我在第一年是很不用功的。第二年,有位老师对我很好,他知道我家里穷,常拿东西给我吃,即使是处罚我,也是非常有爱心的,常让我觉得他是为我好。自从这位老师辅导我以后,我开始用功读书。

数学这时进入了平面几何的学习,我开始有兴趣去研究。我对数学的兴趣就是从那时候开始培养起来的,愿意下较大的功夫去读。一位好老师教你如何解题固然很好，但提高你学习的兴趣，其实是更重要的事。很多时候，我上其他的课就想睡觉，但上数学课，老师介绍有趣的题目、数学的背景、数学家的故事以及古老的数学是如何发展的，这些使我对数学产生了浓厚的兴趣。更重要的是，老师使我建立了对数学的信心，使我不会害怕，勇敢地表达出来。记得当时我们学习物理和数学时，努力程度是一样的，考数学时分数很高，考物理时却很差。究其原因，就是物理老师常跟我们说："物理是很难学的！你们要小心！"我们也就战战兢兢地学习。因此考试时，就算出现同样的题目，数学会做，物理也变得手忙脚乱，不会做了。所以提高学生的学习兴趣，建立学生的信心，是很重要的。学生解答问题时觉得很难，一方面可能是因为问题很难，另一方面则可能是因为老师指导不当，导致学生信心不足。

我觉得很奇怪的是，现在中学都不太强调平面几何，认为平面几何不怎么实用。其实平面几何是很有意思的，它教我们思考推理的能力。我在中学、大学时经常思考平面几何方面的问题。做研究时，虽然并不怎么用，但我学习它觉得很满足，它让我的思路很清楚。我现在教大学生或研究生，他们本身做研究的能力虽然不错，但从写作到发表，就发现他们的思路不是很清楚，文字表达的能力也差。我们发现，一个人文字不好，这件事也许并不是很重要，但未来要跟别人交流时，损失就很大了。所以我觉得一个人在小学、中学时，应该学习把文章写好。将来不管是学物理还是学数学，如果不能把内心的想法写出来，是会吃很大亏的。

我在高中时，数学就念得很好了，只是开始考微积分时，有些数字还是搞不清楚，因此考试并没有得高分，但也没有很差，我觉得自己是很幸运的。在这段时间里，我花了很多时间阅读参考书。当时外文的参考书并不多，唯一的方法就是托朋友从台湾带回来。当时并不怎么懂，但读了一下，觉得很有意思。尤其是参考书上的问题，虽然考试不考，不怎么实用，但对照起课本的问题，觉得很有意思。

中国学生通常不太会找问题，我觉得解决问题的能力固然很重要，但训练寻找问题的能力似乎更重要。你可以一辈子做研究，解决你所得到的第二流问题，但你不能捡到第一流问题。会主动寻找问题的人，才是一流的人物。训练寻找问题的能力必须从小培养。在这方面，外国学生寻找问题的能力似乎比中国学生强。

另外，有关忍受挫折的能力，中国人也是较差的。我们做数学研究常常是屡败屡战，往往错的时候比对的时候多得多。即使是错十次对一次，也是很好的。因为尝试错误越多的地方，你就越能从错的地方找到继续向前的方向，如此一来，你就学习到了更深思熟虑的能力。这跟下棋不能修改错误，或一次考试决定你是否成功，是不一样的。我的很多同学在中学时念书念得很好，但到大学以后，他们以为念书就跟高中、小学时一样，一旦遇到挫折，就站不起来了。家长应该有正确的观念，小孩子遇到挫折是很好的，不要担心他，鼓励他如何站得稳，如何继续向前走，才是最重要的。

———

本文为1992年1月4日我在台湾新竹科学园区实验高中的演讲。

学数甘苦谈

小学时的我，数学并不高明。对于那些千篇一律的练习，我感到枯燥无味。这种情况一直维持到我 13 岁才有所改变。我接触到平面几何后，发现它能利用简单的公理推导出漂亮且复杂的定理，这实在令我心驰神往。我随即着手研究这个科目，尝试自己找出有趣的命题，然后利用这些公理加以证明，沉迷其中，其乐无穷。

我站在书店打书钉，读了不少书（当时的图书馆都很简陋）。渐渐地，我便学会了一些同学甚至老师都不懂的东西。我非常自豪，视之为自己的"秘密武器"。

有一次，我遇到一道作图题，题目规定只许用直尺和圆规来完成。我当时自恃擅于此道，但花了半年多的时间，还是毫无头绪，这令我十分气馁。由于这不是"三等分角"之类的标准题目，当时老师也帮不上忙。后来，我在日本数学家的著作中找到一条定理，才知道这种作图题是不可能完成的。这让我明白了代数在解决经典平面几何难题中的威力，着实十分难忘。

这件事也告诉我读课外书的好处。当时我上的中学，其数学水平可以说是数一数二的了。但我有强烈的求知欲，想获得超出课本水平的知识，我只好到图书馆找书自我进修。当时在图书馆中找好书不易，加上读书时无人请教，这令我举步维艰。很多时候书读上三遍，犹有不明白之处，但我总觉获益良多。

书读得越来越多后，我便渐渐地把所读的融会贯通。当需要用到某些概念时，以前不甚了了的，现在突然都变得很清楚。这些年来，在研究生涯中，类似的情况屡见不鲜。

我个人的经验是，不妨对有兴趣的科目多加研习，且不要理会有没有立竿见影的好处。我研习几何后，便考虑涉猎其他数学科目，但发现它们不像平面几何那样建基于公理。我心中感到不是味儿，因为我相信所有数学都应该是百分之百严谨的。及至进了大学，学习了戴德金分割及其他构造法后，我才理解到整个数学的建构是如此精美绝伦。

虽然我素来对研究数理逻辑并不热衷，但数学简约严谨之美实在令人动容，令人赞叹不已。所以，我对于投身数学研究无悔无憾。为追求学问之纯美而工作，是许多科学家的原动力。我想每一个优秀的学生，都应该感受到科学的魅力。

原来我在香港时，苦无机会亲炙数学大师。1969年，我到加州大学伯克利分校后，情况明显好转。我对数学的体会有了一百八十度的转变，对学问的鉴赏能力也大大提高，此实有赖于周遭的科学家。正如鱼儿在水，或困在浅沼，或游于大洋，其眼界何啻天壤！要成为一流的科学家，必须为大科学家所熏陶，此点极为重要。毕竟与世隔绝而能成就大学问者，古今罕有。为此之故，凡有科学大师演讲，我都抓住机会，出席细听。

以上便是个人的一些体会。我非天资卓绝，但福至心灵，选对了人生的道路，有所成就，实乃至幸。

我研究数学的经验

今天,我讲一讲做学问的经验。因为我想很多研究人员做研究的方法并不见得是最好的,尤其是我觉得很多年轻人为什么在国外能够念得好,这是很值得思考的。所以,我想讲讲我自己的经验,或是我对数学的看法,大家可以参考一下。

我想最重要的当然是要有热忱,要有求真的精神,这也是始终要培养的。我们做学问是为了求真,无论是从对自然界的了解,还是从数学方面来讲,我们都有不同的观念,可是真与美就数学来讲是最重要的。做学问,追求真与美的热忱很重要,因为我们在整个做学问的路上要碰到很多不同的困难,假如没有热忱,就没有办法继续下去。所以追求学问的最崇高目标,无过于真与美,追求的目标无误,热情才不会消减。我们一定要想办法培养自己追求学问的热忱。

几天前,我去看父亲的遗作,其中有"屈原:路漫漫其修远兮,吾将上下而求索"。做学问的路很长、很远,我们一定要看得很远,因此要上下去求索,要想尽办法去求真。如何寻找真与美,并且能够始终不断地坚持下去，是成功的一个很重要的因素。如果没有热忱，就永远达不到做大学问的程度。我们再举一个国外的例子，在一个有组织的团队里，竞争很激烈，尤其是在物理或其他实验科学方面的研究上，更是分秒必争。有一个题目刚好出来的时候，大家晓得其他人也会做这个题目，很多博士后或教授往往聚在一起工作到深夜，甚至整个晚上不睡觉。这里当然有竞争，就是希望达到一个目标，能比别人快一点。可另一方面，也是因为求真的热忱很高，刺激着他们不肯放松。否则，很多有终身教职的研究人员没必要这样拼命。

我们要晓得，做研究的路是很远的，我们要在中间低潮的时候还能够坚持做下去。很多做研究的人往往觉得若不在中心的地方，就不敢去做。有些人到过最好的地方，但还是不敢去碰难的题目。这有很多原因，等一下我们再慢慢谈，可是我想最重要的是基本功夫要做好。基本功夫没做好，往往就会出现上述问题。上中学、大学的时候或者在研究院做研究生的时候，很多基本功夫都要培养。很多学生在年轻的时候不将基本功夫做好，后来做研究就很吃力。

我们晓得，应用数学的主要工具是从纯数学来的。很多学生认为，既然学应用数学，就不用学纯数学，或者既然学应用物理，就不用学理论物理，这是很大的错误。很多基本功夫一定要在做学生的时候学好，为什么呢？我们要做习题，并且要大量地去做，这是学习基本功夫的必要过程。我相信很多现在毕了业、拿了博士学位的人，看一本书的时候不会再去做习题，遇到一些比较复杂的计算时往往不愿意去算。可是，很多基本的想法就是要从计算里面领会得来的。我们所做的命题，最后的时候可能留下很简单、很漂亮的结果，可是中间往往要通过大量计算，我们才晓得这个结果是怎么得到的。好的研究不是一朝一夕得来的，往往做了一百次，有九十九次是错的，最后一次才是成功的。但成功的时候，别人可能只跟你讲成功的结果，而不会跟你讲九十九次失败的经验。错误的经验往往是很好笑的，因为经常犯很明显的错误，要在做完的时候才知道。可是当讲给人家听的时候，很少会跟人家讲错误的那部分，其实错误的结果让你眼睛明亮，它帮你忙，让你向前走。其实你能得到错的结果，已经是很不错了，因为很多初学者连怎么着手做这个题目都不知道。例如，你给我一道化学题，我不晓得该从什么地方开始做，因为我没有这个基本功。

一位好的数学家至少要掌握两门很基本的功夫。基本功夫不是一朝一夕学来的。例如，有代数、分析、几何等种种不同的方法，我们在中学的时候就开始学。有些人喜欢几何，觉得代数没有什么意思，不想学，有些学代数的人不想学几何，各种想法都有。可最后我们发现，到了真做研究的时候，这些都会用到。

有人说自己做了一个特殊的题目后，就永远只去做这方面的题目，结果连这方面的问题也不见得做得好，因为数学在不停地发展，不断地改变。自然界不会因为你是几何学家就不断地提供几何方面的问题，而往往是提出与几何结合在一起的问题。到了题目出现的时候，要用到其他工具，如果我没办法去了解，就比其他人吃亏了。

例如，数学中有一门很重要的"群表示论"。一般来讲，很多地方不教这门课，可是在许多应用与理论科学中都要用到它。有些好的数学家可以很熟练地运用"群表示论"来分析很多问题。我们可能没有这些办法，这就是因为基本功夫没有做好。我想"群表示论"大概是进了研究院或者大学后半期的时候学的。可见有些基本学科一定要学好，同时要很早就学。

我们学数学的不单要学数学上的基本功夫，还要学物理上的基本功夫，这是在大学时就要学的。对于力学、电磁学，我们都要有一定的了解，因为物理与数学这几十年来的发展越来越接近，很多问题是物理提供的。假如我们对这些基本的观念完全不了解，我们看到的题目就比不上其他懂得这方面的数学家，他们能够很快地融会贯通。到了这个年代，很多数学的问题往往是从其他科学，如理论物理、应用数学里来的，它们甚至提供了直观和方法。我们想了很久的一些问题，往往因此得到解决。如果我们从来都不接触其他科学，就完全落伍了。

举个例子，这20年来，代数几何学已有长足的发展。可是到了这几年，用经典的方法或者纤维丛的方法都无法解决的问题，理论物理却帮助我们看到了以前看不到的可能性。由于本身知识的局限，很多代数几何学家遇到这个困难的时候，没办法接受这些专家的看法，遇到理论物理，就不敢去碰它。可是有时候，物理指明了解决基本问题的方向，代数几何学家又觉得很难为情，因为他们没有办法去了解，所以这是一个很令人困扰的问题。如果你不肯学物理学上的基本功夫，就很难接受这个新的挑战。记得我看过一本书，序言里讲作者很感谢代数学家阿尔伯特（Albert），为什么呢？作者说："阿尔伯特教我代数，使我坐下来的时候，看代数问题不会恐慌，使我能够坐下来好好地对待代数上的问题。"我们的基本功夫能不能做到如此，就是当看到几何或应用数学的问题时，可不可以坐下来想办法来对付它，我想这是很重要的。我们往往在看到问题、坐下来的时候，都恐慌得不晓得该怎么办，因此就此作罢。你做基本功夫一定要做到你看一个题目，明明是未解决的问题，你还是可以坐下来，然后下功夫去解决它。即使你不能够解决它，也至少晓得怎样去想办法，同时不会恐慌、放弃，我想这是最重要的。我们往往因为基本功夫没做好，当一个艰深的题目或看法出现的时候，就拒绝去接受，认为这些题目不重要，这是解释自己为什么不能够去做某一个问题的时候最自然的想法。

  训练基本功夫要在念研究生、大学或中学的时候。基本功夫怎样学好呢？有时一本书看完了就放在一边，看了两三本书后就以为懂了，但其实单看书是不够的，重要的是做习题，因为只有在做习题的时候，你才能晓得什么命题你不懂，也理解到前人遇到的困难在哪里。习题不单可以在课本里找，在上课和听讲座时也可以找。我们很多学生上课的时候不愿意做笔记，这样很难念好任何学科，尤其是有时候演讲的人讲的题目是不在书本里的，或者是还没有发表的。我常觉得很奇怪，为什么学生不做笔记？他认为自己懂了，但其实明明不懂。因为可能连讲课的人自己都还没搞懂，可是听讲的人不愿意做笔记，也不愿跟演讲的人谈，或跟其他老师讨论。往往你花了一个钟头在那边听，听完了以后就全部忘了。因为你没有笔记可以温习，怎么可能不忘呢？基本功夫的另一个训练就是要找出自己最不行的地方在哪里。我们在看"群表示论"的时候，会遇到一大套理论。单看理论是不够的，在应用时往往要知道群是怎么分解的，如果你不能将它写下来，那么理论对你一点好处都没有。又例如一个方程的估计问题，你有没有真正了解其中的方法，全靠你的实际计算经验，不是光念一两本书就足够的。举例来说，我儿子刚学因式分解时，老师教了他一大堆怎么分解整数方程的技巧。他学得很好，也学习了找根的方法。可是有一次考试时，他就是不知道怎么做因式分解。我跟他说："你明明晓得怎么找根，为什么不能够做因式分解？"主要是他学的时候没想到找根与因式分解是同一件事情。问题就在于训练基本功夫的时候，要去想清楚数学命题间的关系，以及为什么要解这些命题。

我们去看很多人写的以前人的事，写了很多很漂亮的介绍和批评。可是，如果你没有经历过，你事实上很难了解困难在什么地方，为什么人家会这样想。要得到这个经验，不单要做习题，还要做比较困难的习题。

做困难的习题有什么好处呢？困难的习题往往是几个比较基本的问题的组合。我自己看书的时候，常常会一本书一下子就看完了，还觉得很高兴。可是重新再看时，我反而什么都不懂。我想大家都有这个经验，主要原因是什么呢？我们没有学好这个学科，做比较困难的习题时，就会遇到困难。尤其是我们做一些习题时，往往觉得似是而非，在脑子里面想，以为自己已经懂了，可以解决了，就一厢情愿地想要很快解决它。很快地看完那一本书，事实上，这是在欺骗自己，也不是训练基本功夫的方法。一个好的题目，你应当坐下来，用笔写下来，一步一步地想，结果你会发现，你根本没有弄清楚很多基本步骤。当你弄清楚的时候，你去看你以前需要的定理在哪里，是怎么证明的，我想你就会慢慢了解整个学问的精义在哪里。

所以，动笔去做习题是很重要的，我们做大学生的时候还愿意做这件事，但往往做研究生的时候，就不会动手去做了，毕业以后更不用讲。一个习题在那里，我们以为自己懂了，有些是很明显的，但有些是似是而非的，事实上不是，里面有很多巧妙的东西。我们一定要动手去做，当你在一门课里面把基本功夫搞得很扎实以后，你就发现书里有很多是错的。在发现书本里的错误时，你的基本功夫就很好了。我们这个时代的很多学生不看课外书，连本学科的教科书也不看，这令人很失望。

做研究时，要去找自己的思路。单单上课听听，听完以后不看书，做几个习题就算了，怎么做都做不好，因为你没有想自己的思路要怎样走。我在大学第一年半的时候，因为刚开始将数学严格化，我觉得很高兴。因为从整个逻辑看去，可以一点一点地推导，从前有些几何或分析上的问题，我觉得可以慢慢将它们连起来。

我讲这个事情是什么原因呢？我觉得现在很多大学生或研究生对

宏观数学的看法并不热情，就想课本上有习题拿来，能够做完它，就觉得很高兴，而没有整体地去想整个数学、整个几何，或者整个代数。我们需要研究的是什么事情？我们需要追求的是什么对象？考虑这些事情其实并不会花你太多时间，可是你要有一个整体性的想法。整体性的想法是非要有基本功夫不可的，就算很琐碎的事情，你也要晓得，以后才能对整个学科有一个基本的看法、一个大范围的看法。

现在谈谈我个人的经验。记得念中学的时候，我学习了平面几何。大家都晓得平面几何很漂亮，我也觉得它很有意思。书本上的平面几何问题，大概我都懂得怎么做，可是我觉得这还是不太够，所以我将很多基本的问题连在一起，之后开始慢慢想，去发现书本中没有的一些问题，去想书本上的方法能够有什么用处，是不是大部分平面几何上的问题都可以解决。我想找一些命题，它们是这些方法没有办法解决的。记得上初中的时候，我想过一个问题，我发觉没有办法能解决它。我花了很多工夫去想，看了很多课外书，最后很高兴地找到一本书中讲那个问题不可能用圆规和直尺来解决，而可以用代数的方法来解决。有半年的工夫，我有过很多不同的想法，但完全不晓得圆规和直尺解决不了这个问题，因此看到人家将这个问题解释清楚，我就觉得很高兴。那时候我是中学生，没有了解伽罗瓦理论，所以还是不太清楚是怎么解决的，但我至少晓得有些问题是不能用圆规和直尺解决的。也因为经过很长时间的思考，所以我开始对这类问题了解得更清楚，也开始欣赏到做数学的精义。我想我们做一个习题或研究，最好花些工夫去想想这个问题的来龙去脉，也多看一些参考书，这对你的帮助很大。因为数学无非很多方法放在一起解决很多不同的问题，这是一个工具。我们了解一下整个方法的局限，对基本功夫有很大帮助。基本功夫是一个工具，是一个起步，而不是一个终点。如果基本功夫没搞清楚，没办法去讲某个学问好，某个学问不好。

记得我从前在香港念大学的时候，环境比现在差很多，图书馆里根本没有什么书，也没有很好的导师，但我还是看了很多课外书，也看了很多文章。但现在看来，我浪费了很多精力，这是我眼界太浅，坐井观天，不知数学的发展与方向的缘故。后来我到加州大学伯克利分校，也看了很多文章，受益良多。一方面，当地图书馆藏书丰富；另一方面，我与良师益友交往，心中开始建立起对数学的看法。在我读中学的时候，老师跟我们讲："好的书要看，不好的书也要看。"因此，数学里面不好的书我也看。你可能会奇怪，为什么不好的书我也看。我觉得，你一定要晓得什么是好的书，什么是不好的书，所以你看文章的时候，一定要搞清楚这个作者写的文章并不见得是了不起的。有些作者，你晓得他的著作是了不起的，可以多看，可是从不好的文章里，你也可以看到现代的许多发展。因为有时候从简单的写法里面，你反而会看得比较容易一点，可是你一定要晓得他里面所讲的命题并不见得是有意思的，你一定要用自己的大脑去搞清楚。可是，他里面的组织往往是有的，普通水平的文章里面往往会引用有名的文章，也会介绍有名的文章里讲些什么事情，同时往往会写得比较容易看一点。因为它的水平比较低，它学了一些大数学家的文章，你看了以后，很快就晓得怎么进出不同的地方，可以和好的文章比较。这是我自己的经验，你不一定要这样做。我的建议是大部分时间看大数学家的作品，小部分时间浏览一般作品，并做比较。

我读研究生的时候，有时候从早到晚都在图书馆里面看期刊和图书。当时加州大学伯克利分校的研究生没有办公室，这很好，整天坐在图书馆里面。几乎主要期刊的文章我都看过，看过并不表示仔细地看，但至少有些主要的定理都看过。当时，我大部分都看不懂。看不懂没有关系，往往你要花很多工夫才能够在细节的部分搞清楚一篇好的文章，因为你第一眼看得懂的文章并不见得太好。并不是讲一定不好，简单的文章有时也有创见，多看文章让你晓得当时的人对哪一个方向的问题有兴趣，这对你有很大的帮助。

有很多学生跑来问我问题，我跟他讲某某年有谁研究过，研究到了什么阶段。他们听了很惊讶，不知道为什么我晓得。其实，没有谁讲给我听，是我自己在文章上看到的。这很重要，因为你做研究的时候，你要晓得什么人研究过、解决过哪些问题，这对你的帮助很大。因为往往做研究的时候，你需要晓得的只是谁研究过、在什么地方可以找到这方面的文献，有了这个帮助以后，你可以回去找这个文献。甚至你只要晓得哪一年代谁碰过这个问题，就你有很大的好处。有很多名家的文章往往比别人做快一步，就是因为他晓得谁研究过这件事情，他可以去找这方面的文章，或者去找某位数学家帮忙。否则，研究数学的有十几万人，你根本不晓得谁研究过这个方面的问题，谁没有研究过。所以在这方面多学一些别人研究过的问题，出名的文章也好，差的文章也好，都看一看。我当然是建议你多看一些出名的文章，因为差的文章等于是消遣性的，像看武侠小说一样，看完就放在一边了。等你有追求的热情以后，慢慢地再将不同的看法放在一起。到了这一步以后，我觉得你可以开始找自己的题目，因为你开始晓得整个数学界主要在考虑什么问题。

一位好的数学家怎么找自己的问题是很重要的，当然有不同的找法。有些人要发展一套理论，有些人要解决难题，理论的目标最后还是要解决问题的，所以解决重要问题是发展一般理论中很重要的一环。举例来说，像庞加莱猜想，它是三维拓扑中最主要的猜想，我们晓得前人花了很多心血去解决它，到了现在有很多不同的尝试方法，各自形成一个气候。这个命题已经变成一门学科，而不再是一个独立的问题。这是三维空间的结构问题，需要彻底解决此猜想才算圆满。为什么有些人对庞加莱猜想有兴趣，对其他问题兴趣不大，那是因为它是公认的难题。我想，在选题方面，每个人有不同的看法。我有很多朋友是很出名的数学家，他们只想解决出名的问题，我认为这是错误的。在数学上，我们应该有整个系统的想法，思考整个数学的目的在哪里，应当解决什么样的问题。

你们可能都读过王国维讲的做大学问的三个阶段，第一阶段是晏殊说的："昨夜西风凋碧树，独上高楼，望尽天涯路。"这是王国维讲的做大学问的第一个阶段。要解释这一段话，我要再说明基本功夫的重要性。如果基本功夫没有做好，你根本望不远。你叫中学生去望尽天涯路，这是根本不可能的，最后只能是讲一些空话。对数学或者科学的历史不了解的话，你根本没有资格去谈以后的事。当然，不是叫你去全部了解，但至少要有一定的了解。

现在很多学生，尤其是研究生，让我觉得比较头痛，教他做个小题目，做了以后，就一辈子不愿意再做了。他们不停地写小文章，写了文章当然可以发表，对某些年轻人来说，他认为这样很好，不想重要的问题，今天能够写一篇小文章，明天能够写一篇小文章，就可以升级，如果不写出来，生活上会受到困扰。这都是对的，可是，你真要研究一个好的题目，其实也不见得那么难。一些研究生的论文是历史上有名的著作。为什么他们能够花三四年的工夫，做出那么出色的工作？他们也是从不懂到懂，然后还要再向前进。所以，真要研究好的题目，并不是像你想象的要花很多时间才能够做到，问题是你的决心怎么样。"昨夜西风凋碧树"，就是说你要望很远的话，要将前面小的树去掉。如果我们眼里看的都是小题目，那我们永远都看不远。我们要懂得怎么放弃这些渣滓，才能够做一些好的题目，我想这是一件很重要的事情。你不愿意放弃你明明晓得不会有前途的问题，就永远做不到好的结果。这是一个困难的选择，如果你觉得要毕业、升级，而不愿放弃你明明晓得不会有前途的问题，那你永远不会成就大学问。

我记得刚学几何学的时候，当时流行度量几何，所有工具都是从三角比较定理来的，我始终觉得它对几何的刻画不够深刻。后来我和我的朋友以及学生开始以微分方程为工具做一系列几何研究，我也很庆幸当时愿意放弃一些小的成果，走一条自己的路。

我们选题的时候，可以跟出名的数学家、导师讨论或者从书上去看，可是最后的思考一定要有自己的想法，才能做成大学问。因为你没有自己的想法，始终跟着人家走，是没有办法做好学问的。你可能没有资格做这一件事情，因为你对于这一门学问还不懂。我讲了这么多，就是希望你们把基本功夫做好，要晓得这一门学问里的不同命题。就像你去买货，你要晓得百货公司里面有可能出现什么东西，然后才去挑。

王国维讲的做学问的第二阶段是柳永的诗："衣带渐宽终不悔，为伊消得人憔悴。"寻找真理的热情如同年轻的恋人对自己对象的追慕，那是很重要的事。在追求一个好的命题的时候，中间要下很大功夫，有时候甚至是很痛苦的。可是，我们只要晓得，最后的成果是值得的，就会下很大功夫去做，就像爱情一样。很多年轻人找对象时，朝思暮想，但做学问时却没有这种态度。假如你对做学问没有热情，没有持久力，你就不可能做成大学问。屈原说："亦余心之所善兮，虽九死其犹未悔。"这比柳永更彻底。

王国维讲的做学问的第三阶段是："众里寻他千百度，蓦然回首，那人却在，灯火阑珊处。"当然，这是辛弃疾的词，不是我讲的，可是基本上我们都有这种感觉。你真创作一篇好文章的时候，下很大功夫做一个好命题的时候，有想法的时候，就有这种感觉。你考虑这个想法对不对。有时候晚上睡不好，想得很辛苦。有时候想得辛苦了，就一睡睡很久。假如你做学问做到这个程度，你会解决很多意想不到的问题。我想没有人是特别聪明的，可是你下了很大功夫，能够进入一流的大学，资质应当都不会太差。我想你下了那么大功夫进研究院，一定希望有一些成果。

我们做学问跟爱情不太相同，有时候不一定看到一个目标，而是看到其他。就像我刚才讲的，我们要解决庞加莱猜想，即使最后还没解决它，也解决了其他的问题，这是数学历史上常常有的。很多人都有这个经验，你明明是想要解决这个问题，结果却解决了其他的问题。这是因为我们做这个题目的时候，不晓得走法对不对，可是你将这个工具全部搞好，晓得基本的想法、有意思的想法以后，就可以解决很多问题了。在这个过程中，思想不要太顽固，你要知道还有其他有意思的问题。你发展了一套想法以后，往往刚好可以解决其他的问题。可是你也要因此晓得，你在做研究的整个过程中，眼睛要睁开。眼睛怎么睁开呢？很多学生不愿意去上讨论班，也不愿意去听别人的讲座。不听讲座就不晓得人家在做什么东西。明明你的方法可以解决他们在做的问题，但你把眼睛闭起来，看不到，这是一个很大的问题。很多学生，尤其是中国学生，说这个讲座与我的论文无关，不愿意去听，不愿意去看，不愿意去跟别人交流。结果，你做的论文可能不是你能解决的问题，但你的方法可能刚好可以解决别人的问题。因为你不愿意去听，去看，你就解决不了任何问题。

一个人的思维有限、能力有限，你不可能不靠别人的帮忙。什么是别人的帮忙呢？一方面是看文章，听讲座，另一方面是请教名家。你自己去请教别人的时候，有百分之九十五的时候，人家不晓得你在做什么，也不可能给你提供直接的意见。假如能够给你提供直接的意见，帮你直接地解决问题，那么你的这个问题不见得是很重要的。可见，你刚开始没有搞清楚这个问题有多重要。但不要紧，多请教别人总是有好处的，至少晓得这个问题有多好，还是多不好。假如你怕发问，就要在讲座或讨论班的时候多听，多听对你的好处多得不得了。因为即使你听不懂，至少也晓得最近别人在做什么研究。你可能觉得莫名其妙，可事实上，你开阔了眼界，这是很重要的。所以能够有机会尽量去听不同的课，这对你是有很大的好处的。念纯数学的也应当去听应用数学或物理方面的课。听讲座时，即使放松一天，也没有什么关系，反正总比在家里无聊或看电视好。

怎么在一个孤立的地方，也能够做出好的学问？我举个例子，十四年前，有一个学生要来跟我学习，我答应了收他。结果因为某种原因，他没有办法来跟我学习。但他将我 1980 年写的问题集，大概有一百道题的样子，选了其中一个题目去做，非常拼命。我不晓得他拼命地在做这一个题目。虽然他在一个比较孤立的地方，可是十多年来，他只做这一个题目，终于在去年做出了很重要的结果。我觉得很高兴，因为这个题目很不简单。可见你只要找对了题目，同时肯下功夫去做，就算你不跟别人来往，也不见得做不出来。当然我不知道他是不是完全不跟别人来往，因为那里也有一些很不错的数学家。在这种条件之下，我觉得完全可能做出好的学问，只要我们能够将整个问题的思路搞清楚。

今天主要讲的是我念书的经验，希望你们能够参考。可是不见得每个人都要遵循同样的做法，因为每位数学家对学问都有不同的看法。可是，我最开始所讲的基本功夫要做好，这是永远少不了的。然后要尽量去开发自己的领域，题目一定要选重要的。虽然后来得到的可能是比较小的结果，但总比一开始只想做不重要的题目好。解决主要的问题以后，你对整个学问的看法会更加深刻，又会生出全新的想法。

—

本文为1997年6月9日我在台湾新竹交通大学的演讲。

治学五十年：我做学问的经验

今日想谈谈五十多年来我做学问的经验。

项羽号称西楚霸王，战役几无不胜。《史记·项羽本纪》记载他幼时学剑于叔父项梁，他说："剑一人敌，不足学，学万人敌。"

今天要讲的是：如何在学术上"学万人敌"！

我从小受父亲的教诲，喜爱背诵诗词，对历史也有偏嗜，久而久之受到感染。文史对我做学问的态度和观点影响颇大。

《诗经》、楚辞、两汉魏晋南北朝之五言诗、骈赋、唐七言诗、宋词、元曲，以至明清戏曲、章回小说，都是动人心弦的文学。

南北朝时有位学者钟嵘，他写下《诗品》这本书，第一次有系统地评价历朝诗人。他在序中开宗明义：

气之动物，物之感人，故摇荡性情，形诸舞咏。照烛三才，晖丽万有，灵祇待之以致飨，幽微藉之以昭告。动天地，感鬼神，莫近于诗。

可见文以气为主，这一点和儒家的经学相似。孟子说："我知言，我善养吾浩然之气。"

我为什么总喜欢谈这个事情，因为做大学问必须有激荡性情的种子，才能够看得远，够持久，不怕失败！

只有具有开创性思维的学者，才能窥探大自然深藏的真和美。如何发掘这种真和美？这有如撞钟，叩之以小者则小鸣，叩之以大者则大鸣。

十三年前，我写了一篇文章讨论数学和中国文学的关系，用意是启发我的学生做出留名青史的工作。当今中国的很多学者以诺贝尔奖为终生奋斗目标，其次以获国际大奖为荣，论文发表在《科学》（Science）或《自然》（Nature）上就异常兴奋，奔走相告。此外，成为院士也是另一个努力的方向，毕竟院士可以通过不同的手段获得，一登龙门，名动公卿，更可教而优则仕。

坦白说，上述想法都无可厚非。但纵观历史，最伟大的学术成就不是这样产生的。

回顾阿基米德、伽利略、牛顿、高斯、黎曼、麦克斯韦、爱因斯坦、狄拉克等伟大的科学家，他们的成就是人类文明进程的标记，他们工作的出发点都非为名利。

举例来说，屈原作《离骚》，司马迁作《史记》，曹雪芹写《红楼梦》，都是意有所郁结，要将一生的理念、一生的情怀，向后世倾诉。我年少时，父亲教导我《文心雕龙》中的一段话说：

身与时舛，志共道申，标心于万古之上，而送怀于千载之下。

这是什么意思呢？人生一世，有时而尽，但我们的理念和学说可以不受时间的限制，我们可以和古人神交，也可以将我们的想法传到后世。

纵观古今学问上的大成就，都是站在巨人的肩膀上完成的。首先，我们要问，为什么要这样做？正如清华大学四大导师之一王国维曾经说，学问的第一境界可以用下面的宋词句子来描述：

昨夜西风凋碧树，独上高楼，望尽天涯路。

为什么要望远？因为望得远才能够做出传世的工作，传世的工作才称得上重要。获得奖项或成为院士的学者，其作品未必足以传世。事实上，学术研究亦有一定程度的市场规律，学者对大自然认识愈深，作品愈通达完美，则愈多后继者研习其论文，并沿着相同的路径走下去，征引既多，开拓愈广，文章便传世了。

做大学问不但要目光远大，也要胸襟广阔，愿意接受不同的意见，是以百川汇河，有容乃大。如何才能培养广阔的胸襟呢？

这要从"巨人"的身上着眼，巨人能够创造传世的学问，自然有他们独特的理由。无论是他们的生长环境、文化氛围、对学问的看法、做研究的态度，还是他们屡败屡战、反复改进而事竟成的过程，都值得我们去揣摩和学习。

人类对大自然的了解是一个累积的过程，知识日夕更新，挑战不断涌现。久而久之，我们往往会忘记那些开天辟地的巨匠深刻的原意。

举个例子来说，我学习黎曼几何差不多五十年了。但黎曼1854年那篇开创性的著名论文，我直到七年前才仔细读。这让我感到很惊讶，即使在一百多年后的今天，它深刻的内容仍如一个宝藏，埋藏着尚待发掘的东西。

我发现，一百六十多年来，几何学家都没有将这篇伟大的论文彻底弄清楚。这件事情值得现代的几何学家深思，我们必须探究前贤在研究学问时，想法从原始发展到成熟的过程。所以，对学者而言，标心于万古之上是很重要的。

为什么在科学上要细读重要的论文？因为古人（如黎曼）在创造一门学科的时候，对这门学科曾有过通盘的考虑。而在这门学科发展的过程中，后来者往往只看到他们感到有趣的部分，却忘记了奠基者全局的深意。

大体而言，一门学科在草创之初，大方向是非常清晰的，不会在烦琐的细节中舍本逐末。在文学中，我们会以古朴来衡量文章。唐朝韩愈文起八代之衰，他倡导古文运动，古朴就是不要违背原来的大方向。

至于"送怀于千载之下"，这是说要着眼于文章能否传世。《离骚》《史记》《诗品》《文心雕龙》等传世何止千载，今日读之，犹凛凛有生气，使人不觉掩卷叹息。在科学上，我们看牛顿三大定律、爱因斯坦的相对论、毕达哥拉斯证明2的开方根不是有理数、欧几里得证明有无穷多个素数等，都是扣人心弦、历久不衰的伟大创作！

清中叶以降，无论是科学、技术，还是文学，都不如往昔，科学更远逊于西方。为何会如此？大家都问过这个问题。我认为其中一个重要的因素是中国的学子读书只为当官，从而追逐名利，缺乏求真求美的激情。如何培养这种激情，是当今教育的一个重要课题。

且看古人是如何激发创作的热情的。钟嵘在《诗品·序》说：

若乃春风春鸟，秋月秋蝉，夏云暑雨，冬月祁寒：斯四候之感诸诗者也。嘉会寄诗以亲，离群托诗以怨。至于楚臣去境，汉妾辞宫；或骨横朔野，或魂逐飞蓬；或负戈外戍，杀气雄边；塞客衣单，孀闺泪尽；或士有解佩出朝，一去忘返；女有扬蛾入宠，再盼倾国；凡斯种种，感荡心灵，非陈诗何以展其义，非长歌何以骋其情？

我喜欢古典文学，《诗品》中说的，于我心有戚戚焉。无论是在高兴还是不高兴的时候，诵读古人佳作，感受四季景色，细味历史上惊天动地的事迹，都能荡涤我的心灵。我因研究苦思而绷紧的心情不单会放松，而且会重拾动力，看得更远。

在读司马迁的伟大作品《史记》时，我往往情不能自已。太史公写书的决心和毅力令人佩服。他十多岁时，就有写《史记》的构想，于是周游天下，寻故同老，求证史实。受宫刑以后，他仍强怀悲愤完成这部巨著，藏诸名山大川，流传后世。他宏观的看法以及研究历史的方式，至今仍在影响我做学问的态度。

除了诗词历史外，清华四大导师之一梁启超写过一篇叫《论小说与群治之关系》的文章。他提出了以下观点：

第一，小说者，常导人游于他境界，而变换其常触常受之空气者也。

第二，人之恒情，……往往有行之不知，习矣不察者。……有人焉，和盘托出，彻底而发露之，……所谓"夫子言之，于我心有戚戚焉"。感人之深，莫此为甚。

此二者实文章之真谛，笔舌之能事。

这两点和做科学研究极为类似。我们必须旁及其他学科，听名家演讲，读古今名著，变换我们常触常受之空气，这对研究的方向会有极大的帮助，因为只有这样，才能兼收并蓄，待用无遗。

想研究一个问题，却发现已有人焉，捷足先登，把问题彻底解决了，这不是罕见的事。往往是受到人家的工作激励，反而更进一步，解决其他同样重要的问题。

记得 1976 年，我和孙理察想证明极小子流形的存在，却发现萨克斯和乌伦贝克已经先行一步解决了这个问题。我极为欣赏，两年内即发奋和米克斯完成了三维拓扑中的一个难题，也和萧荫堂解决了弗兰克尔猜想！这都是因为萨克斯—乌伦贝克的文章太漂亮了，于我心有戚戚焉，受到感动而完成的工作。

梁启超又说，小说之支配人道也，复有四种力：

一曰熏，熏也者，如入云烟中而为其所烘，如近墨朱处而为其所染。……一切器世间，有情世间之所以成，所以住，皆此为因缘也。

我们年轻时涉世未深，很容易受到环境和同伴的熏陶。假如身边的朋友都是鼠窃狗偷之辈，久而久之，我们也会对盗窃无动于衷。假如身边的朋友都能吟咏，自己也会尝试作诗填词。假如身边的朋友都是学者，埋首探究，矻矻穷年，自己也会努力学习，锐意创新，不以沿袭沾沾自喜。是故在学术上有所成就的人，所处的环境中必须有浓厚的学术气氛。一般来说，杰出的学者大都出身名校，这并不是偶然。

二曰浸，熏以空间言，故其力之大小，存其界之广狭。浸以时间言，故其力之大小，存其界之长短。浸也者，入而与之俱化者也。

熏和浸之于做学问，正如同王国维在《人间词话》中引柳永的词句："衣带渐宽终不悔，为伊消得人憔悴。"

浸淫日久四个字委实是做学问的不二法门。对某些学问，尤其不是自己专攻的，必须浸淫其中，久而久之，它们才会变成你的知识的一部分。我学习物理学，就去参加物理系的讨论班，逐渐熟悉他们的语言，了解他们看重的方向。这些事情都需要时间，不是一蹴而就的。浸淫对年轻人来说更加重要，所以我不大赞成学生跳级。

三曰刺，刺也者，刺激之义也。熏、浸之力，利用渐。刺之力，利用顿。熏、浸之力，在使感受者不觉。刺之力，在使感受者骤觉。

至于刺和提的感觉就是："蓦然回首，那人却在，灯火阑珊处。"

顿悟是佛教禅宗修行用的方法，做研究时亦会出现，但往往被人误会，以为灵感会从天上掉下来，让你豁然贯通！事实上，学问的进步是一个累积的过程，通过前人和今人的努力，融会贯通，立地成佛！

在当事人自己看来，这似是天赐灵感。打个比方，在瀑布上游，几乎看不到下游的瀑布。但是，当上面的水流逐渐积蓄，到达悬崖时，就会下泻千丈，形成宏伟澎湃的瀑布。没有上游的积蓄，下泻的水量就不够，瀑布也就无从产生了。

四曰提，前三者之力，自外而灌之使入。提之力，自内而脱之使出……读《石头记》者，必自拟贾宝玉。……夫既化其身以入书中矣。则当其读此书时，此身已非我有，截然去此界以入于彼界。……文字移人，至此而极。

学者在深入研究一门学问时，往往化身以入其中，自内而挥发其感受，此所谓提也。

做大学问必须有激情，十年辛苦不寻常！没有激情，没有强烈的好奇心，不可能上下求索，更不能持久。现在举几个自身的例子，和大家分享。

在我所解决的几个难题中，有些是四十多年前的工作了，无论是结果还是所用的方法，到现在都还有人在引用。当初我选择解决卡拉比猜想时，虽然不知道如何入手，但极为兴奋，以为数学上的重要问题莫过于此了。完成了这个猜想后，在相当长的时间里，我的身心都浸淫在复几何中，不可脱矣。

虽然每个难题都花了颇长时间，甚至多年才能完成，其间我从不气馁，我深信目标的真和美，只是不知如何达到彼岸而已。

我的工作跟理论物理有密切的关系。我坚信理论物理会给数学提供重要的资讯，我经常参加物理系的讨论班，接受熏和浸，在遇到重大的突破时，又有刺的感觉。

证明卡拉比猜想时，我深有"落花人独立，微雨燕双飞"的感觉，花落果成，人和猜想融为一体，此中真意，不足为外人道。

梁启超先生认为最能影响人生的是小说，这或许是事实。但是，我认为最能影响做学问的是历史。面对苍茫大地，看着前人走过的路和做过的事，无论是有益的还是有害的经验，都会深深地影响着我们的学习。更何况伟大的史家在描述历史时气势磅礴，岂能没有摇荡性情的感觉？对我个人而言，历史的经验既真实，又使我迸发出做学问的激情。

去年我到甘肃旅游十天，目睹历史上发生过重要事件的诸多遗址，深受感动。这半年来，我每日花半个钟头，写了一篇很长的赋，岂有他故，赤子之心而已！现节录如下。

中华赋

序

仲夏日之赤热兮何以解忧?

　浩浩乎携诸生以遨游,

　郁郁乎探百代之荣休。

纵余目以游观兮叹先贤之可任,

览史册之所载兮慕古圣之流芳。

出玉门以远眺兮觅汉唐之遗踪,

叹黄沙之无尽兮掩千古之恩仇。

倚阳关之颓垣兮望远处之高岑,

背祁连之积雪兮临弱水之支流。

岂日曈千里兮实王化起乎河州,

惟月照古今兮东西之故迹长留。

史前时代

　戈壁遍野兮商旅难筹,

　平沙无垠兮田陇谁耕?

　马腾大漠兮驼越沙丘。

　枯草难牧兮兽铤亡群,

　大漠茫茫兮骸骨谁收?

　长路绵绵兮过客频仍。

　冰封祁连兮水泽沙州,

大地湾开兮文化始由,

画陶彩绘兮书直藏匀。

评:茫茫大漠,驼队慢行。月牙泉上,夕阳斜照。敦煌窟中,壁画辉煌。西域几千年历史,就在眼前。从前读《史记》《汉书》,都在故纸堆中寻找故事,究不如目睹为妙!掩卷思量,激情尚在!学者能够发挥激情,最重要的是有根,有根的激情必须建立在文化历史的基础上。

历史无论中外,都惊人地相似!我十四岁时,父亲去世,悲痛不已,其间最能感动我的一首诗是英国诗人拜伦的作品。他在希腊旅游时见到波斯的古墓有感而发,写下了这首激情澎湃的诗。这首诗能够激动人心,和西方的历史背景有关。

两汉风华
西汉
1. 汉初匈奴争战

秦筑陶砖兮往迹难寻,

汉留片土兮苇草为墙。

匈奴坐大兮秦汉交错,

猛将如云兮高祖伐胡。

冒顿入北兮围我白登,

将帅不敌兮雨雪无饷。

士出奇谋兮阏氏纵归,

雾浓人静兮矢弩外向。

四海一统兮边方未定。

"大风起兮云飞扬,

"安得猛士兮守四方。"

评：从汉高祖和匈奴的战争中，我们学到一件重要的事情，就是凡事不能勉强，打不过匈奴，就要先充实自己，利用和亲来缓和形势，待条件成熟时再出击。这一等就是几十年，终于在曾孙武帝时驱逐匈奴，完成了守护边疆的大计。

2. 武帝拓边

五世其休兮生民倍增，

太仓多粟兮陈陈相因，

国富兵强兮遂谋西疆。

祖母无为兮黄老是依，

罢黜百家兮儒术独尊，

选贤与能兮政法惟刚。

羞遣公主兮孝武逐北，

太后崩殂兮始城朔方。

利诱匈奴兮王恢用策，

三十万众兮马邑伏军，

单于逃逸兮遂断和亲。

济济多士兮竟霸河西，

雄关似铁兮商旅万方。

五十四载兮承秦启后，

　协音律兮定历数，

　兴太学兮改正朔，

　起察举兮选贤能。

千古一帝兮人怀厥德。

评：汉武帝的文治武功，历代君主难以比拟。班固评武帝云："汉之得人，于兹为盛。"武帝博览群书，重用儒者，然而立法至严，为百世表率。武帝《秋风辞》《天马歌》《悼李夫人赋》等，与高祖、贾谊等开汉代文学之先河。

现代科研往往牵涉很大的团队，如何用人和处理人事并不是简单的事情，值得向汉高祖和汉武帝学习。

3. 张骞通西域

断匈奴右臂兮博望月氏之行以求！

历艰苦犹持汉节兮岂被掳之可羞。

　去岁十三兮二人得还，

　经国卅六兮西域始通。

　酒泉初置兮复设武威，

　既破楼兰兮又破车师。

> 得马大宛兮蜀布何由？
>
> 蒲陶苜蓿兮植之离宫。
>
> 将军识途兮知房之可倾，
>
> 大帝思远兮征伐乎边方。

评：中国通西域，对世界文明的贡献，超过哥伦布之发现新大陆。虽然自周朝、春秋战国以来，中国跟西域已有一定的来往，但大规模由皇帝主导的外交活动由张骞开始。张骞出使西域所经历的挫折，远非哥伦布的航海可以比拟，他不屈不挠的精神，亦不逊于被困北海的苏武。

张骞在西域十三年，几乎葬身于大漠，百人出使，二人回归。两汉的官员为了使命，拼力前进，危然后安，使人钦佩。我们做学问有这样的情怀吗？

记得1967年，我在香港中文大学读书。为了旁听别的大学的一门课，我每星期坐火车坐船坐公车，跋涉两个小时，这值得吗？我说值得！

1976年，我刚刚完成卡拉比猜想的证明，大家还不知道这个猜想的重要性。当时我在加州大学洛杉矶分校，住得很远。听说哈佛大学的教授大卫·芒福德在尔湾分校演讲。他是代数几何学家，对很多微分几何学家来说，这两门学科风马牛不相及，但我还是开了三个钟头车去听演讲。他在演讲中提到了一个问题，我回家后就用卡拉比猜想的结果将这个问题解决了，这是我一生中首个引起轰动的成果。

为什么我愿意走这么远去听一节课？就如探险家一样，我想知道不同领域的大师能够提供什么新的想法。

4. 贰师降虏

绝世佳人兮延年颂歌,

倾国倾城兮殁留帝恩。

谋善马兮外戚远攻,

士卒物故兮孝武怒遮玉门。

涉流沙兮天马归,

承灵威兮降外国,

破大宛兮广利侯封,

汉立张掖兮敦煌始雄。

祝诅天子兮忧惧愁慌,

虏入五原兮陷我名城。

将两万众兮深入要功,

军败燕然兮贰师辱降。

5. 卫青破虏

出车彭彭兮长平始击匈奴,

万骑出塞兮黄沙击我矢弓。

凤嘶嘶兮马鸣,

奇兵出兮虏惊。

赵信城崩兮汉胡相搏,

利镞穿骨兮杀气凌空。

单于遁逃兮右王逆谋,

漠南无胡迹兮大将封!

6. 李广难封,苏武南归

龙城将飞兮威振天涯,

力敌万骑兮马急胡走。

勇冠三军兮矢贯深岩,

将军失道兮漠表刭首。

木讷少言兮天下涕流。

长子复仇兮骠骁射杀,

孙字少卿兮气冲斗牛。

都尉少壮兮兵出居延,

单于临阵兮众寡悬殊,

力尽矢穷兮李陵降虏。

武帝震怒兮合家被戮,

不蒙明察兮史迁腐刑。

河梁送别兮苏武南归,

老母终堂兮生妻去帷,

流离辛苦兮几死朔北。

雁飞云边兮陇上烟寒,

官典属国兮汉宣记功。

7. 霍去病平定南匈奴

汉设四郡兮断绝南羌,
匈奴未灭兮何以家为?
骠骑奔逐兮寄身刃锋,
势崩雷电兮地动天摇。
径绝大幕兮封狼居胥。
临翰海兮胡虏移,
禅姑衍兮月明中,
大将病殁兮茂陵立祠。

评:汉武帝用人唯才,不避亲疏。出征大将中有三位以上是外戚,却都能征善战。至于李广父子都能尽忠,牵制匈奴大军,才有卫青和霍去病的成就。武帝知人善任,值得我们学校和学术机构的领导注意!

每次读《史记》中卫青、霍去病和李广的事迹,我都热血沸腾,有大丈夫当如是的感觉。在大漠上冲锋,追击贻害中原几百年的匈奴骑士,完成祖先几百年来的心愿,何其快哉!

8. 武帝轮台罪己

日光冷兮矢尽弓藏,
月色苦兮孤雁飞高。
五分一存兮汉马亡,

虽得阴山兮血满沟。
轮台罪己兮百姓复农，
禁苛止赋兮与民息休，
六畜蕃息兮黍稷复盈。
日䃅辅政兮西风吹襟。

评：汉武帝虽然雄霸天下，但能放下身段，轮台罪己，历史少见！西汉在打败匈奴后，能够很快复兴，和汉武帝的胸襟有关。

9. 昭君出塞

明妃失意兮汉家楼阁，
高山峨峨兮河水泱泱。
手挥琵琶兮平沙雁落，
中心恻伤兮远渡西羌。
白日西匿兮关山萧索，
羌绝异域兮肠断泪干。
饮咽无声兮故乡永隔，
胡羣鼓喧兮胡姬侍安。
单于宠爱兮边城未拓，
三世无警兮少见干戈。
和乐且闲兮穆穆棣棣，
胡族汉化兮泽被边疆。

评：昭君出塞，对汉胡和平有莫大贡献，终胜于一生孤独、老死汉宫！历代以来的文人，都同情王昭君，认为她个人生活不如意，其实未必如此。

我们在做学问时，往往与别人竞争，如果慢了一步，这个时候怎么办？有人会放弃，有人赶快去抄袭，这都是不对的事情！仔细想想，假如这个问题重要的话，必有后续的进展。不如继续努力，焉知非福！

东汉

1. 光武中兴

以寡敌众兮昆阳大捷，

将相和睦兮光武中兴。

邓禹冯异兮贾复耿弇，

儒者气象兮一气所钟。

郭氏为后兮河北民悦，

铜马毁败兮兵容始盛。

大军入蜀兮公孙覆灭，

力平隗嚣兮陇右得暇。

东都洛阳兮丽华如愿，

息肩中土兮克克兢兢。

收弓矢兮散马牛，

退功臣兮进文吏。

评：光武帝不如汉武帝，创意不足也。然而，创业艰辛，临危不惧，军心始安，秀亦非常之人也！

2. 明章之治

孝明承治兮仓廪实，

抑制豪强兮严宗室。

倡儒学兮重刑名，

尊先师兮正礼乐。

尚气节兮崇廉耻，

赐公田兮兴水利。

征北匈奴兮开疆拓土，

云台图画兮二十八将。

黄河得治兮户口滋殖，

尊崇儒学兮白虎论经。

民安其业兮明章盛世，

金人显梦兮天子求问。

西渡葱岭兮月氏觅佛，

永平十年兮汉使圆梦。

天竺沙门兮终生弘法，

径千万里兮白马驮经，

寺建洛阳兮佛像远来。

评：汉明帝承光武之余绪，萧规曹随，开疆拓土，文化交流，秉承父业，毫不逊色，亦可谓英主矣。父子两人为东汉的辉煌打下基础，岂图政绩而已，值得今天初为领导者注意。

3. 窦固、班超复定西域

伐北匈奴兮扶风窦固，
屯兵凉州兮出兵酒泉，
击呼衍王兮天山旋归。
于阗骄横兮几并西疆，
都护西指兮众才四九，
风雪交加兮笳音扬清，
定国五十兮强虏消逝。
远索大秦兮遣使甘英，
几穷西海兮止于条支，
延首东望兮惨切凄伤，
大漠经年兮顾瞻故乡。
胡杨蒿黄兮枝枯叶干，
沙场白骨兮刀痕箭瘢，
妹昭上书兮班侯得归。
窦宪欺罔兮权倾当世，
远出大漠兮燕然勒石，
匈奴败北兮鲜卑始大。

评：班氏一家建功立业，至为难得。父彪、兄固、妹昭著《汉书》传世，人称良史，弟超则投笔从戎，威震绝域，名垂史册，值得钦佩。

班超出使时三十六人，在极端危险的时候，当机立断，激励同袍，真是有胆有识！我们做学问面临竞争，在最重要的时刻，能够把握机会，入虎穴，得虎子吗？

魏晋南北朝

1. 曹氏篡汉

窦氏消亡兮宦官用事，

既诛陈蕃兮复杀窦武。

汉儒党争兮佞臣执政，

天下大饥兮常侍得宠。

张角崛起兮西羌复乱，

招兵凉州兮何进授首。

烝民涂炭兮王室覆荡，

野无鸡鸣兮白骨千里。

董卓乘衅兮袁绍构难，

官渡大胜兮曹操无君。

北征乌桓兮蹋顿败亡，

东临碣石兮沧海扬鞭，

乌鹊南飞兮败军赤壁。

西伏陇右兮魏武远征，

马腾流窜兮韩遂败亡。

匈奴日疏兮杂胡始壮，

三分天下兮曹丕篡位。

评：东汉之末，生灵涂炭。献帝荒淫无能，势必有变，民始得安！曹孟德弭平诸袁，北征乌桓匈奴，安定中原，功莫大焉！及其自度功比周召，大业可以速成，遂至兵败赤壁，旋师北归，奚足叹息。然而西平汉中，迅即恢复，可见其得人心及坚毅之志也。得陇而未敢望蜀，抑年老而志气渐衰乎。功成而不骄，兵败而再起，此亦做学问之道也。

2. 建安文学

文起建安兮俊才云涌，

蔡邕飞白兮饮马琴操。

聚贤邺下兮魏武沉雄，

子桓清越兮陈思独步。

洛神淑美兮词采华茂，

辞赋凄怆兮五言腾踊。

亡家失身兮文姬悲愤，

典论论文兮七子并纵。

仲宣登楼兮陈琳饮马，

公干高风兮应璩雅深。

阮瑀章表兮伟长室思,

陈寿撰述兮三国叙事。

刘徽割圆兮专注九章,

两汉朱华兮邺水为盛。

中原板荡兮西凉稍安,

豪杰远行兮山川形胜,

大漠苍茫兮丹霞璀璨,

磊落使才兮慷慨任气。

评:两汉朱华。文风绮丽,汉赋为盛,汉武贾谊,辞赋传世,然而五言抒情,始于李都尉河梁送别。至于古诗十九。三祖七子,建安文学,彬彬大盛矣。

汉末中原大乱,豪杰西征,饱览山川形胜,所以磊落使才,慷慨任气!对于做学问的学者,影响一样重要。看见一代大师的言行,才会觉得:曾经沧海难为水,除却巫山不是云。

3. 西晋

邓艾西征兮偷渡阴平,

钟会侵功兮司马独大。

楼船顺流兮铁锁沉江,

旗落石头兮王濬灭吴。

定都洛阳兮改元泰始，
世族复兴兮汲汲求利。
承魏举才兮九品取士，
唯能是用兮名节渐丧。
空谈节俭兮晋武斗富，
去州郡兵兮八王乱政。
胡族内迁兮强敌环伺，
晋议徙戎兮江统先导。
鲜卑不臣兮河西入侵，
匈奴复出兮并州崛起。
妄称宗室兮伪刘遍阡，
永嘉大乱兮石勒横行。
刘曜掳帝兮青衣行酒，
黎民不堪兮五胡乱华。

评：西晋社会动荡，北方民族大量入侵，中原士族南迁，结果是各民族文化的大融合。这对中华传统文化的确是一大冲击，出现了前所未有的火花，一直到隋唐盛世。

4. 东晋

士族南迁兮建康称帝，
党同伐异兮抑压吴地。

朱张顾陆兮王谢为大，
权倾天下兮琅琊王氏。
谱牒为则兮门阀士宦，
祖逖澄清兮渡江击楫。
攻灭成汉兮桓温北伐，
灞水旋师兮洛阳暂驻。
骄而恃众兮丧军慕容，
退守建业兮前秦灭燕。
篡位不果兮王谢护晋，
北府兵威兮大胜苻坚，
观棋不语兮淝水谢安，
气吞万里兮寄奴如虎。
讨灭桓玄兮兴复晋室，
北擒慕容兮南枭卢循，
经略西北兮不果南归。
西执姚泓兮灭绝后秦，
恭帝禅让兮刘裕弑君。

5. 前秦苻坚

枋头入关兮苻氏崛起，
攻占长安兮遂霸陇蜀。
氐族汉化兮任用汉臣，

既灭前燕兮又灭仇池。

西达葱岭兮东极大海，

北至大漠兮南控江淮。

忠言逆耳兮期吞江南，

百万军散兮关中辱国。

6. 北魏

鲜卑代兴兮拓跋坐大，

定都平城兮攻掠后燕。

对峙刘宋兮西灭鄯善，

亡夏燕凉兮太武北统。

摩崖石窟兮雕塑遍野，

云岗龙门兮陇西敦煌。

天水麦积兮永靖炳灵，

中西交融兮地理文学，

洛阳伽蓝兮道元水经。

孝文汉化兮迁都洛阳，

根基未固兮六镇民变。

评：北魏乃鲜卑族汉化的一个朝代，草原文化逐渐融入中原文化，功莫大焉。

7. 魏晋清谈

士求悦己兮唯美修容,

无为清净兮道法自然。

骈赋协韵兮和声天成,

梵音远来兮经读感怀。

黄老得尊兮儒学式微,

丽辞缤纷兮镂心敷藻,

典雅擅长兮英华迈俗。

正始玄学兮何晏王弼,

祖述老庄兮以无为本。

开物成务兮无往不存,

无名无誉兮佛道交融。

8. 两晋风流

才兼文墨兮右军雄逸,

步兵咏怀兮情寄八方,

叔夜赋琴兮托喻清远。

刘伶酒德兮向秀思旧,

披沙简金兮陆机浮云。

波澜宏阔兮西征潘岳,

博物藏书兮清畅张华。

郭璞江赋兮彪炳磅礴,

靖节归去兮自然超迈。

乐天知命兮葛洪抱朴,

化学得传兮炼丹罗浮。

评：魏晋南北朝的清谈和佛教的兴盛，引发佛道的交融，以及儒家的反省。这个时代可以说是中国文艺复兴，中国基本科学，于斯为盛，延至盛唐，而毁于安史之乱。

9. 佛法东来

流沙万里兮震旦远来，

敦煌菩萨兮月氏高僧。

大乘得译兮般若法留，

龟兹苦读兮母子修道。

罗什东来兮释风渐行，

一十七载兮弘法凉州。

前秦遣将兮吕光夺佛，

后秦力邀兮鸠摩入京。

远涉长安兮翻译诸经，

法华金刚兮维摩三论。

子弟传宗兮什门四圣，

译本未全兮宏义未功。

法显西游兮留学天竺，

峦叠葱岭兮木簇鹫峰。
朝行雪山兮夜渡冰川,
顾寻所经兮心动汗流。
去国十三兮终得戒律,
译经建业兮摩诃僧祇。

10. 刘宋萧齐

七分天下兮刘宋四分,
中原未定兮拓跋争雄,
元嘉伐魏兮仓惶北顾。
儒玄文史兮宋帝立馆,
义庆新语兮言简俊秀。
著书后汉兮范晔留名,
松之注述兮三国史成。
剩余有理兮孙子经算,
筹学骤起兮二祖缀术。
跌宕起伏兮恨别江淹,
文典以怨兮咏史左思。
三都十年兮洛阳纸贵,
芜城有赋兮鲍照妻怆。
灵运五言兮芙蓉出水,
延年白马兮错彩镂金。

11. 萧梁南陈

梁武佞佛兮舍身四度,

民穷财尽兮侯景作乱。

千里绝烟兮白骨成聚,

僧辩降敌兮北齐入境。

霸先篡位兮诛杀大将,

叔宝荒淫兮河山日下,

杨广灭陈兮丽华匿井,

昭明集述兮始评文学。

刘勰文心兮钟嵘诗品,

沈约四声兮八咏传世。

撰述宋史兮作赋丽人,

玉台新咏兮徐陵宫体。

哀赋江南兮庾信凄怨,

达摩东渡兮建业暂驻。

法救迷情兮一花五叶,

一苇渡江兮长芦久住。

面壁九年兮禅宗始兴,

玄佛交融兮隋唐延续。

评：佛教东来，冲击中华本土文化和儒道交流，无论是科学还是文学都受到影响。

12. 敦煌麦积石窟

高窟嵯峨兮千载经营，

壁画塑像兮魏齐始盛。

飞天伎乐兮佛门史迹，

菩萨左右兮释迦侧卧。

玄黄色杂兮罗汉叠壁，

画图焕绮兮吐曜含章。

龙凤呈瑞兮虎豹凝姿！

俯仰顾眄兮彤彩之饰？

流离烂漫兮霞驳云蔚，

丹青并饰兮金玉同镌。

神仪内莹兮宝相外宣，

归诚妙觉兮标志上玄。

评：敦煌麦积，壁画藏书，人类之瑰宝也，岂止中华而已。宝物屡为英法俄所盗，使人扼腕！

我们从历史中汲取做学问的经验，从文学和现实生活中寻求做学问的意境和激情。学者走的道路有别，但要做好学问，缺乏激情是万万不能的！

———

本文为2018年5月我在清华大学附属中学与南京外国语学校的演讲。

数学的内容、方法和意义

今天要讲的是数学的内容、方法和意义，这原是苏联人写的一本书的书名，今天将其借过来作为演讲的名称。

今天是北大一百周年校庆，五四运动便是北大学生发起的。作为演讲的引子，让我们先简略地回顾一下"五四"前后中西文化之争。19世纪中叶以后，中国对西方科技的认识是"船坚炮利"。在屡次战争失利后，张之洞提出了"中学为体，西学为用"的主张，即以传统儒家精神为主，加入西方的技术。到了五四运动前后便有了科玄论战。以梁漱溟为主的一派以东方精神文明为上，捍卫儒学，认为西方文明强调用理性和知识去征服自然，缺乏生命之道，人变成机械的奴隶；而中国文化自适自足，行其中道，必能发扬光大。当时正值第一次世界大战结束，西方哲学家罗素等对西方物质文明深恶痛绝，也主张向东方学习。另一派以胡适为首者则持相反意见，他们以为在知识领域内，科学万能，人生观由科学方法统驭，未经批判及逻辑研究的，皆不能成为知识。

科玄论战最终不了了之，并无定论。两派对近代基本科学皆无深究，也不收集数据，理论无法严格推导，最后变得空泛。其实这便是中国传统文化之特点。一方面极抽象，有质而无量，儒道云天人合一，禅宗又云不立文字，直指心性；另一方面则极实际，荀子批评庄子"蔽于天而不知人"。古代的科学讲求实用，一切为人服务，四大发明之指南针、造纸术、印刷术、火药，莫不如此。要知道西方技术之基础在科学，实际和抽象的桥梁乃是基础科学，而基础科学的工具和语言就是数学。

历代不少科学家对数学都有极高的评价，我们引一些物理学家的话作为例子。费曼在《物理定律的本性》一书中说："我们所有的定律，每一条都由深奥的数学中的纯数学来叙述，为什么？我一点也不知道。"维格纳说："数学在自然科学中有不合常理的威力。"戴森说："物理科学史历劫不变的一项因素，就是由数学想象力得来的关键贡献。基础物理既然由高深的数学来表示，应用物理、流体等自然界的一切现象，只要能得到成熟的了解，都可以用数学来描述。"写过《瓦尔登湖》的哲人梭罗也说，有关真理最明晰、最美丽的陈述，最终必以数学形式展现。

其实数学家不仅从自然界中吸收养分，而且从社会科学和工程中得到启示。人类心灵中由现象界启示而呈现美的概论，只要能够用严谨逻辑来处理的，都是数学家研究的对象。数学和其他科学的不同之处是容许抽象，只要是美丽的，就足以主宰一切。数学和文学的不同之处是一切命题都可以由公认的少数公理推出。数学正式成为系统性的科学始于古希腊的欧几里得，他的《几何原本》是不朽的名作。明末利玛窦和徐光启把它译成中文，并指出："十三卷中五百余题，一脉贯通，卷与卷，题与题相结倚，一先不可后，一后不可先，累累交承，渐次积累，终竟乃发奥微之义。"复杂深奥的定理都可以由少数简明的公理推导，至此真与美得到确定的意义，水乳交融，再难分开。值得指出的是，欧几里得式的数学思维直接影响了牛顿在物理上三大定律的想法，牛顿的巨著《自然哲学的数学原理》与《几何原本》一脉相承。从爱因斯坦到现在的物理学家都希望完成统一场论，能用同一种原理来解释宇宙间的一切力场。

数学的真与美，数学家体会深刻。西尔维斯特说："它们揭露或阐明的概念世界、它们导致的对至美与秩序的沉思、它们各部分的和谐关联，都是人类眼中数学最坚实的根基。"数学史家莫里斯·克莱因说："一个精彩巧妙的证明，在精神上近乎一首诗。"数学家吸收了自然科学的精华后，就用美和逻辑来引导，将想象力发挥得淋漓尽致，创造出连作者也惊叹不已的命题。大数学家往往有宏伟的构思，由美做引导，例如韦伊猜想促成了重整算术几何的庞大计划，将拓扑和代数几何融入整数方程论。由格罗滕迪克和德利涅完成的韦伊猜想，可以说是抽象方法的伟大胜利。回顾数学的历史，能够将几个不同的重要观念自然融合而得出的结果，都成为数学发展的里程碑。爱因斯坦将时间和空间的观念融合，成为近百年来物理学的基石；三年前，安德鲁·怀尔斯（Andrew Wiles）对自守形式和费马大定理的研究，更是动人心魄。数学家不依赖自然科学的启示而得出来的成就，令人惊异，这是因为数字和空间本身就是大自然的一部分，它们的结构也是宇宙结构的一部分。然而，我们必须谨记，大自然的奥秘深不可测，不仅仅是数字和空间而已，它的完美无处不在，数学家不能也不应该抗拒这种美。

20世纪物理学中的两个最主要的发现——相对论和量子力学——对数学造成了极大的冲击。广义相对论使微分几何学"言之有物"，黎曼几何不再是抽象的纸上谈兵。量子场论从一开始就让数学家迷惑不已，它在数学上的作用仿若魔术。例如，狄拉克方程在几何上的应用令人难以捉摸，然而，它又这么强而有力地影响着几何的发展。超对称是最近20年物理学家发展出来的观念，无论是在实验还是理论上都颇为神秘，但借助超弦理论，数学家竟解决了一百多年来悬而未决的难题。超弦理论在数学上的真实性是无可置疑的，除非造化弄人，它在物理上也终会占一席位。

19世纪末的数学公理化运动使数学的严格性坚如磐石，数学家便以为工具已备，以后的工作将无往而不利。20世纪初，希尔伯特以为任何数学都能用一套完整的公理推导出所有的命题。但好景不长，哥德尔在1931年发表了著名论文《数学原理中的形式上不可断定的命题及有关系统》，证明包含通常逻辑和数论的一个系统的无矛盾性是不能确立的。这表示希尔伯特的想法并非全面的，也表示科学不可能是万能的。然而，由自然界产生的问题，我们还是相信希尔伯特的想法是基本正确的。

数学家因其禀赋各异，大致可分为下列三类：

一、创造理论的数学家。这些数学家工作的模式，又可粗分为七类。

1. 从芸芸现象中窥见共性，从而提炼出一套理论，能系统地解释很多类似的问题。一个明显的例子便是19世纪末李（S. Lie）在观察到数学和物理中出现大量的对称后，创造出有关微分方程的连续变换群论。李群已成为现代数学的基本概念。

2. 把现存理论推广或移植到其他结构上。例如将微积分从有限维空间推广到无限维空间，将微积分用到曲面而得到联络理论等。当里奇、克里斯托费尔等几何学家在曲面上研究与坐标的选取无关的联络理论时，他们很难想象到它在数十年后的杨－米尔斯场论中的重要性。

3. 用比较方法寻求不同学科的共同之处而发展新的成果。例如，韦伊比较整数方程和代数几何而发展算术几何；三十年前，朗兰兹结合群表示论和自守形式而提出朗兰兹纲领，将可以交换的领域理论推广到不可交换的领域去。

4. 为解释新的数学现象而发展理论。例如，高斯发现了曲面的曲率是内蕴（即仅与其第一基本形式有关）之后，黎曼便由此创造了以他的名字命名的几何学，成就了近百年来的几何发展；惠特尼发现了在纤维丛上示性类的不变性后，庞特里亚金和陈省身便将之推广到更一般的情况，陈示性类在今日已成为拓扑和代数几何中最基本的不变量。

5. 为解决重要问题而发展理论。例如，约翰·纳什为解决一般黎曼流形等距嵌入欧氏空间而发展的隐函数定理，日后自成学科，在微分方程中用处很大。而斯蒂芬·斯梅尔用 h 协边理论解决了五维以上的庞加莱猜想后，此理论成为微分拓扑的最重要工具。

6. 新的定理被证明后，需要建立更深入的理论。如阿蒂亚－辛格指标定理、唐纳森理论等提出后，都有许多不同的证明。这些证明又引发了其他重要的工作。

7. 在研究对象上赋予新的结构。凯勒在研究复流形时引入了后来以他的名字命名的尺度；近年来，瑟斯顿在研究三维流形时，也引进了"几何化"的概念。一般而言，引进新的结构使广泛的概念得到有意义的研究方向，有时结构之上还要再加限制。例如，在凯勒流形上，我们要集中精神考虑凯勒－爱因斯坦度量，这样研究才富有成果。

二、从现象中找寻规律的数学家。这些数学家或从事数据实验，或在自然和社会现象中发掘值得研究的问题，凭借经验把其中精要抽出来，做有意义的猜想。如高斯检视过大量素数后，提出了素数在整数中分布的定律；帕斯卡和费马关于赌博中赔率的书信，为现代概率论奠定了基石。50 年代，期货市场刚刚兴起，布莱克（Black）和斯科尔斯（Scholes）便提出了期权定价的方程，随即将其广泛地应用于交易上。斯科尔斯因此获得了 1997 年诺贝尔经济学奖。这样的例子还有很多，不胜枚举。

话说回来，要做有意义的猜想并非易事，必须对面前的现象有充分的了解。以《红楼梦》为例，只要看了前面六七十回，就可以凭想象猜想后面大致如何。但如果我们对其中的诗词不大了解，就不能明白它的真义，也无从得到有意义的猜想。

三、解决难题的数学家。所有数学理论必须能导致某些重要问题的解决，否则这些理论便是空虚、无价值的。理论的重要性必须与其能解决问题的重要性成正比。一个数学难题的重要性在于由它引出的理论是否丰富。单是一个漂亮的证明并不是数学的真谛，比如四色问题是著名的难题，但它被解决后，我们得益不多，反观一些难题则如中流砥柱，你必须将它击破，然后才能登堂入室。比如一日不能解决庞加莱猜想，一日就不能说我们了解了三维空间！我当年解决卡拉比猜想时遇到的情况也与之类似。

数学家要承先启后，解决难题是"承先"，进一步发展理论、找寻新的问题则是"启后"。没有新的问题，数学便会死去。故此，"启后"是我们数学家共同的使命。我们的最终目标是以数学为基础，将整个自然科学、社会科学和工程学融合起来。

自从安德鲁·怀尔斯1994年证明了费马大定理后，很多人都问这有什么用。大家都觉得费马大定理的证明是划时代的。它不仅解决了一个长达350年的问题，还使我们对有理数域上的椭圆曲线有了极深的了解；它是融合两个数论的主流——自守形式和椭圆曲线——而迸发出来的火花。值得一提的是，最近十多年来，椭圆曲线在编码理论中发展迅速，而编码理论将会在计算机科学中大派用场，其潜力不可估量。

最后我们谈谈物理学家和数学家的差异。总的来说，在物理学的范畴内并没有永恒的真理，物理学家不断努力探索，希望能找出最后大统一的基本定律，从而达到征服大自然的目的。而在数学的王国里，每一条定理都可以从公理系统中严格推导，因此它是颠扑不破的真理。数学家以美作为主要评选标准，好的定理使我们从心灵深处感受到大自然的真与美，达到"天地与我并生，万物与我为一"的悠然境界，跟物理学家要征服大自然完全不一样。

物理学家为了捕捉真理，往往在思维上不断跳跃，虽说不严格，也容易犯错，但他们想把自然现象看得更透更远，这是我们十分钦佩的。毕竟数学家要小心翼翼、步步为营，花时间把所有可能的错误都去掉，因此，这两种做法是互为表里、缺一不可的。

在传统文化中，我们说立德，但从不讨论如何求真。不求真，何以立德？我们又说"温柔敦厚，《诗》教也"，但只是含糊地说美。数学兼讲真美，是中华民族需要的基本科学。

本文为1998年5月5日我在北京大学百年校庆学术报告会上的演讲。

数学和中国文学的比较

很多人会觉得我今日的讲题有些奇怪，中国文学与数学好像是风马牛不相及，但我却要讨论它。其实这关乎个人的感受和爱好，不见得其他数学家有同样的感觉，"如人饮水，冷暖自知"。每个人的成长和风格跟他的文化背景、家庭教育有莫大的关系。我幼受庭训，影响我至深的是中国文学，而我最大的兴趣是数学，所以将它们做一个比较，对我来说是相当有意义的事。

中国古代文学记载最早的是《诗三百》，分为风、雅、颂，既有民间抒情之歌、朝廷礼仪之作，也有歌颂或讽刺当政者之曲。至孔子时，文学为君子立德和陶冶民风而服务。战国时，诸子百家都有著述，在文学上有重要的贡献，但诸子（如韩非）却轻视文学之士。屈原开千古辞赋之先河，毕生之志却在楚国的复兴。文学本身在古代社会没有占据重要的地位。司马迁甚至说："文史星历，近乎卜祝之间，固主上所戏弄，倡优所畜，流俗之所轻也。"一直到曹丕才全面肯定文学本身的重要性："盖文章，经国之大业，不朽之盛事。"即便如此，曹丕的弟弟曹植也不认为文学能与治国的重要性相比。他写信给他的朋友杨修说：

> 吾虽德薄，位为蕃侯，犹庶几戮力上国，流惠下民，建永世之业，留金石之功。岂徒以翰墨为勋绩，辞赋为君子哉！

至于数学，中国儒家将它放在六艺之末，是一个辅助性的学问。当政者更视之为雕虫小技，与文学相比，数学连歌颂朝廷的能力都没有，政府对数学的尊重要到近年来才有极大的提高。西方则不然，古希腊哲人以数学为万学之基。柏拉图以通几何为入其门槛之先决条件，所以数学家有崇高的地位，数学在西方蓬勃发展了两千多年。

一、数学之基本意义

数学之为学，有其独特之处。它本身是寻求自然界真相的一门科学，但数学家也如文学家般天马行空，凭爱好而创作，故此数学可谓人文科学和自然科学的桥梁。

数学家研究大自然所提供的一切素材，寻找它们共同的规律，并用数学的方法表达出来。这里所说的大自然比一般人所了解的更广泛。我们认为数字、几何图形和各种有意义的规律都是自然界的一部分。我们希望用简洁的数学语言将这些自然现象的本质表现出来。

数学是一门公理化的科学，所有命题必须由三段论证的逻辑方法推导出来，但这只是数学的形式，而不是数学的精髓。大部分数学著作枯燥乏味，而有些却令人叹为观止，其中的区别在哪里呢？

大略言之，数学家以其对大自然感受的深刻程度，来决定研究的方向。这种感受既有其客观性，也有其主观性，后者则取决于个人的气质。气质与文化修养有关，无论是选择悬而未决的难题，还是创造新的方向，文化修养都起着关键性的作用。文化修养是以数学的功夫为基础，以自然科学为辅的，但深厚的人文知识也非常重要。因为人文知识也致力于描述心灵对大自然的感受，所以司马迁写《史记》除了"通古今之变"，也要"究天人之际"。

刘勰在《文心雕龙·原道》中说，文章之道在于：

写天地之辉光，晓生民之耳目矣。

刘勰以为文章之可贵，在尚自然，在贵文采。他又说：

惟人参之，性灵所钟，是谓三才，为五行之秀，实天地之心。心生而言立，言立而文明，自然之道也。

《文心雕龙·风骨篇》说：

《诗》总六义，风冠其首，斯乃化感之本源，志气之符契也。

刘勰　　　　　　　　　　司马迁

　　历代的大数学家，如阿基米德、牛顿，莫不以自然为宗，见物象而思数学之所出，即有微积分的创作。费马和欧拉对变分法的开创性发明也是由探索自然界的现象而引起的。

　　近代几何学的创始人高斯认为几何和物理不可分。他说："我越来越确信几何的必然性无法被验证，至少现在无法被人类或为了人类而验证，我们或许能在未来领悟到那无法知晓的空间的本质。我们无法把几何和纯粹是先验的算术归为一类，几何和力学却不可分割。"

　　20世纪几何学的发展，则因物理学上重要的突破而屡次改变其航道。狄拉克把狭义相对论用到量子化的电子运动理论，发现了狄拉克方程，后来的发展连狄拉克本人也叹为观止，认为他的方程比他的想象美妙，这个方程在近代几何的发展中起着关键性的作用。我们对旋子的描述缺乏直观的几何感觉，但它出于自然，自然界赋予几何的威力可以说是无微不至的。

广义相对论提出了场方程，它的几何结构成为几何学家梦寐以求的对象，因为它能赋予空间一个调和而完美的结构。我研究这种几何结构垂三十年，时而迷惘，时而兴奋，自觉同《楚辞》的作者或晋朝的陶渊明一样，与大自然浑然一体，自得其趣。

捕捉大自然的真和美，实远胜于一切人为的造作，正如《文心雕龙·原道》说的：

云霞雕色，有逾画工之妙；草木贲华，无待锦匠之奇。夫岂外饰，盖自然耳。

狄拉克

陶渊明

在空间上是否存在满足引力场方程的几何结构是一个极为重要的物理问题，它也逐渐变成几何中伟大的问题。尽管其他几何学家都不相信它存在，但我锲而不舍，不分昼夜地去研究它，就如屈原所说：

亦余心之所善兮，虽九死其犹未悔。

我花了五年工夫，终于找到了具有超对称的引力场结构，并将它发展成数学上的重要工具。我当时的心境，可以用以下两句来描述：

落花人独立，微雨燕双飞。

后来大批的弦理论学家参与这个结构的研究，得出很多深入的结果。刚开始时，我的朋友们都对这类问题敬而远之，不愿意与物理学家打交道。但我深信造化不致弄人，回顾十多年来在这方面的研究尚算满意，现在卡拉比—丘空间的理论已经成为数学的主流。

二、数学的文采

数学的文采，表现于简洁。寥寥数语，便能道出不同现象的法则，甚至在自然界中发挥作用，这就是数学优雅美丽的地方。我的老师陈省身先生创作的陈类就文采斐然，令人赞叹。它在扭曲的空间中找到简洁的不变量，在现象界中成为物理学界求量子化的主要工具，可谓描述大自然美丽的诗篇，宛如陶渊明"采菊东篱下，悠然见南山"的意境。

从欧氏几何的公理化，到笛卡儿创立的解析几何，到牛顿、莱布尼兹的微积分，到高斯、黎曼创立的内蕴几何，一直到与物理学水乳相融的近代几何，都以简洁而富于变化为宗，其文采绝不逊色于任何一个文学创作。它们发轫的时代与文艺兴起的时代相同，这绝对不是巧合。

数学家在开创新的数学想法的时候，可以看到高雅的文采和崭新的风格。例如，欧几里得证明存在无穷多个素数，开创了反证法的先河。高斯研究十七边形的对称群，使伽罗华群成为数论的骨干。这些研究异军突起，论断华茂，使人想起"苏李诗"以及诗和词的始祖李太白的《忆秦娥·箫声咽》。

三、数学中的赋比兴

中国诗词都讲究比兴，钟嵘在《诗品》中说：

文已尽而意有余，兴也；因物喻志，比也。

刘勰在《文心雕龙》中说：

故比者，附也；兴者，起也。附理者，切类以指事；起情者，依微以拟议。起情，故兴体以立；附理，故比例以生。

白居易说：

噫！风雪花草之物，三百篇中岂舍之乎？顾所用何如耳。设如"北风其凉"，假风以刺威虐也；"雨雪霏霏"，因雪以愍征役也……皆兴发于此而义归于彼。

白居易批评谢朓诗：

"余霞散成绮，澄江净如练""归花先委露，别叶乍辞风"之什，丽则丽矣，吾不知其所讽焉。故仆所谓嘲风雪、弄花草而已。于时六艺尽去矣。

有深度的文学作品必须有"义"，有"讽"，有"比兴"，数学亦如是。我们在寻求真知时，往往只能凭已有的经验，因循研究的大方向，凭我们对大自然的感觉而向前迈进。这种感觉是相当主观的，因个人的文化修养而定。

文学家为了达到最佳意境的描述，不见得忠实地描写现象界。例如贾岛只是斟酌"僧推月下门"或是"僧敲月下门"的意境,而不在乎二者所说的是不同的事实。数学家为了创造美好的理论,也不必遵循大自然的规律,只要逻辑推导没有问题,就可以尽情地发挥想象力。然而,文章终究有高低之分。大致来说,在好的文章中,"比兴"的手法总会比较丰富。

《古诗十九首》的作者年代不详,但大家都认为它是汉代的作品。刘勰说:"比采而推,两汉之作乎?"这是从诗的结构和风格进行推敲而得出的结论。在数学研究的过程中,我们亦利用比的方法去寻找真理。我们创造新的方向时,不必凭实验,而是凭数学的文化涵养去猜测和求证。

举例而言,三十年前,我提出一个猜测,断言三维球面里的光滑极小曲面,其第一特征值等于2。当时这些曲面例子不多,我只是凭直觉,利用相关情况模拟而得出的猜测。最近有数学家写了一篇文章证明这个猜想。其实,我的看法与文学上的比兴很相似。

我们看《洛神赋》:

其形也,翩若惊鸿,婉若游龙。荣曜秋菊,华茂春松。仿佛兮若轻云之蔽月,飘飖兮若流风之回雪。

用比喻来刻画女神的体态。再看《诗经》:

高山仰止,景行行止。四牡骓骓,六辔如琴。觏尔新婚,以慰我心。

也是用比的方法来描写新婚的心情。

我一方面想象三维球的极小子曲面应当是如何匀称，一方面想象第一谱函数能够同空间的线性函数比较该有多妙，通过原点的平面将曲面最多切成两块，于是猜想这两个函数应当相等，同时第一特征值等于 2。

当时我与卡拉比教授讨论这个问题，他也相信这个猜测是对的。我旁边的一位研究生问我为什么会做这样的猜测，不待我回答，卡教授便微笑地说，这就是洞察力了。

数学上常见的对比方法乃是低维空间和高维空间现象的对比。我们虽然看不到高维空间的事物，但可以看到一维或二维的现象，并由此来推测高维的变化。我在研究生时期试图将二维空间的单值化原理推广到高维空间，得到一些漂亮的猜测，认为曲率的正或负可以作为复结构的指向，这个看法影响至今。这个问题可以溯源到 19 世纪和 20 世纪初期曲率和保角映射关系的研究。

另外一个对比的方法乃是数学不同分支的比较。记得我从前用爱因斯坦结构证明代数几何中的一个重要不等式时，日本数学家宫冈利用俄国数学家博戈莫洛夫（Bogomolov）的代数稳定性理论也给出了这个不等式的不同证明，因此我深信爱氏结构和流形的代数稳定有密切的关系。这三十年来的发展也的确是朝这个方向蓬勃进行的。

事实上，爱因斯坦的广义相对论也是对比各种不同的学问而创建成功的。它是科学史上最伟大的构思之一，可以说是惊天地、泣鬼神的工作。它统一了古典的引力理论和狭义相对论。爱因斯坦花了十年时间，基于等价原理，比较了各种描述引力场的方法，巧妙地用几何张量来表达引力场，将时空观念全盘翻新。

爱因斯坦所用的工具是黎曼几何，它是黎曼比他早五十年发展出来的。当时的几何学家唯一的工具，是对比在古典微积分、双曲几何和流形理论的模拟后得出来的漂亮理论。反过来说，广义相对论给黎曼几何注入了新的生命。

20世纪数论的一个大突破是算术几何的产生，以群表示论为桥梁，将古典的代数几何、拓扑学和代数数论进行比较，有如瑰丽的歌曲。它的发展势不可当，气势如虹，"天之所开，不可当"。

韦伊研究代数曲线在有限域上解的问题后，得出高维代数流形有限域解的猜测，推广了代数流形的基本意义，直接影响了近代数学的发展。筹学所问，无过于此矣。伟大的数学家高瞻远瞩，看出整个学问的大流，有很多合作者和跟随者将支架建立起来，解决很多重要的问题。曹雪芹创作《红楼梦》时也是一样，全书既有真实，亦有虚构；既有前人小说、戏曲，如《西厢记》《金瓶梅》《牡丹亭》等的踪迹，亦有作者家族凋零、爱情悲剧的经验。作者通过各种不同人物的话语和生命历程，道出了封建社会大家族的腐败和破落。《红楼梦》的写作影响了清代小说垂二百年。

《西厢记》和《牡丹亭》的每一段写作和描述男女主角的手法都极为上乘，但全书的结构则是一般的才子佳人写法，由《金瓶梅》进步到《红楼梦》则小处和大局俱佳。

这一点与数学的发展极为相似，从局部的结构发展到大范围的结构是近代数学发展的一个过程。通过比兴的手法来处理问题，几何学和数论都有这一段历史。代数几何学家在研究奇异点时通过爆炸的手段，有如将整个世界浓缩在一点。微分几何和广义相对论所见到的奇异点比代数流形复杂，但也希望从局部开始，逐渐了解整体结构。数论专家研究局部结构时则通过素数模的方法，将算术流形变成有限域上的几何，然后和大范围的算术几何对比，得出丰富的结果。数论学家在研究朗兰兹纲领时也多从局部理论开始。

好的作品需要赋、比、兴并用。钟嵘在《诗品》中说：

直书其事，寓言写物，赋也。宏斯三义，酌而用之，干之以风力，润之以丹采，使味之者无极，闻之者动心，是诗之至也。若专用比兴，则患在意深，意深则词踬。若但用赋体，则患在意浮，意浮则文散。

在数学上，对非线性微分方程和流体方程的深入了解，很多时候需要靠计算器来验算。很多数学家有能力做大量计算，却不从大处着想，没有将计算的内容与数学其他分支做比较，没有办法得到深入的看法。反过来说，他们只讲观念比较，不做大量计算，最终也无法深入创新。

有些工作包含赋、比、兴三种不同的精义。近五十年来，数论上一个大突破是由英国人伯奇（Birch）和斯温纳顿－戴尔（Swinneton-Dyer）提出的一个猜想。开始时用计算器大量计算，找出 L 函数和椭圆曲线的整数解的联系,然后与数论上各个不同的分支比较结合,妙不可言,这就是赋、比、兴都有的传世之作。

四、数学家对事物看法的多面性

由于文学家对事物有不同的感受,同一事或同一物可以产生不同的吟咏。例如,对杨柳的描述就有如下几种。

温庭筠说:

柳丝长,春雨细……

吴文英说:

一丝柳、一寸柔情。料峭春寒中酒……

李白说:

年年柳色,灞陵伤别。

风吹柳花满店香,吴姬压酒劝客尝。

周邦彦说：

柳阴直，烟里丝丝弄碧。隋堤上，曾见几番，拂水飘绵送行色……长亭路，年去岁来，应折柔条过千尺。

晏几道说：

舞低杨柳楼心月，歌尽桃花扇底风。

由于柳枝是柔条，又有春天时的嫩绿，因此可以代表柔情、女性体态的柔软（柳腰、柳眉都是用柳条来描写女性的），又可以描写离别之情和青春的感觉。

对事物有不同的感受后，往往通过比兴的方法另有所指。例如"美人"有多重意思，除了指美丽的女子外，也可以指君主，如屈原《九章·抽思》中的"结微情以陈词兮，矫以遗夫美人"；指品德美好的人，如《诗经·邶风·简兮》中的"云谁之思？西方美人"，苏轼《赤壁赋》中的"望美人兮天一方"。

数学家对某些重要的定理，也会提出很多不同的证明。例如勾股定理的不同证明有10个以上，等周不等式亦有五六个证明，高斯则给出数论对偶定律的6个不同的看法。不同的证明让我们从不同的角度去理解同一个事实，往往引导出数学上不同的发展。

记得三十年前，我利用分析的方法证明完备而非紧致的正曲率空间有无穷大体积后，几何学家格罗莫夫开始时不相信这个证明。后来，他找出我证明方法的几何直观意义后，发展出他的几何理论。这两个不同观念都有它们的重要性。

小平邦彦有一个极为重要的贡献，叫作消灭定理，是用曲率的方法得到的。它在代数几何学上有奠基性的贡献。代数几何学家却不断地试图找寻一个纯代数的证明，希望对算术几何有比较深入的了解。

对于空间中的曲面，微分几何学家会问它的曲率如何，有些分析学家希望沿着曲率方向来推动它一下，看看有什么变化，代数几何学家可以考虑它可否用多项式来表示，数论学家则会问上面有没有整数格点。这种种主观的感受由我们的修养来主导。

小平邦彦

反过来说，文学家对同一事物亦有不同的歌咏，但在创作的工具上，却有比较统一的对仗韵律的讲究，可以被应用于各种不同的文体。从数学的观点来说，对仗韵律是一种对称，而对称的观念在数学发展中至为重要，是所有数学分支的共同工具。另外，数学家又喜欢用代数的方法来表达空间的结构。同调群是重要的例子，它从拓扑学出发，被应用到群论、代数、数论和微分方程学上。

五、数学的意境

王国维在《人间词话》中说：

词以境界为最上。有境界则自成高格……有造境，有写境，此理想与写实二派之所由分。然二者颇难分别。因大诗人所造之境，必合乎自然，所写之境，亦必邻于理想故也。有有我之境，有无我之境。"泪眼问花花不语，乱红飞过秋千去。"……有我之境也。"采菊东篱下，悠然见南山。"……无我之境也。有我之境，以我观物，故物皆着我之色彩。无我之境，以物观物，故不知何者为我，何者为物。……

无我之境，人惟于静中得之。有我之境，于由动入静时得之。故一优美，一宏壮也。自然中之物，互相关系，互相限制。然其写之于文学及美术中也，必遗其关系、限制之处。故虽写实家，亦理想家也。又虽如何虚构之境，其材料必求之于自然，而其构造亦必从自然之法则。故虽理想家，亦写实家也。

数学研究当然也有境界的概念，在某种程度上也可谈有我之境、无我之境。当年欧拉开创变分法和推导流体方程，由自然现象引导，可谓无我之境；他又凭自己的想象力研究发散级数，而得到 Zeta 函数的种种重要结果，开三百年数论之先河，可谓有我之境矣。另外一个例子是法国数学家格罗滕迪克。他著述极丰，从个人的哲学观点和美感出发，竟然不用实例，就建立了近代代数几何的基础，真可谓有我之境矣。

在几何的研究中，我们发现狄拉克在物理上发现的旋子在几何结构中有一种魔力。我们不知道它内在的几何意义，它却替我们找到了几何结构中的精髓。在应用旋子理论时，我们常用的手段是通过所谓消灭定理而完成的。这是一个很微妙的事情。我们制造了曲率而让曲率自动去证明一些几何量的不存在，可谓无我之境矣。以前我提出用爱因斯坦结构来证明代数几何的问题和用调和映射来研究几何结构的刚性问题也可作如是观。

不少伟大的数学家用文学、音乐来培养自己的气质，与古人神交，直追数学的本源，来达到高超的意境。

《文心雕龙·神思》说：

文之思也，其神远矣。故寂然凝虑，思接千载；悄焉动容，视通万里。吟咏之间，吐纳珠玉之声；眉睫之前，卷舒风云之色：其思理之致乎！

六、数学的品评

好的工作应当是文已尽而意有余。大部分数学文章质木无文,流俗所好,不过两三年耳。但有创意的文章,未必为时所好,往往数十年后始见其功。

我曾经用一个崭新的方法研究调和函数,后来和几个朋友一同改进了这个方法,这个方法成为热方程的一个重要工具。开始时,它没有得到别人的赞赏,直到最近五年,大家才领会到它的潜力。然而,我们还是锲而不舍地去研究,觉得意犹未尽。

我的老师陈省身先生在他的文集中引杜甫诗"文章千古事,得失寸心知"。而杜甫曾批评他的同时代人讥笑初唐四杰的作品,指出"王杨卢骆当时体,轻薄为文哂未休。尔曹身与名俱灭,不废江河万古流"。

时俗所好的作品,不必为作者本人所认同。举个例子,白居易流传至今的诗甚多,最出名的一首是《长恨歌》,但他在给元微之的信中却说:

及再来长安,又闻有军使高霞寓者,欲聘娼妓。妓大夸曰:"我诵得白学士长恨歌,岂同他妓哉!"……诸妓见仆来,指而相顾曰:此是秦中吟、长恨歌主耳。自长安抵江西三四千里……每有咏仆诗者。此诚雕篆之戏,不足为多。然今时俗所重,正在此耳。

白居易说谢朓的诗丽而无讽，其实建安以后，绮丽为文的作者甚众。亦自有其佳处，毕竟钟嵘评谢朓诗为中品，后来六朝骈文、五代《花间集》以至近代的鸳鸯蝴蝶派都是绮丽为文。其文虽未臻上乘，但有赏心悦目之句。

数学华丽的作品可从泛函分析这种比较广泛的学问中找到，虽然有其美丽的外表和重要性，但与自然之道总是隔了一层。举例来说，从函数空间抽象出来的一个重要概念叫作巴拿赫空间，它在微分方程学中有很重要的功用。但后来很多数学家为了研究这种空间而不断地推广，例如有界线性算子是否存在不变空间的问题，确是漂亮，但在数学大流上未能激起任何波澜。

20世纪70年代，高维拓扑的研究已成强弩之末，作品虽然不

白居易

少，但真正有价值的不多，有如"野云孤飞，去留无迹"。文气已尽，再无新的比兴了。当时有拓扑学者做群作用于流形的研究，确实得到了某些人的重视。但到了80年代，值得怀念的工作只有博特的局部化定理。

能经得起时间考验的学问寥寥无几，政府评审人才应当以此为首选，不应以文章篇数和被引用次数来做指标。

七、数学的演化

王国维说：

> 四言敝而有《楚辞》，《楚辞》敝而有五言，五言敝而有七言，古诗敝而有律绝，律绝敝而有词。盖文体通行既久，染指遂多，自成习套。豪杰之士，亦难于其中自出新意，故遁而作他体，以自解脱。一切文体所以始盛终衰者，皆由于此。故谓文学后不如前，余未敢信。但就一体论，则此说固无以易也。

数学的演化和文学有极为类似的变迁。从平面几何到立体几何，再到微分几何等，一方面是工具得到改进，另一方面是对自然界有进一步的了解，将原来所认识的数学结构的美发挥到极致后，需要进入新的境界。江山代有人才出，能够带领我们进入新的境界的都是好的数学。上面谈到的高维拓扑文气已尽，假使它能与微分几何、数学物理和算术几何组合变化，亦可振翼高翔。

我在香港念数学时，读到苏联数学家盖尔范德的看法，用函数来描述空间的几何性质，这使我感触良深。后来在研究院时才知道，代数几何学家也用有理函数来定义代数空间，于是我猜想一般的黎曼流形应当也可以用函数来描述空间的结构。但为了深入了解流形的几何性质，我们需要的函数必须由几何引出的微分方程来定义。一般几何学家都厌恶微分方程，我对它却情有独钟，与几个朋友合作将非线性方程引入几何学，开创了几何分析这门学问，解决了拓扑学和广义相对论的一些重要问题。1981年，我建议朋友汉密尔顿用他创造的方程去解决三维拓扑的基本结构问题。二十多年来，他引进了不少重要的工具，运用上述我和李伟光在热方程上的工作，深入了解奇异点的产生。两年前，俄罗斯数学家佩雷尔曼（Perelman）更进一步推广了这个理论，很可能完成了我的愿望，将几何和三维拓扑带进了新纪元。

八年前，我访问北京，提出全国向汉密尔顿先生学习的口号。广州的朱熹平接受我的建议，锲而不舍地钻研，他的工作已经远超国内外成名的中国学者。

当一个大问题悬而未决的时候，我们往往以为数学之难莫过于此。待问题解决后，前途豁然开朗，看到比原来更为灿烂的火花，就会有不同的感受。这点可以跟庄子的《秋水篇》比较：

理查德·汉密尔顿　　　　　庄子

　　秋水时至，百川灌河。泾流之大，两涘渚崖之间，不辨牛马。于是焉河伯欣然自喜，以天下之美为尽在己。顺流而东行，至于北海，东面而视，不见水端。于是焉河伯始旋其面目，望洋向若而叹曰："野语有之曰：'闻道百，以为莫己若者。'我之谓也。且夫我尝闻少仲尼之闻而轻伯夷之义者，始吾弗信。今我睹子之难穷也，吾非至于子之门则殆矣，吾长见笑于大方之家。"

　　科学家对自然界的了解，都是循序渐进的，在不同的时空自然会有不同的感受。有学生略识之无后，不知创作之难，就连陈省身先生的大作都看不上眼，自以为见识更为丰富，不自见之患也。人贵自知，始能进步。

庄子说:

今尔出于崖涘,观于大海,乃知尔丑,尔将可与语大理矣。

我曾经参观德国的哥廷根大学,看到19世纪和20世纪伟大科学家的手稿,他们传世的作品只是他们工作的一部分,很多杰作都还未发表,这使我深为惭愧,更为钦佩他们的胸襟。今人则不然,大量模仿写作,甚至将名作稍做改动,便据为己有,以图尽快发表。或申请院士,或自炫为学术宗匠,于古人何如哉!

八、数学的感情

为了达到深远的效果,数学家需要找寻问题的精华所在,需要不断地培养我们对问题的感情,提高我们的技巧。这一点与孟子所说的养气相似。气有清浊,如何寻找数学的魂魄,视乎我们的文化修养。

白居易说:

圣人感人心而天下和平。感人心者,莫先乎情,莫始乎言,莫切乎声,莫深乎义……未有声入而不应,情交而不感者。

严羽的《沧浪诗话》中说：

盛唐诸人，惟在兴趣，羚羊挂角，无迹可求。故其妙处透彻玲珑，不可凑泊，如空中之音、相中之色、水中之月、镜中之象，言有尽而意无穷。

我的朋友汉密尔顿先生一见到问题可以用曲率来推动，就眉飞色舞。另外一个从大洋洲来的学生见到与爱因斯坦方程有关的几何现象，就赶快找寻它的物理意义，兴奋异常，因此他们的文章都清纯可喜。反过来说，有些成名的学者，文章甚多，但陈陈相因，了无新意。这是对自然界、对数学问题没有感情，而对名望和权力特别重视的结果。在这种情形下，难以想象他们对数学、对自然界会有深厚的感情。

数学的感情是需要培养的，慎于交友才能够培养气质。博学多闻，感慨始深，堂庑始大。欧阳修说：

人生自是有情痴，此恨不关风与月。

直须看尽洛城花，始共春风容易别。

能够有这样的感情，才能够达到晏殊所说的：

昨夜西风凋碧树，独上高楼，望尽天涯路。

浓厚的感情使我们对研究的对象产生直觉，这种直觉视对象而定，例如在几何上叫作几何直觉。好的数学家会将这种直觉写出来，有时可以用来证明定理，有时可以用来猜测新的命题或提出新的学说。

但数学毕竟是说理的学问，不可能极度主观。《诗经》中的《蓼莪》《黍离》，屈原的《离骚》《九歌》，汉都尉（李凌）的《河梁别》，李后主的《忆江南》，宋徽宗念故宫的《燕山亭》，俱是以血书成、直抒胸臆，非论证之学所能及也。

九、数学的应用

王国维说：

诗人对宇宙人生，须入乎其内，又须出乎其外。入乎其内，故能写之；出乎其外，故能观之。入乎其内，故有生气；出乎其外，故有高致。美成能入而不出。白石以降，于此二事皆未梦见。

词之雅郑，在神不在貌。永叔、少游虽作艳语，终有品格。方之美成，便有淑女与倡伎之别。

数学除了与自然相交外，也与人为的事物相接触，很多数学问题

高斯　　　　　　　　　　　　王国维

都是纯工程上的问题。有些数学家毕生接触的都是现象界的问题，可谓入乎其内。大数学家，如欧拉、傅里叶、高斯、维纳、冯·诺依曼等都能入乎其内，出乎其外，既能将抽象的数学应用在工程学上，又能在实用的科学中找出共同的理念而发展出有意义的数学。反过来说，有些应用数学家只用计算器做出一些计算，不求甚解，可谓二者皆未见矣。

傅里叶在研究波的分解时，得出傅里叶级数的展开方法。这种方法不但成为应用科学最重要的工具，在基本数学上的贡献也是不可磨灭的。近代孤立子的发展和几何光学的研究，都在基本数学上占有重要的位置。

应用数学对基本数学的贡献可与元剧相比较。王国维评元剧：

其作剧也，非有藏之名山，传之其人之意也。彼以意兴之所至为之，以自娱娱人。关目之拙劣，所不问也；思想之卑陋，所不讳也；人物之矛盾，所不顾也。彼但摹写其胸中之感想与时代之情状，而真挚之理与秀杰之气，时流露于其间。

例如金融数学旨在谋利，应用随机过程理论，间有可观的数学内容。正如王国维评古诗"何不策高足，先据要路津。无为守穷贱，坎坷长苦辛"，认为"无视为淫词、鄙词者，以其真也"。伟大的数学家高斯是金融数学的创始人，他本人因投资股票而获利，克莱因则研究保险业所需要的概率论。

然而，近代有些应用数学家以争取政府经费为唯一目标，本身无一技之长，却巧立名目，反诬告基础数学家对社会没有贡献，尽失其真矣。有如近代小说以情欲、仇杀、奸诈为主题，取宠于时俗，不如太史公《刺客列传》中所说：

自曹沫至荆轲五人，此其义或成或不成，然其立意较然，不欺其志，名垂后世，岂妄也哉。

应用数学家不能立意较然，而妄谈对社会有贡献，恐怕是缘木求鱼了。

十、数学的训练

好的数学家需要领会自然界所赋予的情趣，因此也需要向同道学习他们的经验。然而，学习太过，则有依傍之病。顾炎武云：

君诗之病在于有杜，君文之病在于有韩、欧。有此蹊径于胸中，便终身不脱依傍二字，断不能登峰造极。

今人习数学，往往依傍名士，以为凡海外毕业的留学生，都为佳士，殊不知这些名士大半文章与自然相隔千万里，画虎不成反类狗矣。李商隐云：

屈原

刘郎已恨蓬山远，更隔蓬山一万重。

很多研究生在跟随名师时，做出第一流的工作，毕业后却每况愈下，这就是依傍之过。更有甚者，依傍而不自知，由导师提携指导，竟自炫"无心插柳柳成荫"，难有创新之作矣。

有些学者则倚洋过重，国外大师的工作已经完成，除非另有新意，不大可能再进一步发展。国内学者继之，不假思索，顶多能够发表一些二三流的文章。极值理论就是很好的例子。由伯克霍夫（Birkhoff）、莫尔斯（Morse）到尼伦伯格发展出来的过山理论，文意已尽，不宜再继续了。

推其下流，则莫如抄袭。有成名学者为了速成，竟抄袭名作，居庙堂之上，腰缠万贯而沾沾自喜，良可叹也。

数学家如何不依傍也能做出有创意的文章呢？

屈原说：

纷吾既有此内美兮，又重之以修能。

如何能够解除名利的束缚，使欣赏大自然的直觉毫无拘束地表露出来，乃是数学家养气最重要的一步。

贾谊云：

独不见夫鸾凤之高翔兮，乃集大皇之野。循四极而回周兮，见盛德而后下。彼圣人之神德兮，远浊世而自藏。使麒麟可得羁而系兮，又何以异乎犬羊？

媒体或一般传记作者喜欢说某人是天才，下笔成章，仿佛做学问可以一蹴而就。其实，无论是文学还是数学，都需要经过深入思考才能产生传世的作品。

柳永云：

衣带渐宽终不悔，为伊消得人憔悴。

一般来说，作者经过长期浸淫，才能够出口成章；经过不断推敲，才有深入可喜的文采。王勃《滕王阁序》，丽则丽矣，终不如陶渊明《归去来兮辞》、庾信《哀江南赋》、曹植《洛神赋》诸作结实。文学家的推敲在于用字和遣词。张衡《二京赋》、左思《三都赋》，构思十年，始成巨构，声闻后世，良有以也。数学家的推敲极为类似，从工具和作风可以看出他们特有的风格。传世的数学创作更需要有宏观的看法，也唯有锤炼和推敲才能成功。

曹丕说：

则古人贱尺璧而重寸阴，惧乎时之过已。而人多不强力，贫贱则慑于饥寒，富贵则流于逸乐，遂营目前之务，而遗千载之功。日月逝于上，体貌衰于下，忽然与万物迁化，斯志士之大痛也。

三十年来，我研究几何空间上的微分方程，找寻空间的性质，究天地之所生，参万物之行止。乐也融融，怡然自得；溯源所自，先父之教乎！

体育和做学问的关系

我从少时到如今体育运动都不如人,所以今天谈这个题目我是绝对没有资格的,但我每次游泳时,那树森老师都敦促我做这件事,我只能够硬着头皮来谈谈自己不成熟的看法。

我每天一大清早就到大学游泳池游泳,因为我游得很慢,往往影响了你们正式的游泳训练,在此道歉!

我游泳没有受过正式训练,姿势并不正确,也游得很慢。每一次,那老师都要指点,矫正我不正确的姿势。但是,江山易改,姿势难移。我很羡慕你们的青春,在年轻的时候,要学习,要改正自己,都比年长时容易得多。你们要把握青春岁月提供给你们的良好机会!

花开堪折直须折,莫待无花空折枝。

我父亲身体不好,很早就去世了。我中学时,体育课有时不及格,这常常使我难为情。考试分三项:短跑50米,我跑9.5秒;引体向上顶多2次；仰卧起坐大约是30次。

当时学校每年都会颁发所谓优异生的奖励，但优异生不能有任何科目是红分。虽然我各科目的成绩都很好，但体育科带红，因此没有拿到过优异生这个荣誉。（我中学毕业时，好像是全年级第四名。）

不过，我不太在乎，因为这些分数对我影响不大。同时我自己给出了很多理由：我家的遗传基因不好；父亲早年逝世；我的家境也不好，导致我营养不良。回想起来，这些都是托词。年轻时，我没有把握机会将身体健康搞好，影响还是不小的。

由于我住在乡村，中学在城里，除了学校规定的运动课程外，步行时间也不算少。乡村中又有黄狗看守农田和房舍，我往往提心吊胆，快步而行，所以也不算完全没有运动。至于游泳，我家住在香港沙田，离海岸很近。天气炎热时，我总会到海边游泳，没有人训练，乱游一通，不过其乐也融融。中学和大学都没有游泳池，我便没有定时去游泳，也没有学好游泳。

对于让我去海边游泳的问题，我父亲不放心。小学六年级毕业旅行，要到大屿山海湾梅窝游泳。我父亲写了张纸条，叫我到达目的地后交给老师。原来纸条上写的是："禁止小儿成桐游泳。"所以我去海边游泳，必须有熟悉游泳的成年人带领才行，结果只有我三舅带着他的女朋友来我家时，我才有游泳的机会。海湾上的动植物不少，我们也学习到不少自然生态知识。

家长对小孩学习体育的鼓励和管教，其实极为重要。我有两个小孩，在他们四岁时，我找老师教他们游泳。但他们极度不配合，每个星期六上游泳课时，两个小家伙手抓住车门，拼命拒绝上车。要和他们比拼力气，才勉强能让他们去学游泳。后来，他们总算学好了，姿势当然比我的正确得多。有趣的是，过了几年，我带一家人去台湾清华大学访问一年，他们读实验小学。期终学校体育比赛时，我的小儿子参加游泳比赛，居然一马当先，比其他学生快出很多！

过了几年，我们住的小镇安排交通，带孩子们去滑雪。我自己不懂滑雪，将他们两个放在大巴上，跟着其他同学一起，我则开车紧跟。到达目的地后，两个小孩太紧张，不肯尝试。我抱着他们上短冈试了好几次，跌倒的次数不少。到再度坐大巴时，他们有点成绩，兴趣盎然，就好办了。

我这么多年来的经验是，体育能够强健体魄，也可以促进心理健康。有了健康的身体，才有能力去积极进取，争取丰富、完美和充实的生活。

二十年前，南开大学一个叫崔波的学生被哈佛大学录取做研究生，他来跟我读书。他读得很好，全班最好，但他很快出现了严重的问题，常常头痛，无法睡眠，以至于放弃学业。我很失望，我总觉得是他运动不够造成的。

运动也可以陶冶性情，使人的情绪得到宣泄，对生命会有更深刻的领会，做事坚忍而不轻易动摇，因此不会冒险躁进，意气用事。

我在大学念书时，学习太极拳，也学习瑜伽，但总觉得运动量不够，慢慢也放弃了。但我的体育老师安排我去教一些教授打太极拳，赚取了一些外快。

打太极拳

在研究院时,我自认为工作很忙,没有好好锻炼身体。所谓工作忙,其实都是我找的借口,因为我们躲在房间里聊天,一聊就是三个钟头,做运动绰绰有余!毕业以后,我从做博士后到做教授,都还年轻,没有想到运动的重要性。

我因运动不足而产生了很多毛病。我很早就对花粉过敏,因此呼吸有问题,影响睡眠,又因尿酸过多产生关节阵痛,同时讲课不到一个钟头,就觉得中气不足。三十出头,血压开始有点高。到了四十岁,才开始决定多做一点运动。

但我的运动时间都很短,游泳也就二百米,用途不大。

后来发现我的血压开始升高,医生认为与过敏和呼吸不顺有关,因此我开始多做一些运动,买了一部跑步机放在家里,有空就去跑步,但还是不能持之以恒。

直到大约十五年前,我痛下决心,开始每天去游泳。所幸清华大学的室内游泳池不错,又蒙清华大学书记特别容许我一早到游泳

清华大学校园

池游泳。

每天见到清华大学校园里"无体育，不清华"的标语，我觉得很有意思。

这十五年来，我尽量做到每天早上游泳一千米到二千米，视当天工作时间而定。从二百米增加到一千米，花了不少训练的时间。但到了一千米以后，我发觉身心都比以前愉快了，每天游完泳后，精神比较能够集中，也不觉得累了。比较遗憾的是游泳以后，我的食欲增加了，减不了肥。所以现在晚上，我也在跑步机上跑步，身体确实比以前健康了。

运动给了我一个很好的纪律的训练，每日有一定时间的作息，早上游泳，晚上跑步。久而久之，习惯了有纪律的生活，对我做研究很有帮助。我现在运动比从前多，但没有影响到我做研究的时间，因为做完运动后，我的睡眠质量更好，又能够集中注意力。

据说运动会增加大脑皮层的厚度，总之，它让神经放松，消除大脑疲劳。

到现在我才搞清楚为什么三千年前中国西周时期讲究贵族必须有六艺的训练。六艺是礼、乐、射、御、书、数。《周礼·保氏》中说："养国子以道，乃教之六艺。"其中射、御就是体育。

射、御当然和狩猎、运输打仗、保卫国家有关，但后来逐渐变成锻炼身体的一个重要方法。孔子在《论语》说："君子无所争，必也射乎？揖让而升，下而饮，其争也君子。"所以射更变成是修身养性的运动。

御就是驾驶，除了交通工具的驾驶学以外，也包括政治、领导和管理的驾驭学。下面是两个典故。

赵襄王学御于王子期

这是战国时期赵王学驾驭马车的故事：赵襄王向善于驾驭马车的王子期学习，学习不久之后就要与王子期进行比赛。比赛时，赵襄王换了三次马，三次都落后了。赵襄王说："你教我驾驭马车，没有把本领全教完啊？"王子期回答说："本领全都教给您了，只是您使用得不恰当。但凡驾驭马车的动作协调，便可以加快速度，达到目的。现在国君在落后时就一心想追上我，跑在前面时又怕我赶上。其实驾驭马车比赛这件事，不是跑在前面，就是落在后面。而您不管是领先还是落后，心思都在我这里，还有什么心思去调整马呢？这就是您落后的原因了。"

田忌赛马

田忌常与齐国的贵族们赛马,并下很大的赌注。孙膑看见他们的马分为上中下三等,同时马的脚力相差不远,于是对田忌说:"你若要和他们赛赌重金,我有办法可以使你取胜。"田忌听信孙膑的意见,和齐威王及贵族们下了千金的赌注进行比赛。等到临场比赛的时候,孙膑对田忌说:"现在用你的下等马和他们的上等马比,用你的上等马和他们的中等马比,用你的中等马和他们的下等马比。"三等马比赛的结果,田忌以一败两胜,终于拿到了齐威王下的千金赌注。

所以御不单是斗勇,也是斗智,用到运筹学、驾驭学等。

因为打仗需要冲锋,所以古代体育除了骑术以外,还讲究用矛、枪、斧、剑等武器。荆轲、聂让等都是战国时期有名的剑客。唐朝武则天时期,则设立了武举这个考试科目来考查学生的这些能力。击剑在近代的体育比赛中还是一个重要的项目。

拳击、跑步则不需要用到武器,又可防身,在偏远的地区或荒山野岭都极为有用。中国古代出名的中医,如李时珍等都认为,学习飞禽走兽,尤其是猿猴的活动,有益身体健康。现代的医生也都推崇拳术、跑步、击剑这些运动。

我们现在看看古希腊人是怎么看体育的。他们很注意身与心的调和。古希腊政治家伯里克利说:

> 我们是美之爱好者,但我们的趣味是淡雅的;我们陶冶性

灵，但我们也不让失却丈夫气。（We are lovers of the beautiful, yet simple in our tastes; and we cultivate the mind without loss of manliness.）

这就是说：美的灵魂寓于美的体魄。（A beautiful soul is housed in a beautiful body.）

古希腊人是艺术和音乐的爱好者，同时也是体育的爱好者。宗教是古希腊人戏剧和体育的动力，其本源于娱神。

奥林匹克竞技会在宙斯神殿前于祭神后举行，每四年一次（从公元前776年到公元393年，共历经293届）。现代奥运会即起源于古希腊，第一届于1896年在希腊雅典召开。

柏拉图在《理想国》中所论的古希腊的教育，即分体育与音乐两种。前者养身，后者修心。可见注重身心的调和为古希腊普遍的现象。

从几百年前的英国到今天美国的高校，如哈佛大学等都是身心并重的。中国的很多高中生想去哈佛大学读本科，假如体育完全不行，是不可能的事。

群众参加的运动，例如排球、篮球、足球、帆船等可以培养团队精神，这些运动就是群的教育。群策群力、集思广益，乃是做学术和做领导的基本精神。必须讲求领导统御，沟通协调，才能形成团队精神。

我记得十多年前看过一部电影，讲述一位教练训练篮球的事：其中一位明星球员进了几个三分球，球队也赢了。但教练不高兴，完场后惩罚了这个明星球员，因为他没有和其他队员配合进攻和防守。可见体育在群的教育中的重要性。

总的来说，我发现体育不单给予我们健康的身体，也培养我们的恒心、毅力、纪律和合群的能力。

所以，无体育，不清华！

谢谢！

本文为 2018 年 6 月 2 日我在清华大学 101 教室做的演讲。

谈数学与生活之决策

今日很高兴和诸位谈谈我个人成长、处世和决策的经验。这些经验不一定局限于数学的研究，我希望它对年轻的学生会有帮助。

一、介绍

首先描述一下我的家庭背景，这对我的成长影响很大。我出生在一个受过良好教育但贫寒的家庭。我的父亲曾担任几所大学的教授，包括香港中文大学崇基书院。我的父亲做了很多有关哲学和中国历史的研究。不过，他大学时的专业是经济学，并在崇基书院讲授经济学课程。他也曾在朋友的赞助下尝试创办银行，但以失败告终。我14岁时，父亲去世，我们全家顿时陷入极大的困境。这段经历使我认识到资源对于家庭、社会乃至国家的重要性。

我们家一共有8个兄弟姐妹。父亲去世后，照顾家庭的重担落在我的母亲和姐姐身上。父亲的去世和家庭遇到的困难给年幼的我带来很大的震撼。这时候，母亲和姐姐做出了对我一生至关重要的决定——让家中年幼的孩子在学校继续读书和完成学业。

但是，这也意味着母亲和姐姐要付出巨大的代价。我的舅舅曾受过我父母的抚养和帮助，他的家境还算富裕。他提出要帮助我们家以养鸭子谋生，但他的条件是：所有孩子必须放弃学业。母亲对我们的未来有更高的要求，因此拒绝了她弟弟的建议。在这种非常困难的环境中，母亲的信念和忍耐起了决定性的作用。我得到政府奖学金的资助，在闲暇时，我还需要靠辅导学童挣钱。生活虽然很艰难，但我学会了如何去应付这些困境，并从中取乐。我必须在学业上出人头地，这对我来说是一条不归路。我必须有所作为：为自己和家人走出一条康庄大道。不成功的话，就没有前途了。

严峻的现实促使我成熟和坚强。我认识到我需要依靠自己的力量。在父亲去世前，我从未有过这种感受。父亲是家庭的领导者，他健在时，我们丝毫不担心自己的未来。但现实毕竟是残酷的，再不靠自己，就没有希望了。

二、苦难与成熟

我提及这些经历，是为了说明经历过不幸之后，人往往会变得更加成熟。在人类历史上，有许多本该拥有辉煌前程的人却最终被困苦的生活压垮，但也有很多伟人在克服困难之后取得成功的故事。

举一个我熟悉的例子，就是伟大的中国数学家周炜良（1911—1995）。周炜良20世纪30年代在德国学习，学成归来后，起初在国立中央大学任教，继而管理他的家族企业。第二次世界大战摧毁了他的财富，他决定重新回来做数学研究。他搬到普林斯顿居住，并向著名数学家所罗门·莱夫谢茨（Solomon Lefschetz）学习。在这段时间里，他做出了开创性的工作，代数几何学中有许多成果以他的名字命名，他的大部分著作将会永载史册。

历经苦难最终导致伟大发现的过程，与打磨钻石非常类似。苦难让人成熟和进步，它教会人们如何快速做出正确的决定。在很多情况下，人们没有时间改变自己的决定，甚至没有时间犹豫或者后悔，所以做决定时往往得依靠经验。翻开史册，我们发现企业或者国家的领导人如果有过艰辛的磨砺，往往能够比在优越环境中长大的领导者更胜一筹。

独立思考以及养成应对艰难情况的能力极为重要。学生应该主动学习丰富的知识，而教师应该尽量为他们创造良好的学习和咨询的环境。因此我组织每周约九小时的学生讨论班。我要求我的学生阅读一些可能与他们的论文课题并不直接相关的文章，包括一些超过他们当前学识的高深课题。

各自领域之外的困难课题让学生们备受挑战。但读懂相关文章之后，他们会有质的飞跃，对某些课题甚至会比我有更好的理解。有些学生则试图隐藏他们的无知，这些学生通常无法真正掌握推动学科进步的思想的精髓。我相信，如果不理解前人如何开创学问的蓝图，我们将难以提出自己的创见。我相信，这种经验并不局限于做学问：在社会上做事或者经营企业，假如没有亲身经历过挑战，就会缺乏经验，难以施展才华。

困难的环境可以令人变得更加成熟。但反过来说，长久为生计奔波，对学者的成功可能有害。毕竟，学者只有在一个稳定的环境中成长和发展，才能完成有深度的成果。我观察到，在历史上的伟大数学家之中，最多有百分之五的人在其整个职业生涯中都身处穷困。在历史上，我们看到一个社会、一个国家，在百战之余，都需要休养生息，才能成长。

三、设立目标

要成为一位大学者，我们必须设立一个宏大而有意义的长远目标。这个目标的一个非常重要的特征是要确保在追求它的道路上，即使遇到挑战，也还会感到愉悦。我本人的目标就是在数学研究上有深入的贡献。我并不是一个天生的数学家，但父亲的教导让我很敬佩那些对人类做出永恒贡献的学者。我一生都为对数学有贡献而感到无比欢愉。

我来自一个贫困的家庭，没有太多的出路，而数学并不需要太多的金钱投入，所以是一个比较容易的选择。更重要的是，我着迷于数学的优雅和魅力。况且伟大的数学理论可以持续数千年，至少可以影响好几代人。

我也知道数学可以极为实用，可以解决人类社会中任何需要推理的问题，甚至华尔街的金融投资都可以利用数学的工具。我的许多朋友在各行各业都取得了巨大的成功，其中包括大名鼎鼎的詹姆斯·西蒙斯。

我第一次遇到詹姆斯·西蒙斯是四十二年前在纽约州立大学石溪分校。我当时惊讶于他对数学研究的痴迷。他已经在几何学中做出了很重要的成果，但对新的数学发展还是兴奋不已。不过，他也说，他非常喜欢金钱。最后，他辞去数学教授职位，到纽约华尔街去创办投资公司。他极为成功，现在已经从他的公司退休，并决定重新从事数学研究。显然，他现在做研究并不是因为金钱。他的生活由兴趣所主宰，他的研究依然充满力量。

读高中的时候，我也有过从事中国历史研究的想法，一方面是因为父亲的教导，另一方面是因为历史是我钟爱的科目，直到现在，它依然是我的一大爱好。不过，我决定研究数学，不仅是因为我对它感兴趣，还因为我的志向是在数学上创造历史，而不仅仅是记录或解释历史。况且由于教学的需要，以及工商业对有分析思维能力的职员的迫切需要，数学家比历史学家更易谋生。我毕生从未想过赚很多钱，在从事数学研究时，自得其乐。我读伟大的数学家高斯或黎曼的文章时，往往兴奋莫名，而自语道："大丈夫，当如是！"在数学上，我能与古人神交。这应当是我选择数学为我一生专业的理由。

数学带给我的乐趣已经远远超出我的想象。历史和数学都教会我进行理性的思考。我记得第一次感受到数学的美是在初中二年级学习平面几何的时候。从简单的公理出发，可以推导出复杂有趣的定理，这着实令我着迷。我听说，在古希腊时期，市民喜欢在大街上辩论。他们严谨的逻辑推理思维得到了发展，并将其有效地应用到辩论之中。

在推理的学问里，我们需要建立一个假设，它必须来自我们对周围环境的观察和体验。从所做的假设，我们可以基于逻辑推导出许多结果。我们需要的逻辑推理其实很简单。如果 A 蕴含 B 并且 B 蕴含 C，那么 A 蕴含 C。虽然这看似简单，但建立一个良好的假设是创建任何坚实理论的重要根基。如何寻找命题 B 和 C 更是对一位良好数学家的考验。

也许你听说过约翰·纳什关于经济学的均衡理论的著名工作。他建立了一些简单的假设，并由此推导出重要的结论。由于这项工作，他获得了 1994 年诺贝尔经济学奖。

约翰·纳什将博弈论应用于经济学，并引入新的均衡概念，他改革了亚当·斯密（Adam Smith，1723—1790）的经典理论。他和其他经济学家将这些新兴的数学理论应用于经济学的研究，影响至今。

四、建立品位与文化

无论是从事科学研究还是经商，成功的研究所或企业都应当体现出研究员或公司创始人的品位与个性。建立其内在的优雅文化是必要的。数学的工作都是基于严谨的逻辑推理，计算机可以承担大部分推理的工作并得到一些结果。然而，好的数学结果与不好的数学结果有着关键区别。计算机可以生产出大量正确的命题，但如果没有人类思维的指引，绝大多数命题并无价值。在一般情形下，它们无法构造可以加深我们对自然界了解的漂亮或有用的命题。计算机无法判断什么是重要或者是有趣的命题。

这带来一个重要的问题：数学家如何发现重要且有深度的定理？

一个重要定理的证明通常由一系列复杂的推理组成。如果我们看不清前进的方向，就几乎不可能创造出这样的推理。

当数学家着手研究一个问题时，首先需要有一个好的规划，正如画家需要由画的类型来决定所采用的技术和媒介。同时，研究数学是一个动态的过程。很多时候，当新数据或新见解出现时，我们可能需要改变研究的规划。

众所周知，科学由许多科目组成。在探索自然的过程中，会诞生许多新的课题。有趣的是，许多新的研究课题往往来自两个或多个古老科目的融合，与两家大公司的合并非常类似。如果我们了解这两家公司的文化，那么合并很可能会是一个巨大的成功。反之，如果对双方的了解都不透彻，合并的结果也可能是一个灾难。

爱因斯坦曾经成功地将狭义相对论与牛顿万有引力理论相结合，建立了广义相对论，这是物理学的巨大飞跃。爱因斯坦能够成功，是因为他对这两个领域的精通超过同时代的任何物理学家。因此，我总是建议我的学生至少同时掌握两门不同领域的知识，并努力将不同的科目结合起来。这个建议对其他学科可能也适用。

无论是在科学、文学还是在社会学中，我们都需要有广博的知识，这样才能开拓新的课题。在大学里，我们学习的知识可能取决于每所大学的要求。好的学校，比如哈佛，会要求学生学习许多不同领域的知识，打下良好的核心基础。哈佛大学的大部分学生不但学习刻苦，而且经常互相交流，选修不同学科的课程。我一位朋友的儿子在哈佛大学读本科时主修埃及文学。我以为他会是一位学究，但他毕业一年后，开创了一家相当成功的高科技公司，由此可见通才教育的成功之处。

但涉及更具体的事情时，大学教育还是不够的。我们需要进入研究生院深造，到公司实践学习，参加技能培训。无论身在何处，都有学习的机会。就我个人而言，我一生都在研究数学。但我同时也研究物理学，从我的博士后那里了解物理学前沿，并与他们一起工作。我的许多博士后拿的是物理学而非数学的博士学位。我选择物理学博士，是因为我需要向接受过物理学专业训练的年轻人学习。我觉得这一点很重要，我们不能仅仅学习了一门学科表面的东西，就以为自己掌握了这门学科。

如果没有足够的知识积累，就很难找到合适的研究方向。

五、决策

我们都了解决策能力在职业生涯中的重要性。这通常取决于许多因素，如个性、能力和外界的约束。为了选择研究方向，我们需要权衡众多可能的影响因素，例如所需要的资源、可能产生的后果和团队的个性情感等。

我们在做研究或创业的时候，往往需要当机立断，这需要一种直觉。这种直觉需要建立在知识的基础之上，与朋友讨论有助于拓宽知识面和澄清疑点。足够的磋商、饱读相关的材料和权衡不同的利弊，都能帮助我们做出最终的决定。但最重要的因素来自以下直觉：如何更好地实现在研究或生活中早已设立的长远目标？

屈原说："亦余心之所善兮，虽九死其犹未悔。"有时候，人们会为了短期目标而迷失人生的终极目标。在这方面，道德教育发挥了极为重要的作用。我非常感谢我的太太，她总是提醒我要坚持自己的理想。我们不能放任自己为了短期收益而忘记初始目标。即使我们生活的目标是为了赚钱，也需要考虑到社会结构已经发展到一个非常复杂的状态，没有人可以不依赖别人的帮助或者不去帮助别人而获得成功。就如高科技的专利权——政府的法律保护和企业的互相尊重同等重要。

美国人擅长开发新技术的原因有很多，但保护知识产权也许是其中最重要的一条。知识产权不受到保护，就意味着工程师的成果很容易被人偷窃。没有奖励，科学家和工程师很少愿意花费多年的努力去开拓新的研究。一般来说，中国企业家不太信任家庭成员以外的人，大多数私人公司由家人接班。遗憾的是，许多企业经过两三代的传接后就失败了。原因当然有很多，其中之一是他们的后人有着巨大的财富，流于安逸而丧失了动力或对经商的兴趣。但更重要的是对家族以外的人的不信任，家族企业找不到最有能力的人来管理。在研究的领域里，也出现了类似的问题。中国学者一般只相信自己的学生或系里的老朋友。造成这个现象的原因除了中国人的传统学派观念外，主要还是中国学术界存在剽窃的不良风气。在我接触到的学者和编辑的杂志中，我发觉中国数学界剽窃的问题比国外严重。其他学科也常听闻同样的问题。有些学者，甚至有的院士，在修饰文字后，将别人的想法放进自己的文章里，由于不是搬字过纸，一般学者并不认为这是抄袭。一些机构却往往重用这些学者，这些"山寨学者"已经严重影响到重大项目的评选和院士评选等，甚至起到了控制作用。有人缺乏认识，有人不敢抗拒他们的欺诈，被迫跟他们合作，这是很不幸的事情。机构领导对此尚无认知，长年用少数这种学者管事，这是中国数学未达世界一流的原因之一！

一般来说，美国高校和研究所有浓郁深厚的学术气氛。但最终能否取得成功，取决于研究人员能否做出正确的选择和决定。

我举一些亲身经历的例子。我在加州大学圣迭戈分校工作了三年。从1980年开始，我带了不少研究生。1985年，有15名研究生在我的指导下学习。他们中有些成了非常出色的数学家。中国大学的许多学生想到加州大学圣迭戈分校来学习，我都尽力帮助他们，无论他们最后是否成为我的学生。

其中有一位来自北京大学的学生提交申请，希望学习数论。我安排他师从杰出的数论学家哈罗德·斯塔克，斯塔克是加州大学圣迭戈分校和麻省理工学院的双聘教授。但当时的北京大学没有同意他来加州大学，那个学生被派往普渡大学，学习并非他最感兴趣的代数几何。尽管他在博士论文中取得了进展，但仍然无法在毕业时找到合适的工作。

经过很多年的艰苦生活，他在一个朋友的帮助下，成为新罕布什尔大学的一位暂聘讲师。虽然环境不尽如人意，他还是坚持做他心爱的数论研究。大约在两个月前，他解决了数论中最困难的问题之一，二十多年的努力终于有了回报。虽然他的薪水不高，但他很享受研究的乐趣和所取得的成果。这位学生就是现在极负盛名的张益唐教授。

此外，我有一位在圣迭戈任教时的学生，他跟随我来到哈佛大学继续研究。在我的指导下，他完成了几何学中几项重要的工作。但他对事物有自己的看法，在选择工作方面不接受我的建议。他毕业时，很多名校邀请他为助理教授。我的朋友汉密尔顿是大名鼎鼎的几何学家，也可以说是这位学生的偶像，他在圣迭戈分校为这位学生安排了一个预备终身制助理教授的职位。这是一个极好的职位，因为这个位置很快就可以变成终身职位，但这位学生拒绝了。他选择了普渡大学，因为他觉得普渡大学可以为他解决签证问题。他没有和我商量他的决定，事实证明，这是一个严重的错误。三年后，他被迫离开普渡大学。其实在那些年，他的工作做得很出色，但他不懂得系里的人事关系，被系里的教授排挤而离去。他因此觉得累了，不想再继续从事科研工作。他虽然曾经做出杰出的工作，但因为疲惫和失望，选择放弃数学。为此我深感遗憾。

这两个例子表明，每个人在生活中都会遇到困难。但个人的能力和性格会造成截然不同的结果。我们如何克服困难是一个很重要的挑战。坚持不懈对于做研究非常重要，但最重要的还是能从所做的事情中获得欢愉和成就感。我刚刚提到的那位学生在他研究生涯的最后阶段告诉我，他对研究已经逐渐失去了兴趣。我想这就是这两位数学家之间最主要的区别，而他们的人生也因此截然不同。不过，我还是希望那位学生振作起来，前途还是光明的。

我也见过很多早熟的年轻人，一夜成名，却往往因一念之差开始沉沦。

在我的指导下，有另外一位学生读书读得不错，毕业时解决了我提出的一个著名问题的第一步。由于我的提拔，他受到了数学界同行的重视。但几年后，他开始发表充满漏洞的数学文章，又依靠剽窃来获取本不属于他的荣誉，很快他就沉溺在虚伪的生活中，兴趣也从学术研究转到追逐名利。他甚至联群结党，不择手段地去欺负年轻学者。这种现象已经严重影响到中国数学的前途。看了媒体对他的宣传，我才对孔子说的"巧言令色，鲜矣仁"有比较深入的了解。屈原说："何昔日之芳草兮，今直为此萧艾也？"至于他何时才能迷途知返，从既得权力的巅峰返回，做一些踏实的学术研究，是一个有趣而又可悲的问题。在这个浮华和追逐名利的社会，这需要无比的勇气，我希望我的学生都能向张益唐学习。所以，我们必须牢记正途，并坚定不移地去追寻真理。

从这个故事看来，过早成名往往需要更严格的自律。来自同行的竞争压力、无知家长的期望，可以毁掉一个年轻人的光明前途。

家长大多望子成龙，却常常没有顾及孩子成长时，除了学业和道德的教诲外，还需要有良好的伙伴，并得到年轻人应有的乐趣。

从前有一个才二十岁的年轻人跟我做博士后研究。刚开始时，我没有注意到他的年龄。他的工作也算出色，和我及其他博士后一同发表了一篇还算不错的文章。但有一天，我突然接到一个电话，说他在家里不停地尖叫，被警察带到精神病院去了。我才了解到他的情形：他在马来西亚长大时，极负盛名，十二岁中学刚毕业，就到加州理工大学读书，三年后完成学业，又到康奈尔大学完成博士学位。这是很多家长羡慕的年轻人。但他进医院后，只有他的妹妹来看望他。据他妹妹说，他学业进步太快，没有任何朋友，连父母都没办法跟他交流。过了大半年后，我第一次见到他的父亲，我感到很失望。他的父亲还继续对他施加学业上的压力。他回到新加坡后，过了两年，竟然自杀了。我为这件事感到极为惋惜。

所以我总想奉劝家长们，在教导小孩时，不宜操之过急。要让孩子们多交一些益友，让他们知道生命的乐趣。

在我的学生中，有堪称一代大师的，例如在斯坦福任教的孙理察。我和他一同成长，互相勉励，他的学问深受我的影响，我也从他那里学习了使我一生受用不尽的学识。华裔学生还没有他这个水平。但是，李骏和刘克峰都在数学上有极重要的贡献，比我上述的在玩政治时呼风唤雨的学生贡献大得多。

当时李骏在上海参加改革开放后第一次数学竞赛，得到第一名。我孤陋寡闻，当李骏来美国做我的研究生时，我没有特别注意到他的辉煌历史。直到我从上海来的外甥指出有这么一个天才时，我才知道这件事情。我想，这是一件好事。他循规蹈矩，严谨治学，我送他到加州大学洛杉矶分校跟我的一个老朋友学习代数几何。他脚踏实地学习两年后，现在已经是这个学科的带头人，他做的工作比我那个出名的学生做的工作重要得多。刘克峰也是在哈佛大学读书时博览群书，不仅在几何上取得杰出的成就，也对弦理论有关的数学有很大的贡献。

除了我自己的学生外，我也看着一些用功的年轻人成长，其中有复旦大学的傅吉祥、中国科学院晨兴数学中心的几位年轻的数论学者和最近在清华大学的李海中。他们做出了国际一流的工作，这使我感觉很兴奋。尤其是田野在数论上的工作得到了国际上的认同，在与众多高手的竞争中脱颖而出，拿到三年一次的晨兴数学奖金奖，成为中国内地第一个得到金奖的人。数论在他从前读书的大学已渐衰微，但由于兴趣，他坚持了下来，完成了内地学者这三十年来最重要的工作，这真是值得庆贺的事情。比田野年轻的徐浩刚毕业时，我担任哈佛大学数学系的系主任，哈佛大学数学系以等同助理教授的职位聘请他四年。他很努力，解决了弦理论数学上的重要问题，今年得到了晨兴数学奖银奖。晨兴数学奖由十位国际知名的数学大师评审，其中有三位大师是菲尔兹奖得主，其他都是美国、德国、俄罗斯和英国的院士。

这两位得奖的年轻人的成绩都值得我们庆贺。

急于求成往往失败，而坚定不移地学习始终是做研究的不二法门！

六、结论

艾萨克·牛顿曾说过一句名言："如果说我比别人看得更远些，那是因为我站在巨人的肩膀上。"或许我们还应该注意到，这些巨人是站在他们之前的那些巨人的肩膀上！任何想要获得成功的人，都必须学会向前辈学习。如果不是站在这些巨人的肩膀上，很难相信我们能够取得超越他们的成就。要知道，在他们的年代，这些巨人也曾经被认为是天才。摆在我们面前的是几代天才刻苦钻研所积累起来的成果。

我相信这个道理同样适用于商人，他们应该在创办企业之前学习了解他们所经营的行业的基本概况。决策的制定要快而果断，当然前提是事先做过充分彻底的调研并集思广益。所以说，世上没有免费的午餐。每个人都应该不断探索新的思路和新的方向，只有如此，才能胜人一筹。我们应该知道，创新基于广泛的知识、开阔的思维和辛勤的工作。我们应该学会从不同的来源汲取知识，包括我们一直没有涉猎的那些科目，并且以无比的毅力和耐心向伟大的目标进发。

——

03

为学就是学做人

每个人在年轻时都怀着赤子之心。我们关爱家人、朋友，也爱慕异性，对事物充满好奇。我们何不继续保持这份赤子之心，培养孟子的"浩然之气"，昂昂然做一个顶天立地的大丈夫？

数学家的志气与操守

今日想跟各位同学谈谈我30多年来做学问和培养学生的经验。

我大学毕业以后,到加州大学伯克利分校跟随当代几何大师陈省身先生,也师从近代偏微分方程的奠基者莫里教授,体验最深刻的是他们做学问的态度。

后来我任教过的学校有普林斯顿高等研究院、纽约州立大学石溪分校、斯坦福大学、加州大学圣迭戈分校和哈佛大学,30多年来踪迹满天下,几乎与数学界所有的大师和理论物理学界一部分大师都有交往。我希望将这些经验说出来,供年轻的学者参考。

我教导和已毕业的博士生已经超过50名,他们很多已成为有成就的学者,最可惜的是刚毕业时很用功,后来却因名利所误,而终究不能成才的学生。这些经验与我国近十年来浮夸的学风有密切的关系,希望今天的演讲能改变这种看法。

无论是个人、学校还是研究所,都必须有一个崇高的心愿。我们固然需要有一技之长,既要养活自己和家庭,也需要为社会服务,然而,作为一个有智慧的现代人，作为一位有远见的学术领导者，我们不能不考虑整个大环境的基本问题。

在考虑基本问题时，我们或许会寻求大自然的奥秘，或许会寻求工程学的基本原理，或许会寻求社会经济学的共同规律，而数学家和文学家更可以寻求或制造他们心目中的美景。司马迁说的"究天人之际"正可以用来描述一个读书人应有的志向。

我自幼读书，得到先父启蒙，又得到中学、大学和研究院诸多良师益友的指导，未尝偏离正道，可以说是幸运之至，愿与诸位分享个人的看法。

为学的大环境

一个人的成长就像鱼在水中游泳，鸟在空中飞翔，树在林中生长一样，受到周边环境的影响。历史上未曾出现过一位大科学家能够在没有文化的背景下做出伟大发明的例子。一位成功的学者需要吸收历史累积下来的成果，并且与当代的学者切磋，产生共鸣。人生苦短，无论一个人多聪明、多有天分，都不可能漠视几千年来伟大学者共同努力得来的成果。这是人类了解大自然、了解人生、了解人际关系累积下来的经验，不是一朝一夕能够成就的。这些经验通过不同的途径，在当代学者的行为和著作中表现出来，不同文化背景的学者在接受先人的文化和与同侪交流时会有不同的反映。有深厚的文化背景、有胸襟的学者比较容易汲取多元化的知识。在思想自由的环境中，这种知识很快就会萌芽，成为创新的工具和能力。

古希腊汲取了古埃及、古巴比伦的文明，学者又能尽量发展个人的意志思维，因此孕育了影响西方文明两千多年的哲学和科学。他们在一两百年间集中了一群学者，谈天论地，求真求美，将当时积聚的知识有系统地整理出来。他们的精神和他们所用的方法影响到后来文艺复兴时期的科学发展，直至今日。

在同一个时期，中国春秋战国时代百家争鸣，由于战乱和向西、向南、向东拓地的结果，夏、商、周三代的文化与各地的地方文化融合，学者受到各种文化的冲击，拓展出中华民族创作能力的高峰。承受先朝的文化是中华民族的优良传统。孔子曾说"周监于二代，郁郁乎文哉"，孔孟都很重视"存亡国，继绝世"的做法。在中国本土，文化绵绵不断数千年，可以说是全世界绝无仅有的。

秦承七国的文化经验，开始了完备的典章制度。汉唐又继承这个传统，并得到西域和印度文化的融合，达到中国极盛时期。宋朝国力虽然积弱，但在科技上有极大的突破。

从宋朝到今日已经一千多年了。近两百年来，中华民族受到的外国冲击可以说是前所未有的。而这二十年来，国家经济的稳定发展终于使我们的民族能够安定下来，年轻人开始对祖国有信心，也开始想一些重要的民生以外的问题。希望在这个时候，中华民族和西方文化能够得到自然的融合，从而迸发出一个求善、求真、求美的新文化。《史记·太史公自序》说："先人有言：'自周公卒五百岁而有孔子……

有能绍明世，正《易传》，继《春秋》，本《诗》《书》《礼》《乐》之际？'意在斯乎！意在斯乎！小子何敢让焉！"由于时代的发展，能够承先启后、融合东西的事业，恐非一人一时之力所能完成。然而，在具有天时、地利、人和的环境中，事情会更顺利些。回想当年量子力学研究刚开始时，不能不感叹一时多少豪杰。纵观今日科技的发展，只要找到好的方向，在好的气氛熏陶下，人人都可能成为豪杰。

做学问的抱负

故大学问必须有高尚的情操，以下五点最为重要。

一、求不朽之业。

《左传·襄公二十四年》

太上有立德，其次有立功，其次有立言，虽久不废，此之谓不朽。

《典论·论文》

盖文章，经国之大业，不朽之盛事。年寿有时而尽，荣乐止乎其身，二者必至之常期，未若文章之无穷。是以古之作者，寄身于翰墨，见意于篇籍，不假良史之辞，不托飞驰之势，而声名自传于后。

《史记·孔子世家》

天下君王至于贤人众矣，当时则荣，没则已焉。孔子布衣，传十余世，学者宗之。自天子王侯，中国言六艺者折中于夫子，可谓至圣矣！

二、承先启后的使命感。

《文心雕龙·诸子篇》

身与时舛，志共道申，标心于万古之上，而送怀于千载之下。

《史记·太史公自序》

《春秋》之作：夫《春秋》，上明三王之道，下辨人事之纪……

《史记》之作：……且余尝掌其官，废明圣盛德不载，灭功臣世家贤大夫之业不述，堕先人所言，罪莫大焉。

西方伟大的巨著，如欧几里得的《几何原本》和牛顿的《自然哲学的数学原理》都是承先启后的作品。

三、有所见，有所思，而欲示诸众人，传诸后世。

孔子：知言之不用，道之不行也……

司马迁《报任安书》：此人皆意有所郁结，不得通其道，故述往事、思来者。……仆诚以著此书，藏之名山，传之其人，通邑大都……

脂批《红楼梦》：字字看来皆是血，十年辛苦不寻常。

曹雪芹：满纸荒唐言，一把辛酸泪。

四、在强烈的好奇心的驱使下，希望凭观察、推理，来了解大自然的结构，寻找宇宙的真谛。伟大的科学家都有这种好奇心，爱因斯坦说他的好奇心比其他人更浓厚些，他才做得更好一点。相对论和量子力学就是人类因为好奇而产生的。科技上的创新也跟好奇心有关，例如飞机的发明、太空的探险等。数学上很多领域的探索也是基于数学家浓厚的好奇心。

五、科学家和文学家为了寻找一个美的结构，可能穷毕生之精力。近代的统一场论，某些晶体结构、数论或几何上种种雅致的命题，都引起热烈的研究，而追寻纯美则是这种研究的主要动力。黎曼几何的创始即为一例。学者并不见得一开始学习就想做大学问，往往由以下两点作为引子而进入做大学问的通路。

甲：为了国家和社会的需要，例如电话的发明可以服务于人类，第二次世界大战时雷达和各种通信方法的研究都因军事的需要而大有进步。美国的维纳、冯·诺依曼，英国的图灵在当时的工作成为20世纪应用科学的基础，就是很好的例子。

乙：很多学者以追求荣誉为主要的原动力，诺贝尔奖奖金确实使很多年轻的科学家拼力去做科学研究。这种荣誉不见得只是个人的荣誉，也可以是民族的荣耀。当年李政道和杨振宁得奖，全国兴奋，影响了两代人。

大致来说，很少有学者能够很单纯地只有一个学习的原动力，往往有很多原因和背景使他们成长。但传世不朽之作，必定包含第一到第五点的考虑才能够完成，上述图灵和维纳等大师因为在纯科学上有深入的研究，才在应用科学上做出不朽的工作。

我们很容易看得出，以名利、权力为主要原动力的学习，当目的达到后，就很难再持续下去。

学习的方向受我们立志的影响，得到师友的熏陶后，择善而固执之，始可成大器。

社会文化和师友对学者的影响

事实上，社会文化对我们有深刻的影响。300多年以前，中国士大夫看不起外国蛮夷之邦，以为他们不读圣贤书，整个民族自傲而不实事求是地去观摩别人的长处，等到兵败割地后才开始反省。这是大时代的变迁，在这个时代长大的学者很难不随波逐流，跟着大方向走。在今日科学研究的领域中，我们亦能够看到不同文化背景的科学家有不同的气质和做学问的方法。

例如美国东北方有很多学者仍然有着浓厚的清教徒作风，有如中国人所说的狷介之士。从前孔子在陈，有归与之叹："归与！归与！吾党之小子狂简，斐然成章……"就是因为狷介之士有可取的地方。很多清教徒愿意为了自己坚信的理念而牺牲生活上的舒适，为学问而做学问，自强不息。

苏联学者比较粗犷；德国和日本学者则心细谨慎；而美国这一百多年来的成就在于兼收并蓄，集思广益。这是自古以来，一个国家推动学问成功的最重要因素。古希腊的雅典、德国的柏林、法国的巴黎、英国的伦敦、苏联的莫斯科、中国古代的长安和洛阳等，都聚集了大量的人才。孔子出于鲁国，到司马迁时仍然见到"诸生以时习礼其家"，人才的汇聚的确可以移风易俗。

在学校里，往往见到教授在发展富有原创性的发明，屡次尝试都不成功，最后成功时，他的喜悦会使学生们感到兴奋，也想自己来一点类似的经验。有时会看到两位教授持不同的意见，互相批评对方学说的缺点，学生会受到这种气氛的感染，认识到真理的重要性，了解创造的趣味。

我们又可以看到一群年轻的学生和教授毫无顾忌地去走前人未走过的路。当一群有热情、有能力的人都在做研究的时候，大部分人都会受到感染而跟着去闯。

除了与当地的学者交往外，我们也可以从阅读中与古人和远方的人交心，"予私淑诸人也"就是这个意思。学问是累积的，我们需要知道它的源流，了解伟大学者的思路和经验，来帮助自己进步。

感情的培养

初学时总有困难，饱学之士亦然：

《五柳先生传》（陶渊明）

好读书，不求甚解；每有会意，便欣然忘食。

这一点很重要：即使有困难，也要自强不息，读书能够欣然忘食是成功的一大步。对学问的感情能够专一浓厚，自然会有成就。从前屈原、司马迁、李煜等人的作品都极富感情，王国维说他们的作品出于赤子之心，以血书成，千载以后，人们仍然为他们的作品感动不已。爱因斯坦创立相对论时，满腔热情地找寻引力场的最自然的架构。詹姆斯·沃森在他的自传里提到他和弗朗西斯·克里克在找寻DNA结构时的疯狂投入，终于完成划时代的贡献。值得注意的是，爱因斯坦对引力场所需要的几何结构、詹姆斯·沃森对所需要的X射线衍射理论都并非专家，他们都是凭一股热情摸索成功的。

现举屈原的著作来描述他的专诚：

《离骚》

亦余心之所善兮，虽九死其犹未悔。

当我们找到喜爱的方向时，绝不轻言放弃。

《离骚》

民生各有所乐兮，余独好修以为常。

虽体解吾犹未变兮，岂余心之可惩。

记得从前为了解决一个很重要的问题，我朝思暮想，有如辞赋所说：

《燕山亭·北行见杏花》（宋徽宗）

天遥地远，万水千山，知他故宫何处。

怎不思量，除梦里、有时曾去。

《九章·抽思》（屈原）

惟郢路之辽远兮，魂一夕而九逝。

当感情丰富时，即使开始时不求甚解，经过不断的浸淫，真理亦会逐渐明朗。但感情丰富，必须有师友的激励。

师者，所以传道授业解惑也。

三人行，必有我师焉。

学而时习之，不亦说乎？

找寻学问的方向

通过学习,或与师友切磋,或与古人神交,视野才会广阔,才会放弃自己以前一些琐碎的想法,去找寻学问的重要方向。

《蝶恋花·槛菊愁烟兰泣露》(晏殊)
昨夜西风凋碧树,独上高楼,望尽天涯路。

能够放弃不重要的研究,而去思考自己的路向,需要有踏实的基础,有良好的文化修养和气质,同时不怕别人讥笑。

《涉江》(屈原)
苟余心其端直兮,虽僻远之何伤。

《答李翊书》(韩愈)
始者,非三代两汉之书不敢观,非圣人之志不敢存。处若忘,行若遗,俨乎其若思,茫乎其若迷。当其取于心而注于手也,惟陈言之务去,戛戛乎其难哉!其观于人,不知其非笑之为非笑也。如是者亦有年,犹不改。然后识古书之正伪,与虽正而不至焉者,昭昭然白黑分矣,而务去之,乃徐有得也。当其取于心而注于手也,汩汩然来矣。其观于人也,笑之则以为喜,誉之则以为忧,以其犹有人之说者存也。如是者亦有年,然后浩乎其沛然矣。吾又惧其杂也，迎而距之，平心而察之，其皆醇也，然后肆焉。虽然，不可以不养也。行之乎仁义之途，游之乎诗书之源。无迷其途，无绝其源，终吾身而已矣。

学习和思考并进

找寻自己学问的路向，必须保持浓厚的好奇心，要不停地发问。中国古代最有名的发问文章是：

《天问》（屈原）
遂古之初，谁传道之？上下未形，何由考之？
……
日月安属？列星安陈？

但后来中国学者读圣贤书，不敢质问圣人的言行和天地间的物象了。做学问的大方向确定后，中间不可能没有很多疑难的地方，此时有老师"传道授业解惑"是很有帮助的，而更应当向师友切磋发问：

善待问者如撞钟，叩之以小者则小鸣，叩之以大者则大鸣。

上面两个不同的发问，一个是思考，一个是学习，实在应当并重才能够成功。

《论语》
学而不思则罔，思而不学则殆。

我们对每个学说需要"求因"、"明变"和"批判"，才能够将整个学说吸收到自己的思想系统里，再通过发问和思考的过程向前推进，创造新的学说。一位好的学者需要不断地观察大自然的现象，从人类累积的经验中寻找天地的定律，加以验证、归纳和演绎，循环不息，才能成就大学问。真和美是整个过程中最客观的导师。

苦学

无论是大文学家还是大科学家，都离不开刻苦学习的阶段。

《离骚》（屈原）
路漫漫其修远兮，吾将上下而求索。

《蝶恋花·伫倚危楼风细细》（柳永）
　　衣带渐宽终不悔，为伊消得人憔悴。

　　苦学而能持久，并非易事，最忌的是"一鼓作气，再而衰，三而竭"。中国小孩读书往往小学时就尽力，到大学时已经力竭了。为学另一件忌怕的是基本修养不够，而好议论别人的短处来掩饰自己的弱点。

从失败中找出路

　　在苦学和思考之后，可能发觉以前所走的方向完全错误，或是所要做的问题他人已经完成。在这个时候，如何自处，就如同出征，或打败仗，或遇伏，都是考验我们的修养的时候。

《管晏列传》（司马迁）
　　其为政也，善因祸而为福，转败而为功。贵轻重，慎权衡。恒公实怒少姬，南袭蔡，管仲因而伐楚，责包茅不入贡于周室。……诸侯由是归齐。

　　从失败的经验中找到成功的路子，是做研究的不二法门。因为尝试各种途径时，往往失败的时候多，成功的时候少，但我们做研究时走过的路很少是浪费的，有时做的研究给人抢先做去，可以从对方的文章中得到启发，做一篇更有意义的文章，或者可以看出这些研究不值得去做。取舍的问题，不但关乎经验，亦关乎学者的气质。

学问与气质的培养

关于气质，我们先看：

《典论·论文》（曹丕）
譬诸音乐，曲度虽均，节奏同检，至于引气不齐，
巧拙有素，虽在父兄，不能以移子弟。

表面上，做大学问必须是天才才能成功，其实并不尽然：

《琴苑要录》
伯牙学琴于成连，三年而成；至于精神寂寞，情之专一，未能得也。成连曰："吾之学不能移人之情，吾师有方子春，在东海中。"乃赍粮从之，至蓬莱山，留伯牙曰："吾将迎吾师。"刺船而去，旬时不返。伯牙心悲，延颈四望，但闻海水汩没，山林窈冥，群鸟悲号，仰天叹曰："先生将移我情。"乃援琴作歌……

从这里可以看出气质亦可以培养。吸收多元的文化后，在高雅的环境影响下，气质可能会变化。就如同在长期的思考后，我们可能有突如其来的灵感一样。

气质的培养最好从小就开始。司马迁的文章气吞江河，就是因为他父亲从小就让他"西至空桐，北过涿鹿，东渐于海，南浮江淮矣"。他父亲又送他到齐鲁之地学古文并跟董仲舒念书，所以太史公的早熟是有原因的。

学者面临大问题时，往往有自信心的考验。孟子说："我知言，我善养吾浩然之气。"如果学者有这种浩然之气，又博览群书，就昂昂然无所惧怕了。

志向操守与为学的关系

在一位学者的成长阶段里，假如操守不良或志向不纯，学业就很容易枯萎。

《离骚》
何昔日之芳草兮，今直为此萧艾也？
岂其有他故兮，莫好修之害也！

《典论·论文》(曹丕)
贫贱则慑于饥寒，富贵则流于逸乐。

有些学者早熟，工作也做得很好，但因得不到赏识而自怨自艾，终致不能继续。一个很著名的例子是汉朝的贾谊：

《滕王阁序》(王勃)
屈贾谊于长沙，非无圣主；窜梁鸿于海曲，岂乏明时？

《贾谊论》(苏轼)
若贾生者，非汉文之不能用生，生之不能用汉文也。
……
其后卒以自伤哭泣，至于夭绝，是亦不善处穷者也。夫谋之一不见用，则安知终不复用也？不知默默以待其变，而自残至此。呜呼！贾生志大而量小，才有余而识不足也。

有人学识不足，而妄求上位；有人才学过人，竟妄自菲薄，或自伤不遇。这都是其文化修养未逮，胸襟不阔之故。

以天为师，可以明天理，通造化。
以人为师，可以致良知，知进退。

文章的风格与个人的修养

我们的修养往往从问题的取舍、方向的坚持、行文遣字、计算简繁中表现出来。在科学和数学研究中就有这个现象。杨振宁先生曾指出伟大的科学家，如狄拉克和海森伯（Heisenberg）的文章风格不同。在数论上，西格尔（Siegel）和韦伊都有伟大的创作，但风格迥异，这大概与他们的出身和经历有关。在找寻真理时，我们的修养会影响我们吸收和了解真理的能力。除了地域外，时间的变化也很明显地影响我们的风格。我们都知道一个时代有一个时代的文学，科学亦然，例如20世纪中叶的数学讲究抽象和严格，现在已经不讲这一套了。读书的风气、研究的态度，会在科研文章中表现出来，从中也可以看到民族的潜力。这一点可以与音乐比较，从音乐中可以看出国家的盛衰。

《左传·季札观乐》

吴公子札来聘，请观于周乐。使工为之歌《周南》《召南》，曰："美哉！始基之矣，犹未也，然勤而不怨矣。"

……

为之歌《郑》，曰："美哉！其细已甚，民弗堪也。是其先亡乎？"

为之歌《齐》，曰："美哉！泱泱乎，大风也哉！表东海者，其大公乎？国未可量也！"

从这里我们可以知道培养气质的重要性，有志做大学问的学者更要注重培养气质，人的志向、师友和社会文化的影响都需要重视。当一位学者操守不正，只求名利，只求权柄时，辞气自然衰微，难见到伟大的结构。最后，仅以数语相赠：

行乎名利之途，入乎公卿之门，虽荣受赏，吾不谋也。
得乎造物之贞，乐乎自然之趣，虽穷有道，文其兴乎。

本文为 2006 年 1 月 14 日我在华中科技大学的演讲。

为学与做人

从历史的变革讲起

这个题目是梁启超从前讲过的题目。

梁启超,号任公,广东新会人,是中国20世纪初重要的启蒙学者。他和康有为发起的维新运动虽然不尽正确,而且也以流血失败告终,但引起了国人的注意,使一部分先进分子认识到必须从根本上改变腐败的清政权。

梁启超在他的著名演讲中说,为学就是学做人。教育应该分为知育、情育、意育三个方面,这要从孔子的名言"知者不惑,仁者不忧,勇者不惧"说起!

儒家这个三达德的精神,即使是现在,也应该是我们学习的一个重要部分。

知者不惑:指有了知识,才能够做有效的判断。清朝末年时的慈禧太后其实很能干,但见识不足,迷信风水,花大钱去修建陵墓,却不肯修建铁路。现代人通信发达，信息传递得比从前快得多，但假的信息也不少。我们不单要有一定的专业知识，也需要有一个宏观的看法、总体的智慧，才能做到知者不惑。

仁者不忧：仁是人格的表现，最高的境界是达到天地与我并生，万物与我为一！为了达到这个境界，必须做到《易经》中说的"君子以自强不息"，如此，则无成败可忧，无得失可忧！

勇者不惧：孟子说："浩然之气，至大至刚。"又说："自反而不缩，虽褐宽博，吾不惴焉；自反而缩，虽千万人，吾往矣。"有了正气，才能成为孟子所说的大丈夫。何惧之有？

一百多年前，五四运动要打倒孔家店，尽速地引入西方文化。西方文化确实需要被大量引入，但在搞清楚孔家店里"卖什么东西"以前，不宜轻举妄动。文化的起承转合，需要时间去消化。"无欲速，无见小利，欲速则不达；见小利，则大事不成。"

我们以史为鉴：汉初通西域，中原文化开始受到西域文化冲击；东汉时，印度佛教文化传入中土，魏晋南北朝时与道教合流。在这期间，中国北方却屡遭胡人侵占；为了统治汉人，前秦和北魏都大举汉化，两三百年间才达到隋唐盛世。中西文化的融合，使中国国力达到鼎盛。

从张骞出使西域到隋末，有七百多年历史，才慢慢地消化外来的文化。19世纪以来的西方文化较当年西域文化丰富深入，又有相当复杂的宗教思想，要完成一个兼容而又进步的文明，恐怕不是容易的事。

为学与做人

科学研究也是一样，极度深入的学问需要大量学者累积下来的努力才能成功，不能轻易放弃。

牛顿力学的成功其实是经过差不多百年的努力才达成的，是由尼古拉·哥白尼、伽利略、约翰尼斯·开普勒和牛顿花了很多工夫才完成的伟大事业。其实我们还可以远溯到古希腊物理学家的贡献，这不是一朝一夕的事情。所以，尽管有些人批评量子引力理论从爱因斯坦开始，到现在还没有人成功，仍然有一批绝顶聪明的物理学家和数学家不断地努力着，因为他们都相信这是重要的问题，假以时日，必须解决。

下面，我从不同角度来谈谈。

辛亥革命以后，梁启超在清华大学做教授，成为清华国学研究院四大导师之一。梁启超在政治上，在发展中国新文学上，都可以说是一位有伟大贡献的大师。但他说为学只是为了做人，只是继续中国传统的儒家想法——学以致用、修心、齐家、治国、平天下，则未免狭隘。事实上，古希腊不少哲学家以求真求美为目标，为学不单是为了做人，也是为了找寻宇宙万物中隐藏的结构、真理和隐藏其中的无尽美丽！

美国有一个闻名世界的高等研究院——普林斯顿高等研究院，那里聚集了一批伟大的学者（包括爱因斯坦）。它是当今世界上为数不多的仍以追求知识本身内在价值为最终目的的研究院。它认为，能够从根本上促进人类对世界与自身的认知的探索性研究，不可能是按部就班的产物。和艺术创作一样，它们的产生，得益于某种特定的环境与氛围。

普林斯顿高等研究院的创办人叫亚伯拉罕·弗莱克斯纳（Abraham Flexner），他说：

最根本、最纯粹的学术研究，常常能带来很多现实的效能。但是，这些效能也常常是不可预测、不可事前保证的。所以，它们不应该被当成学术探索的最终目的。对未知领域的探索，不可避免地带有冒险的成分。科学家与学者也很少会因为想得到某些特定的成品而展开对新领域的研究。他们奋勇向前，常常只是因为人类与生俱来的对新鲜知识的渴望，以及对未知世界的好奇。

为了学问而做学问，为了满足追寻真和美的好奇心而产生的学问，并非儒家所重视的，却是现代科学文明的基础。

清华四大导师除梁启超外，还有王国维、陈寅恪和赵元任。他们都为了学问而做学问。王国维自称晚清遗老，不能忍受中土文化沉沦，君主政体分解，最后自沉于北京颐和园的昆明湖。然而，他精通西学，最早用西哲方法去研究中国文学和考古，为研究国学开创了一个新的局面。

大史学家陈寅恪先生自新中国成立后一直在广州的中山大学任教。陈寅恪精通多国古今文字，因此对魏晋南北朝、隋唐历史有极深入的研究。他说的"独立之精神，自由之思想"始终是我们做学问和办教育的座右铭。当年陈寅恪没有博士学位，梁启超介绍他做清华大学教授时说，陈寅恪在写给他妹妹的一封信里关于历史数百字的见解就胜过自己一生的工作。在此处可以看到梁启超的谦虚和爱才精神，也可以想见陈寅恪的学问之深。

鸦片战争是中国近代史上一连串耻辱的开端。广东同胞为国而战，多次击退入侵的英国军队。

差不多有两百年，广东始终是国家开放的前沿阵地。梁启超就是广东新会人。他在为徐志摩和陆小曼证婚时，训斥新郎和新娘，大概也只有广东人才敢这样做。

改革开放的第一个特区是深圳，它得到广东省和香港的强力支持。由于南方同胞早已习惯了西方的思想，深圳居民大多是移民，因此地方主义的观念比较淡。而且，深圳临近香港，香港六所大学可以源源不断地为深圳输送人才。同时，香港向全世界融资，建立了一大批高科技产业，特区开发很快就成功了。

改革开放到现在已经四十多年了，它的成就是举世公认、有目共睹的。向来轻视中国的欧美强国也开始对我们另眼相看。四十多年来，中国的老百姓胼手胝足，辛勤工作，为国家创造了大量的财富，这有赖于中央采取了正确的政策，以稳定作为休养生息的基础。

现在，四十多年来的发展已经到了一个成熟的阶段，我们的工业仍然未能有足够创新的能力来应对全球化的需求。最近美国打击我国几个大型科技公司，使它们受到损害，从中可以知道我们的科技还未完善。

要持续发展，提高生产力，就要朝高科技化的目标前进，否则中国只会永远为全世界的先进国家服务，从中拾取微小的利润。

中国未来可能的发展

高科技化是亚洲所有国家和地区都想做的事情。日本最早成功,跟着有所谓"四小龙"的兴起,即韩国、新加坡、中国香港和中国台湾。

这十多年来,由于政治和经济的稳定,中国大陆在经济上领头,变成了"妈妈龙",成为仅次于美国的世界第二大经济体。

如何把中国的高科技搞上去,是一个值得深思的迫切问题。在座诸位都是国家的精英,我想你们都关心这个问题。以下是我个人的一些想法。

年轻人如何因应科技的崛起

现在,我们来谈谈今天的主题。我认为中国科技的发展,在这几年内将有巨大的转变,这是年轻人做一番事业的大好时机,也是中华民族崛起的宝贵时刻。我说的崛起不是经济或军事的崛起,而是科技的崛起。

我认为中国今日的情况,有点像19世纪中叶的美国。当时美国大陆大量的铁路网铺设成功,电线也覆盖各地,大量的留学生被派往欧洲。一大批富豪因此产生,他们大力捐助高等教育。到了20世纪初期,留学生又回到美国培养新一代的学生。在欧洲大陆压迫犹太人和他们看不起的其他民族时，美国政府做了一个正确的政策——大量吸收欧洲知识分子。如今美国的大学已经有能力做出领导世界的学问，很多突破性的工作并不需要倚靠留学生或欧洲来的学生了。

现在中国大陆高铁和公路桥梁都建设得很成功，互联网、电线、能源网络覆盖全国。大量留学生被派到欧美，开始时受到极大的欢迎，但最近美国政府态度改变，中国的留学生找工作时往往受到不恰当的怀疑。在中国环境不错的情形下，大量的留学生会回到中国发展。假如中国政府处理得宜，全社会有大量资本投资在基础科学和文化建设上，国泰民安，何事不成？

现在中国科技的创新不如欧美，但在经济比较充裕和国家比较稳定的客观环境中，十年内将会见到重要的成果。当然，这些进展将要靠年青一代齐心协力来完成。科技创新的崛起，是经济崛起的基础。但必须有一批重大的科研成果要由我们自己培养的学者独立创造出来，这个指标是我们必须做到的，我也相信我们有能力达到这个指标。

我想，同学们都会惊讶：我们还是本科生，很多学问都没有学过，你凭什么说十年内我们会对科技有重要的贡献？

那是因为你们太小看自己了。

你们把基础科学学好，技术熟练后，很快就可以海阔天空地去闯，去创新了。回顾历史，大部分科学上的突破，都是在科学家三十岁以前完成的。

牛顿、爱因斯坦、弗朗西斯·克里克、詹姆斯·沃森、恩利克·费米、陈省身等人最重要的工作都是在他们年轻时做出来的。这些划时代的，甚至可以说是惊天地、泣鬼神的工作，虽然成于少时，但绝不是凭空创造的。事实上，它们都是有章可循，经过艰苦学习，多次失败，最后才成功的。

记得我年纪与你们相仿时，懂得的东西实在不多。20世纪60年代，香港的数学博士寥寥无几，图书馆收藏的数学书也不见得比一般的书店多。我看的数学书大部分是国内版，或是托友人到台湾买来的盗版外文书，种类少得可怜。但是，我从来没有放弃过做大数学家的念头。

我看了所有我能够看到的数学书，最重要的是做了书中的所有习题。这并不是课堂上老师要求的事情，我努力去做，一方面是出于兴趣，另一方面是知道要成为优秀的学者，必须将基础打好。

四十年来，我每天都在学习，但还是要承认，在中学、大学阶段打下的基础是最重要的。

做学问的态度

学习的过程不可能是无往而不利的，最重要的是找出自己的弱点。做习题正是找出自己弱点的门路。

当然，听课、发问和与同学交流也非常重要。我在大学时的数学水平已远超同侪，但和同学交流，还是有很大的好处的。我在给同学讲解时，往往找到新的自己还未理解清楚的地方，由此温故知新，得益不少。即使到了今天，我有时也会在给学生讲解的一瞬间灵光一闪，找到新的想法，从而解决了一些难题。

做学问，尤其是有深度的学问，不是靠一时的冲动就可以完成的。我们听人讲故事、看电影，作者为了将气氛营造得更为动听，往往戏剧化地说：某人虽然没有什么学识，也没有花什么工夫，却在极短的时间内解决了重要的问题，完成了一些前无古人、后无来者的学问，而且不倚靠任何其他人的想法。

《心灵捕手》（*Good Will Hunting*）这部电影讲述了一个在麻省理工学院工作的清洁工没有经过学习，却解开了一道有名的数学难题。

我可以跟你们说，这种事在历史上从没有发生过，我也不相信以后会有。

科学界研究的题目多如牛毛，但重要的只占一小部分。每天都有成千上万篇论文发表。假如每篇文章都有创见，人类的科学成果就远远超过今天了。

话说回来，文明毕竟是累积的，科学的突破往往建基于众人思想的融汇。即使是不太重要的发现，只要带来新的思考，也是有价值的，这样就能发挥所谓集腋成裘的作用。

至于有学问的大师，他们有着更独特的创新贡献，往往可以承先启后，引领风骚，但他们的工作毕竟还是在前人工作的基础上完成的。

例子：发现 DNA 和广义相对论

要想做好学问，必须了解科学发展的过程。我经常鼓励学生读名人传记，了解著名学者如何学习、克服挫折和开拓新的领域。我的专业虽是数学，但在阅读其他学科名家的成功经验时，也会深受启发。

记得我读过詹姆斯·沃森写的一本小书《双螺旋》，书中描述他与弗朗西斯·克里克发现 DNA 结构的一段故事。他们为了研究生物的基本结构，三年间完成了 20 世纪最伟大的科学杰作之一，其过程可以说引人入胜，但也不乏奸诈之道。

当时沃森才二十出头，跟你们的年纪不相上下。他虽然基础很好，但他成功的主要原因是靠自己无比的专注和热情。他深信可以攀登生物学的高峰，完成人类有史以来最重要的一项工作。

他找到一个好拍档，那就是克里克。在他们合作期间，曾遇上停滞不前的低潮，但他们并没有放弃，通过学习并利用同行最新的结果，终于比竞争对手莱纳斯·鲍林（Linus Pauling）早一步测定了 DNA 的结构。

我再讲一个故事。在研究空间这个重要的观念时，黎曼和爱因斯坦都受到前人的影响，因为在他们之前，除了欧几里得描述的平坦空间，世人并没有一个具体而有用的空间概念。黎曼很早就知道空间除了描述每一点附近的几何，还需要描述它们彼此的关系，而这种关系需要由大自然，也就是物理学的基本定律决定。

黎曼二十五岁发表第一篇文章,四十岁去世,一生发表了三十三篇文章,开创了数学和物理学的不同领域。他的著作如行云流水,好像得来毫不费力,他关于黎曼猜想的名作,可以说是数论历史上最伟大的文章之一,却仅寥寥三页。但人们最近发现了黎曼未发表的文稿,才得知他其实做了大量的计算。他引进黎曼空间的曲率张量的方法是由热传导的问题引出的。他也从他的老师高斯那里学习到了计算的技巧。

黎曼对电磁场的物理有莫大的兴趣。他推导了麦克斯韦方程组的前三条,但由于他去世比较早,没有机会看到法拉第的实验,也不知道法拉第的力场的观念,因此没有完成麦克斯韦方程组的全部理论。可见一位科学家兴趣要广,要博览群书,才能有所成就。

1905年,爱因斯坦创立相对论时,受到麦克斯韦方程组中洛伦兹对称的影响。他当时也想融合相对论和牛顿力学,但遇到了很大困难,因为他对几何学认识不深,对时空应有的背景并不了解。直到1908年,他的老师赫尔曼·闵可夫斯基才利用洛伦兹变换的概念引进了时空的观念。他也在这一年中了解到相对论和牛顿力学的融合不可能用简单的方法,不但需要改变牛顿力学,还需要彻底改变空间的观念。他受到哲学家恩斯特·马赫(Ernst Mach)的影响,更透彻地了解相对的观念,他又从他的老师闵可夫斯基那里知道:由于狭义相对论的要求,时空两个观念不可分,必须在四维空间才能自然表示出来,因此牛顿引力方程必须有根本的改变,引力不能单纯由一个函数来表达。1912年和1913年,他找到他的大学同学格罗斯曼,才知道张量是他需要的数学工具，而黎曼几何的观念，正是他所需要的描写重力场空间的基本工具。经过多次奋斗，以及和列维-奇维塔（Levi-Civita）、希尔伯特的交流，他才在1915年完成广义相对论场方程的伟大工作。

在这里，我们看到大科学家在自己的学识尚未完美时的奋斗经历，以及他们锲而不舍的精神。

关于沃森和爱因斯坦的故事，我想谈以下三点体会。

1. 年轻人要有扎实的基础知识。碰到重要问题，要有足够的工具来解决它。即使工具不够，也要懂得找合适的学者合作。克里克是沃森的合作者，格罗斯曼是爱因斯坦的合作者。他们的知识是互补的。

2. 做学问要有热情，有了热情才能够专注。重要的成果往往需要三年、五年甚至十年才能够完成。

3. 找到正确的方向，做重要的问题。决定后便勇往直前，义无反顾。

这三点可以说是显而易见的，但真正实行时，却不见得人人能够做到，这是什么原因呢？

我们来逐一讨论。

一、所谓扎实的基本知识是多方面的。以本人为例，我是研究几何的。年轻时，我喜欢数学的严谨性，从数理逻辑中看到数学的真和美。我虽然并没有研究这门学问，但知道它在何处发挥作用。我在斯坦福大学的前同事保罗·科恩（Paul Cohen）和在哈佛大学的现同事休·伍丁（Hugh Woodin）都是数理逻辑学者。我欣赏他们的工作，但我始终是一个门外汉，没有掌握数理逻辑的基本技巧，没办法做这方面有意义的研究工作。

21世纪，人类的知识突飞猛进，跨学科的知识更是如此。事实上，大部分创新的科学都是通过不同学科的融合，擦出火花来完成的。20世纪最伟大的两位数学家，一位叫赫尔曼·外尔，另一位叫安德烈·韦伊。他们学富五车，在不同的领域都有大的贡献，我的导师陈省身的工作主要受益于韦伊。韦伊在世时，有一次和我闲谈，就指出任何一位大学者必须精通两门以上的学问。

很多人都同意这一看法，但忘了一件重要的事情，那就是有能力融合不同学科的学者，其能力和知识水平都要跟这些不同学科的专家相若，即使在某方面的知识跟不上，他也能理解问题的困难之所在，找合适的专家求教，正如沃森找克里克和爱因斯坦找格罗斯曼帮忙一样。当然，满足这些条件的科学家实在不多。

中国有不少专家只注重科学的应用，而不愿意在基础科学上下功夫，这是十分肤浅的看法。事实上，工业革命以来科技的突破，无不源自基础科学的发展。

对基础科学的认识不够深入，只满足于应用而沾沾自喜，终究是尾随人后，依样画葫芦罢了，更不用说有能力做跨学科的学问了。

十多年来，我在中国见到不少应用数学家有这样的毛病，即基本功不够坚实，却鼓吹交叉学科的重要性。这样做反而把本来应当发展的基础学科也耽误了，正是"画虎不成反类狗"。

同学们年轻时务必踏实，将基础学科学好，同时也应研习应用科学，因为这些知识能增长见闻，使我们对学问有更宽广的认识。一方面，说明我们了解基础科学的真谛，另一方面，在应用基础科学的原理时，能够得心应手。进修理工科的同学，必须学好微积分。至于语文训练，则是所有同学都应该熟习的。

这种训练，只是成为真正学者的第一步，如想进一步立言，以至于达到古人所说的"不朽"的境界，则可以看看韩愈《答李翊书》里的描述：

将蕲至于古之立言者，则无望其速成，无诱于势利，养其根而俟其实，加其膏而希其光。根之茂者其实遂，膏之沃者其光晔。……

始者，非三代两汉之书不敢观，非圣人之志不敢存。处若忘，行若遗，俨乎其若思，茫乎其若迷。当其取于心而注于手也，惟陈言之务去，戛戛乎其难哉！……虽然，不可以不养也。行之乎仁义之途，游之乎诗书之源。无迷其途，无绝其源，终吾身而已矣。

古代的学者以四书五经为各种学问的源头。现代学问则宏大得多，除传统文化外，还要加上东西方的哲学思想、历史、文学和艺术。当然还有科技，它描述大自然最真实而美的一面。我们通过基本物理、数学和生物等学科来掌握它。

二、一位胸怀大志的学者，必须有远见。有的想了解宇宙的结构、星体的运行、粒子的基本原理；有的想了解生命的起源、人体的构造、疾病的疗法；有的想了解流体的变化、计算机的运作；等等。这些都是发人深省的问题，值得我们去探求。

有了这些目标，又具备适当的基本训练，就要找最好的问题，并努力去解决。结交志同道合而又跟你在知识上互补的朋友是很重要的。良师益友和优秀的学生，使我的学问得益不少，和他们交流可以说是赏心乐事。

有深度的工作往往需要下很大功夫才能够完成。失败后再尝试，屡败屡战后才能成功。要想持久，必须得有热情，要高瞻远瞩。

要达到王国维先生所说的"独上高楼，望尽天涯路"的境界，才会知道自己想做的学问的确有意义，值得奉献一生的精力去完成。

追求学问的热忱需要培养，这关乎一个人的情操。除去名利的羁绊，使欣赏大自然的本能毫无拘束地表露出来，乃是培养学问感情的第一步。

屈原说："纷吾既有此内美兮，又重之以修能。"就是说上天赋予我这么多内在的美好品质，我还要努力加强道德修养。

我有幸接触过不少伟大的学者，他们在工作上执着入迷的程度，可以用欧阳修的词句来描述："人生自是有情痴，此恨不关风与月。"从这里自可窥见他们成功的原因。

宋徽宗的词云："怎不思量，除梦里、有时曾去。"很多重要的创造发明，是学者在有深厚感情的潜意识中完成的。

三、如何去找正确的方向？这是一个很困难的问题，一方面要有师友的帮忙，一方面需要有浓厚的好奇心。

大自然无穷无尽、现象万千，其中必有某种现象使我们感到疑惑，从而心动，从而兴奋不已。于是本着好奇心，锲而不舍地找出此现象背后的原理，是创新的第一步。然后，继续将这些研究发扬光大，以至于完成一套有意义的理论。

谈做人

我们谈为学到此，现在可以谈谈做人了。

其实，我已经谈了不少做人的道理。当你全心全力去做学问的时候，实在找不出时间去做不应当做的事。反过来说，对权力或物质的欲望，会窒碍做学问的热情。

我看见某些朋友、学生做学问的态度，不禁慨叹权力、欲望如此愚弄人。高尚的情操需要培养和坚持，良师益友、先哲懿范、文化修养都是培养这种情操所不可缺少的。我希望年轻人能克制私欲，以真挚的感情来欣赏和理解大自然的奥秘。

我一生中交了很多朋友，他们对我的影响不止于学问，我和很多人合作，得到不少一流的成果。我的朋友不见得都是世俗的人看来最有价值的人，毕竟世界上不存在完人。

我常常想起孔子说的：

不得中行而与之，必也狂狷乎！狂者进取，狷者有所不为也。

我的朋友多有狂狷之士。英国人移民到波士顿附近，带来了不少清教徒，他们都有狂狷的行为。这些狂狷之士为了理想往往能一石激起千层浪，比那些无所事事的谦谦君子有意思得多。狷者有所不为，这就是说，有羞耻之心，知耻近乎勇。有些中国读书人不知廉耻，拿不应该拿的钱，抄袭文章后，还得意扬扬，恬不知耻，甚至承认自己做过这些事后，还指责其他人比他做得更糟。

我喜欢阅读简洁的诗词，无论是中国还是外国的诗，只要能够描述心中的感情，我都觉得不错。例如《诗经》，例如《楚辞》，例如《古诗十九首》，都能引起我的共鸣，以其真也。我也看外国的诗，歌德、拜伦的诗都很好。最近看了德国犹太浪漫主义诗人海涅的诗，觉得很有想象力：

> 太空中的星辰，
> 几千年来毫无更动，
> 它们彼此面面相觑，
> 怀着爱情的悲痛。
> 它们说着一种语言，
> 十分丰富而美丽，
> 可是任何语言学家，
> 对这种语言都茫无所知。
> 我倒曾把它钻研，
> 而且铭记不忘；

> 我所依据的文法,
>
> 就是我爱人的面庞。

(钱春绮 译)

每个人在年轻时都怀着赤子之心。我们关爱家人、朋友,也爱慕异性,对事物充满好奇。我们何不继续保持这份赤子之心,培养孟子的"浩然之气",昂昂然做一个顶天立地的大丈夫?我们何必受外界的影响,要富且贵才觉得舒适?学者有了"独立之精神,自由之思想",方能创造出不朽。

除了纯净自我的境界外,我们也要注意与家人的相处,与师友的交往—— 一个稳定和谐的家庭、一个尊重知识的家庭,能够使我们安心去做学问。反过来说,对父母、对师长不尊重,很难想象这种人会尊重有学问的学者,更难想象他们能够做出出色的学问。所以,儒家主张"修身、齐家、治国、平天下"。

近代科学的发展日新月异,重要的突破往往是群体的工作,而非一人一时所能够完成的。做理论的学者须知道实验的结果,搞实验的学者需要有理论的指引,才能够完成前沿的科学工作。

在大型的学术合作中,我们要有谦虚的态度和宽广的胸襟。除了"审己以度人"外,也应当"审人以度己"。

为什么要审人以度己?

因为个人的处境、志趣不同,能力也不同,不能单纯以自己的处境和能力来衡量对方,这样的合作才能够愉快。一般科学的合作不可能很精确地计算谁的贡献最大，总要采取宽容的态度，让后来的合作能够做出更多的成果。

创新的科学都是"在巨人的肩膀上"推进的。在时机成熟时，不同地方的作者，往往在不同的场合有着类似的想法，而得到相同的结果。

处理这些竞争问题的方式，会影响学者的声誉。很多学者在处理这些竞争时失败了，甚至一蹶不振。我们需要学习如何处理好这种不愉快的经验，从失败中站起来。

学术竞争不一定是公平的，科学史上不乏大学者在竞争中愤愤不平的例子。曹丕说："夫人善于自见，而文非一体，鲜能备善。"指出我们容易看到自己的贡献，却忽略了他人想法的重要性。

然而，做学问的道路是长远的，一位优秀而有毅力的学者，在取得优良的成果后，总会受到应有的重视。一时的失意不应该影响我们一辈子的成就，所以年轻人必须沉得住气，不断地努力，不停地摸索，正如屈原所说："路漫漫其修远兮，吾将上下而求索。"

寻求真理的路并不容易，但成功时的喜悦却无与伦比。这种喜悦有如看到造物的真谛，并非拥有金钱和权力的感觉所能比拟。

但我们需要牢记：成功的路必须由自己去耕耘，这种成功才会带给我们纯真的喜悦感。一些作者凭借抄袭、造假或政治手腕获得成功，他们恐怕难以有同样的感受。

愿同学们也能享受到这种至高无上的喜悦，为学术的推进、祖国的建设而努力。

我中学时读《左传》里面记载的齐国和晋国的一场重要战斗，叫作"鞌之战"。

在这场战斗中，齐侯轻敌，而晋将郤克和御车的张侯都表现出坚守岗位的无比的勇气。五十多年后，我还记得"左轮朱殷，岂敢言病"这句话。它描述当时在激烈战斗时，血流到车轮上，张侯还是坚持击鼓，鼓舞士气，晋军才能大胜齐军。

癸酉，师陈于鞌。邴夏御齐侯，逢丑父为右。晋解张御郤克，郑丘缓为右。齐侯曰："余姑翦灭此而朝食。"不介马而驰之。郤克伤于矢，流血及屦，未绝鼓音，曰："余病矣！"张侯曰："自始合，而矢贯余手及肘，余折以御，左轮朱殷，岂敢言病。吾子忍之！"缓曰："自始合，苟有险，余必下推车，子岂识之？——然子病矣！"张侯曰："师之耳目，在吾旗鼓，进退从之。此车一人殿之，可以集事，若之何其以病败君之大事也？擐甲执兵，固即死也。病未及死，吾子勉之！"左并辔，右援枹而鼓，马逸不能止，师从之。齐师败绩，逐之，三周华不注。(《左传·鞌之战》节选)

从这里可以看出晋军打胜仗的原因：从主帅以下，都知道自己责任的重要性，张侯知道"师之耳目，在吾旗鼓，进退从之"。为了君之大事，"擐甲执兵，固即死也。病未及死，吾子勉之"。

这样拼死为国家的精神已不容易见到，但无论是做学问还是做人，都必须负责任，方能顶天立地，成为有价值的人！

最后我想引宋朝张先的一首词《一丛花令·伤高怀远几时穷》来描述我的读书心得,这首词叙述如下:"伤高怀远几时穷?无物似情浓。"我们站在高处眺望,心怀感伤,思念远方的恋人,不晓得这个思恋什么时候才能结束。

现在我们清华大学的研究所也算是站在高楼了,我们远方的恋人在哪里呢?古代的大师还在影响着我们如今发展的学问,当代伟大杰出的数学家还是有的,物理学家和工程学家也都有深入而发人深省的思想,但我们有没有去想着学习他们的学问,找到他们思想的源泉和精华?我们要把他们的思想重心看作我们学者依恋的地方,而绝对不是只仰慕人家杰青、院士等虚名!

这些思想美丽自然,有如登泰山观日出日落,临沧海看潮涨潮落,天风海雨迫人!有些思想则孤芳自赏,如深宫中的珍宝,如南方田野上的凤仙花、黄山上的迎客松、太湖湖面上的烟雨蒙蒙、江南水田的农夫笠翁,风景如画,使人依依恋恋,终生不息。为学之道,好奇不息,勤而后工。

王国维说,做学问的第一重境界如晏殊所描述的"昨夜西风凋碧树,独上高楼,望尽天涯路"。大学问在凋碧树而后生,才会去望尽天涯路。但一般人不舍残羹剩饭,不舍得凋碧树。有些则是眼高手低,不学无术。这都是不行的,必须打好基础,在巨人的肩膀上站起来。要站得稳,就要做到"衣带渐宽终不悔,为伊消得人憔悴"。但说时容易做时难。能够持续的唯一原因,在于"无物似情浓"。有了丰富的情感,才能做到"衣带渐宽终不悔"。即使是恋人,不懂得欣赏对方,爱情也会逐渐消失，所以我们需要培养欣赏数学的能力。

张先词又说："离愁正引千丝乱，更东陌、飞絮蒙蒙。嘶骑渐遥，征尘不断，何处认郎踪。"

做研究的时候，本来以为可行的想法，慢慢发觉不对劲儿了，千头万绪，仿如柳丝一样凌乱。在这时候，一大批人发表文章，朦朦胧胧，其实没有探索到问题的重点。你自己的想法却如马儿嘶鸣着，越跑越远，扬起灰尘，让你不知所措，怎么去找问题的解法？此时该何去何从？

在这种情况下，就要看你读书的修养了，所谓"善养吾浩然之气"，正在此一刻也。你研究的问题究竟有没有意思，要看你的感觉，你的经验，就是从书本，从你接触过的有学问的学者的想法中累积而来。对一个问题浸淫日久，会产生感情，会感觉到它的对与错，才会选择是否去坚持。

当年伦纳特·卡勒松（Lennart Carleson）做傅里叶分析最大的题目卢津猜想。我做卡拉比猜想时，都认为这些猜想太完美了，不可能成立！经验告诉我们，只有历尽艰辛去找反例，才能够培养和这个问题的感情，才能够决定它的真实性，才能够将马儿拖着，知道问题的前景何在。

有很多学者不肯花工夫专攻重要问题，认为那样做会浪费时间。其实这是完全错误的想法。我当年花了三年时间找卡拉比猜想的反例。这三年工夫没有浪费，每一个找反例的方法，在证明了卡拉比猜想以后，都变成了重要的定理。后人所称的宫冈–丘不等式就是由此而来的。另外一个重要例子，是陈省身做陈类时，其实是想验证庞特里亚金用曲率定义的微分形式就是庞特里亚金类。他没有做好，却在复空间中开创了一条路子，创造了陈类！

张先词又说："双鸳池沼水溶溶，南北小桡通。梯横画阁黄昏后，又还是、斜月帘栊。"

池水溶溶，鸳鸯戏水，南北水通，小船往来，多美的境界！但毕竟朱楼画阁的梯子在黄昏后要撤去，还是要独自面对帘栊，看那冷月无声。其实这是阴阳自然的道理，不可避免。我们不断学习，不断吸收大自然提供给我们的养分。这些想法成熟后，会在某一时期表达出来，如鸳鸯戏水，不可一世。然而，养分有时而尽，必须不断努力，关门苦读，对月自怜。

张先词又说："沉恨细思，不如桃杏，犹解嫁东风。"

学者往往在做学问时花长篇大论去重复已经了解的事情，其实不如写一篇有真知灼见的小品文有意思。

本文为 2020 年 8 月 13 日我为"犀牛鸟计划"所做的线上报告。

致中学生的一封信

尊敬的丘博士：

我是一名讲授数学 10NE 的教师，班里有七个学生。我的学生挑选了他们想要请教您的问题，一起合写了下面这封信，由雅斯米和乔纳森执笔。我没有要求他们，但他们自主的积极性令我非常高兴。实际上，这一开始是一个额外的学分计划。在讨论的过程中，他们主动参与。在常规教学的班级中，学生似乎很少有机会参与到积极的教育活动中去。您在数学方面的巨大影响力吸引了他们。我希望通过读与您有关的文献，讨论您的事迹，并给您写信的方式，让学生们感到他们也是伟大的数学共同体的一分子，意识到他们可以完成一些创造性的工作。

祝好！

唐·C. 德赖斯巴赫（Dawn C. Dreisbach）
沃尔瑟姆高中数学特殊教育（Special Education Mathematics Waltham High School）

尊敬的丘博士：

我们是沃尔瑟姆高中的一个几何班级。老师让我们读了哈佛校报（10月版）上关于您的文章。她让我们回答一些关于这篇文章的问题。我们大都觉得数学很难，因此，当读到您非常喜欢数学，特别是几何时，我们感到特别有趣。我们不用几何来描述宇宙，也不谈十维，真的有十维吗？拜读关于您的文章使我们想到了几个问题：

1. 您是什么时候开始喜欢数学的？（来自克拉拉）
2. 是什么使得您爱上了数学？（来自安德鲁和雅斯米）
3. 您在上学的时候有不擅长的数学领域吗？（来自雅西）
4. 为什么您认为数学是美的？（来自里奇和克拉拉）
5. 您不认为十维是疯了吗？（来自乔纳森）

我们知道您非常忙，可能没有时间回复我们的问题。但我们想让您知道，因为您的文章，我们对数学开始有了不同的认识。

真诚的全体同学

亲爱的孩子们：

感谢你们的来信和你们对数学的兴趣。我尽我所能来回答你们的题。

1. 虽然我在数学上取得了现在的成就，但我并非从小天赋异禀。我五岁参加小学入学考试时，数学不及格。我在高中的时候也还不是一个特别出色的学生。当然，我那时认识到我在数学上有一些才能。但直到大学二年级，我对数学才真正开始感兴趣，因为来了一位新的数学老师，他激励了我。

2. 简洁是数学一直吸引我的因素之一。数学可以用很少的语言来描述你周围的世界，它的描述可以是精确的——对其他语言来说，这是不可能的。我经常在简洁的方程中发现美。

3. 直到读研究生的时候，我才知道应该专攻数学的哪个领域。起初我假定最抽象的领域是最有意思的，但最后我认识到我最适合几何。和更抽象的领域相比，在几何上，我们总有可以参考的图形，我发现这很有帮助。

4. 给非数学家解释数学的美是很困难的。不过，我认为很多美来自它描写大自然的力量！我们所知道的几乎所有关于重力、电磁学、量子物理的内容，都可以被归纳成仅仅一页纸的少数几个方程。探索这些方程的含义和影响，可以花去人们一个世纪或更长的时间。

5. 数学家们（包括我自己）通常习惯于讨论一般维数空间，我们的观点、方程有时可以被应用到无穷维。弦理论的方程只与十维空间或十一维时空相一致。大自然也许是，也许不是，按照弦理论运转的。我们需要努力工作，并有足够的耐心，因为我们还未确定宇宙的结构。但目前来看，十维和十一维都有相当不错的道理。

感谢你们有思想的问题和学习数学的努力！

祝好！

丘成桐

哈佛大学威廉·卡斯珀·格劳斯坦数学讲座教授

一

求真书院首届成人礼上的讲话

首先,我很感谢老师们今天的安排,演示了冠礼和笄礼。儒家的思想以礼为主,先父是研究哲学的学者,我的很多学问是从他那儿学来的。五四运动说要打倒孔家店,父亲说许多人根本不懂孔家店里"卖什么东西",因此我们要了解这个店里"卖的是什么东西"。刚才我看到了冠礼和笄礼,算是看到孔家店里的一个"宝贝"。

礼必须出自内心。行礼时,因为心中向往,礼仪才有意义。记得我小时候喜欢看《史记》。司马迁写到孔子的时候,说:"适鲁,观仲尼庙堂、车服、礼器,诸生以时习礼其家。"司马迁并不是儒家,但他尊崇孔子,到鲁国游历,观看周礼,留下了深刻的印象。熟悉礼仪背后的内容以后,儒生们才知道如何去维持社会上的秩序和儒家讲求的中庸之道。

我再讲一个较少有人知道的故事。故事见于《史记》和《资治通鉴》。汉朝的开国君主刘邦出身只是个小小的亭长,文化程度低,不太讲究礼法。他常常骂儒生,甚至把儒生的冠抢过来,在上面小便。

可是，他当上皇帝后，便接受了儒生叔孙通的提议，制定了朝廷的礼仪。看见大臣在朝堂上有秩序地揖让进退，他不禁高兴地说："吾乃今日知为皇帝之贵也。"今天表演的礼仪本质上是对人伦的尊重，通过这个礼，你们懂得尊重自己，也要诚恳待人待物。

孔子说："出门如见大宾，使民如承大祭；己所不欲，勿施于人。在邦无怨，在家无怨。"我们对自己所做的事情，总要抱持着诚恳的态度。如见大宾，即我们对交接的人，抱着尊重的心态。心诚则明，这是很重要的事情。

我小时候念的培正中学是所基督教学校。在新学期的第一天，大家要唱一首歌，叫《青年向上歌》。记得歌词中有两句话，第一句是"我要真诚，莫负人家信任深"。首先要让家长、朋友信任自己。刚才听到家长们真挚的寄语，这并不是随口说的，你们要慎而重之地记下来。父母一辈子的愿望都寄托在你们身上，所以要时刻把"我要真诚，莫负人家信任深"放在心上。接着的一句歌词是"我要坚强，人间痛苦才能当"。人成年了就要独立自主，不再是父母庇荫下的小孩，不要碰到问题就找父母解决。在未来漫长的日子里，你们会遇上很多难题，所以必须刚强，人间的痛苦才能承受。

我14岁时，父亲去世了，比你们早晓得人情冷暖，这是一辈子的痛苦，但也是一个人成熟的关键。自问真诚和刚强是我成功的主要原因。今年刚好是我母亲100岁冥辰，我很怀念她，她对我的一生也很重要。她对我的期望很大，我的姊妹兄弟对我的期望也很大，期望我成为一个有用的、有学问的人。我没有忘记他们的期许。我没有求名，也没有求利，主要做学问，也就是当年立下的志愿，到今天都没有改变。总书记说不忘初心，到现在我还是不忘初心。我活得愉快，过去虽然有过很多艰难困苦，但我处之泰然，只因我相信只要坚强面对，永不言败，问题便可以迎刃而解。父亲去世到现在差不多60年了，我没有惧怕过任何事情。同时我也很小心，有错必改，绝不畏缩。我希望你们也好好想想：每个人都会有这样或那样的不良习惯，这些不良习惯对你们的人生有很大的负面影响，你们要狠下决心把它们改正过来。

现在你们成年了，要学习如何从失败中站起来，这是非常重要的。人生不如意事十之八九，假如失败对你来说都不是挫折，总可以跌倒后站起来，抱着这样的态度奋斗，就一定会成功。人成功时，风光一时无两，媒体夸奖你，讲很多溢美之词。事实上，真的成功往往需要经历很多次失败，其中痛苦，如人饮水，冷暖自知。若不能从失败中站起来，就永远成功不了。伟大的事业大多不可能不先经历失败。证明一个伟大的定理，往往要失败过50次、100次，最后一次才成功。没有痛苦，就没有成功。

但这里所谓的痛苦，并不是真正的痛苦，因为就是通过这种"痛苦"，我们才能了解定理证明的关键在什么地方。若不了解困难的地方在哪里，就无法完成伟大的事业。没有经过"痛苦"，或者不晓得那些伟大的数学家，高斯也好，黎曼也好，他们走过的路、他们经历的艰难险阻，就不能真正欣赏美妙之所在。

我看传世的论文和著作，刚开始时总觉得不难，但当我进一步思考，如果当时面对这个问题的是我，路应该怎么走时，会发觉其实这比想象中要困难得多。每一件成功的事都要付出。但你要知道付出努力，投入最美妙的地方，才让你快乐，让你成功。每天早上，王玉明院士会寄一首他写的诗给我看。他不停地修改，直到他认为完美为止，最终写出来的诗也真的很美妙。所以，做事一定要经过很多奋斗，克服很多困难，才能让自己高兴和满足。

我常常说，欣赏通过自己的努力而完成的事情，比世界上的荣华富贵都重要。有些人做很多不应当做的事情，最后成功了，至少表面上如此，我并不欣赏他们得到的那种荣华富贵。我真正欣赏的是通过自身努力，发挥自身能力所完成的事情。

我一辈子下了很多功夫，也做成了一些事情，并不见得达到我最满意的程度，但我很高兴。我今年70多岁了，我觉得自己一生都很快乐。不是因为我赚了很多钱，我也不缺钱，我始终不会因钱而高兴。

清华大学求真书院首届成人礼

我觉得因为我自己努力而成功了,才是让我真正高兴的事。我期望你们今天成年也明白这个道理,不忘初心,牢记使命。

历史典故

高祖不喜儒生

　　骑士归,郦生见谓之曰:"吾闻沛公慢而易人,多大略,此真吾所愿从游,莫为我先。若见沛公,谓曰:'臣里中有郦生,年六十余,长八尺,人皆谓之狂生,生自谓我非狂生。'"骑士曰:"沛公不好儒,诸客冠儒冠来者,沛公辄解其冠,溲溺其中。与人言,常大骂。未可以儒生说也。"郦生曰:"弟言之。"骑士从容言如郦生所诫者。

——《郦生陆贾列传》

叔孙通定汉廷礼仪

　　汉七年,长乐宫成,诸侯群臣皆朝十月。仪:先平明,谒者治礼,引以次入殿门,廷中陈车骑步卒卫宫,设兵张旗志。传言"趋"。殿下郎中侠陛,陛数百人。功臣列侯诸将军军吏以次陈西方,东乡;文官丞相以下陈东方,西乡。大行设九宾,胪句传。于是皇帝辇出房,百官执职传警,引诸侯王以下至吏六百石以次奉贺。自诸侯王以下莫不振恐肃敬。至礼毕,复置法酒。诸侍坐殿上皆伏抑首,以尊卑次起上寿。觞九行，谒者言"罢酒"。御史执法举不如仪者辄引去。竟朝置酒，无敢喧哗失礼者。于是高帝曰："吾乃今日知为皇帝之贵也。"乃拜叔孙通为太常，赐金五百斤。

——《刘敬叔孙通列传》

―

本文为 2021 年 12 月 10 日我在清华大学求真书院首届成人礼上的讲话。

清华大学经管学院 2022 年毕业典礼讲辞

今天很荣幸在这里演讲。当年我在香港中文大学还没有毕业就去了加州大学伯克利分校,在那里获得了博士学位,但还是没参加过自己的毕业典礼,因为那年我在加州大学伯克利分校毕业的时候,由于越战,学校害怕学生闹事而取消了毕业典礼,所以直到今天,我还没穿过加州大学伯克利分校的博士学位袍。今天能够穿上清华大学的博士袍,我很高兴,也很荣幸。

我想同学们毕业一定很高兴。毕业以后,海阔天空,你们在社会上工作,应当可以开展大事业。但我也很想告诉你们,我毕业至今 50 多年,除了很记得老师们对我的帮助以外,我特别会想到父母殷切的期望和教养之恩。我希望你们也能记得家庭对你们成长的重要性。20 世纪 50 年代是我父母最辛苦的时候,他们在很拮据的环境中,让我能够继续做学问,我是很感激的。今年是我母亲 101 周年的冥辰,也是我父亲 110 周年的冥辰。我回想当年我们一家十口人——我父母加上八个兄弟姊妹,在那么辛苦的情况下让我继续念书,其实是很不容易的事。今天，大部分同学家里基本上丰衣足食，很难想象当年艰苦的日子。从这方面，我们也可以看得出来，中华民族走过的这 70 多年，实在是很了不起的成就。从当年一穷二白的环境中，老百姓胼手胝足，到实现国家经济和科技的长足发展，中央政府的英明领导可以被载入史册。

我与经济学好像没有很深的渊源，但白院长邀请我来演讲，所以我花了一些时间看看我从前跟经济学的关系，发现我父亲其实对经济学有很大的兴趣。从前在抗战的时候，他在福建参与过财政厅关于财政管理方面的研究，后来他在香港中文大学的前身——崇基书院做讲师，讲经济学史。我父亲对我有几个重要的影响，一个就是让我看事情要宏观，不要单看一小部分的事情。我做学问，从小学、中学、大学，一路到现在，都期望有一个宏观的观念，那就是寻找每一个学问的来源，并研究其发展走向。对我来讲，这影响了我一辈子的学问。我在美国见过不少"中国通"，其中有的只看中国历史十年或者几年的发展就写一篇论文，很快就成了名，自以为是中国文化的专家了，其实他们没有好好地研读中国哲学，没有见到中国文化的精髓，以偏概全，误判了中国儒家"存亡国，继绝世"的王道精神。经济学是影响国计民生的学问，我们更需要有宏观的看法。

我做数学做了一辈子，发现经济里有很多有趣的数学问题。伟大的数学家约翰·纳什获得了诺贝尔经济学奖，我们都很佩服他。我也认识纳什，他最主要的工作不是经济，而是数学。我阅读约翰·纳什的文章，发现很多人对他有不公平的批评，说他只懂得找一些困难的问题来做。我跟他交流以后，觉得其实他是对学问有自己独特看法的学者。我们做学问，都应当有自己的看法，并能够持续不停地向某个方向开发，走出一条有意义的路。

  人生一辈子，不单是为了钱，不单是为了名誉，最主要的还是要活出我们生存的意义，为学术、为社会走出自己的一条路来，这样才会满足，才会有成就感，我想这样的人生才会是一件乐事。我一辈子最艰难的日子是我14岁时父亲去世的时候，那时生活很困难，读书能否延续下去都是个大问题。但我父亲在世时认为，我应当做一个有学问的学者，这点我深受影响。在那个最困难的时候，我知道如果要继续读书，就必须自己去打天下。为了生存，自己必须去找工作。那年，我刚念完初三，也没有什么好的办法。为了坚持继续念书，我就去找了很多家教的工作，教小孩子念书，赚到一些钱来维持我的学业。尽管当时有很多困难，但我只有一个信念：我要做一个有成就的、有学问的学者。当然，为了谋生，我不得不做一些小道的东西，但我特别记得父亲的一个很重要的教导：做人要真诚，不能够欺骗别人。我在最艰难的时候还是坚持这个信念：真诚是做人很重要的原则。真诚让我交到很多很好的朋友，也对我的学问有很大的帮助，因为我与朋友们真诚相处，所以我的很多朋友都是终身的朋友，我们一直都能互相帮忙。这些理念也是我的老师陈省身先生教我的，为人处世必须交好的朋友、有志向的朋友、有能力的朋友，不要交一些只愿意喝酒吃饭的应酬朋友。我从美国回来后，这一点不大习惯，中国人喜欢喝酒，喜欢敬酒，很多重要的事情非要敬完酒之后才能够开始，这种习惯我还是没有学懂。其实无论喝不喝酒，我对我的朋友一直都很真诚，有不少朋友和我的友情从我20多岁开始维持到现在，我们能够继续不停地合作，一同向前走。

我1971年毕业，1973年到斯坦福大学教书。我最早的学生叫孙理察，他年纪比我小一岁半，他是我的学生，也是我终身的朋友。我们一同做研究、吃饭、游玩，50多年来，他始终是一个最真诚的朋友，我们联手一起做的学问也成为学界很重要的一个方向。因此，交一个真诚的好朋友，是你毕业以后很重要的事情，在困难和最重要的时候能够互相帮忙。

人生其实有很多有意义的事情可以去做，但我觉得，最喜乐的事情莫过于经过长期的奋斗之后，达到了目标，完成了我们想做的事情。奋斗可能很困难，实际上完成任何重要而有意义的工作都很困难。我重要的工作没有一个不是要花五年以上的工夫才能完成的。在五年的过程中，往往有很多不如意的事情。我做问题往往尝试几十个不同的方向，努力去做，有时候做到一定程度之后，发现做的方向完全不行了，就尝试不同的方向，卷土重来，最后完成的时候，心里觉得很高兴。举个例子，我太太生小孩的时候，20多个小时才生出来。我看她很痛苦，但小孩子一出来，她高兴得很，完全忘掉了这20多个小时的痛苦。我们完成一个好的事业，完成一个好的学问，一定要真真正正花工夫去做。完成后，回想当年走过的路，不会觉得辛苦，只会觉得喜悦，这是真真正正的喜悦，因为这都是花了工夫，花了精力完成的。我这样做题目，一辈子至少有七八次，每一次都是花五六年完成的，我十分高兴。

我研究生刚毕业拿到博士学位那年，陈省身先生很喜欢我。他是我的导师，是数学界的一代大师，他很看得起我，认为我是他的继承人，我也很骄傲能成为他的学生。从我父亲去世一路到我研究生毕业，我家里的生活都很艰苦。毕业的时候，我的博士论文做得还算不错，陈先生让我申请不同的大学。我申请了大概6所学校，包括哈佛大学、普林斯顿大学、耶鲁大学、芝加哥大学、斯坦福大学，以及普林斯顿高等研究院。当时，大概是因为陈先生的推荐信写得很好，每所大学都给了我很好的offer（录用信），现在我还留着这些offer。前一阵子整理文件，看到哈佛大学当时给我三年的offer，薪水在当时很好，年薪一万四千五百美元，这可能是数学方面最好的offer，其他大学也不错。当时，我跑去跟陈先生谈，我说这些学校聘请我去，您觉得哪个地方好？陈先生也不问是哪些大学，他大概晓得是哪些地方聘请了我。他告诉我，普林斯顿高等研究院是个很好的地方，所有出色的数学家都应当去一次，那才算对得起自己的数学人生。陈先生最主要的工作是1945年在普林斯顿待了两年做出来的，那是一个至今仍值得纪念的工作，因为那是影响了整个数学界和物理学界的工作，所以陈先生对普林斯顿高等研究院很有信心，他说我应该去那里。我不好意思告诉陈先生，普林斯顿高等研究院给我的offer，薪水比哈佛大学少了一半以上，年薪六千四百美元；同时哈佛大学给我三年的聘期，普林斯顿高等研究院只给一年。其实，普林斯顿高等研究院没有看不起我，只是它一向如此，只给一年的offer，薪水也这么低。我记得很清楚，陈先生讲的话是十分肯定的，我非去不可，于是当时我就答应了陈先生。我想也没有想，也没有再考虑其他学校的offer，这是因为我晓得陈先生讲的是对的。我一辈子要找一个最好的方向，让我的事业能够走出一条有意义的路来，所以我选择了普林斯顿高等研究院。当然，哈佛大学也是一所伟大的学校，毕竟后来我在那里做了35年教授。不过，我始终没有觉得我做了一个不对的选择，这个选择对我后来影响很大。选择普林斯顿高等研究院的好处是，基本上全世界有名的学者都会去那里访问，我能够遇到很多世界第一流的学者，而且比其他地方都多得多，跟他们交流，对我后来影响很大。我去哈佛大学当然也可以碰到不少这样的学者，但范围不会那么广。我觉得，这对我来讲是很重要的人生选择。我也奉劝诸位，在你们做人生选择的时候，不一定要从金钱、权力、名望等方面来选择，要选择一条路，是能够影响以后一辈子并实现自己志向的康庄大道。我做这个决定的时候，完全没有考虑其他的因素，我觉得很满足，不斤斤计较得到的金钱。后来我在几所美国的名校能够待下来，与我当年在普林斯顿高等研究院认识的朋友和大师有密切的关系。

回想从前，有些时候，我走错了方向，走了一条不是我本来要走的路，没有研究我本来最想研究的问题，结果虽然不错，但我还是很快回去走一条更有意义的康庄大道。开辟一条康庄大道并不简单，我们需要独立思考。我虽然碰到很多当代的大师，但最重要的还是依靠自己的思想。我需要思考数学发展的宏观大道，我要找到数学，尤其跟几何有关的大道应当如何去走。这个思考过程对我影响很大，后来我几十年走的路都是从那时候开始慢慢发展起来的。有了这个起源，我还需要有恒心，一定要坚持，走一条大路，一直走下去。这一点并不容易，因为我看到我的很多学生和朋友，他们研究重要但很困难的问题时，一开始都会觉得心慌，然后就放弃了。其实很多问题并不是想象中那么困难，很多人都遇到了心理问题和障碍，不敢研究大问题。事实上，我们有了自己的看法，有信心而又尽力地向这个方向走，多交一些良师益友，总是会有好的结果的。一位有学问的学者，尤其在现代社会里，不可能一个人赤手空拳、完全不顾别人的想法就能够做出极为重要的工作。所有大师的学问都是很多不同的学者共同努力走出来的，唯一的区别是，大师走到最后时，比别人多了一步。

大家都听过，伟大的科学家是站在巨人的肩膀上完成他的学问的，这句话是牛顿讲的。他走过的路、做过的研究，是真正站在巨人的肩膀上完成的。我们不要认为，一个人坐在家里，天上掉下来的灵感就会完成其学问或者事业。世间没有这么简单的事情，历史上也没有出现过，不要被人误导了。一些媒体喜欢讲这样的故事，可能是因为这样讲起来比较有趣。但事实上，我和20世纪下半叶的大数学家都有一定程度的交流，没有见过有这种能力的数学家，包括陈先生在内。陈先生的主要工作是1945年在普林斯顿高等研究院受很多大师影响完成的。如果他没有去普林斯顿高等研究院，大概就完成不了他的工作，因为他在那里遇到了当时最伟大的数学家安德烈·韦伊，跟他来往和交流。

我希望你们毕业以后要记得这一点，你们需要很好的朋友，也需要很好的老师，当然这不一定都是指在学校里面的老师。或者在大公司里做事，也可以见到很有成就的商业界的 CEO、董事长，可以跟他们学习。离开普林斯顿高等研究院以后，我去了纽约州立大学石溪分校。当时的系主任是一位很出名的学者詹姆斯·西蒙斯，这位学者是研究几何的，他对我印象很好，很希望我去纽约州立大学石溪分校做教授。他是一位很有意思的数学大师，我很佩服他，到现在我还跟他很熟。当时，他对做学问的兴趣非常大，他在几何学方面做了很重要的工作，其中一个就是跟我的老师陈省身先生一同做的。这个工作在物理学界，特别是凝聚态物理方面是很重要的。当时他们也不晓得这个工作有这么重要，科学上有很多重要的工作在被构造的时候可能不晓得它的重要性，过了十年以后才晓得这么重要。当时我是单身，西蒙斯常常跟我聊天，他对数学的热情我看得出来。但是，他也很喜欢钱，要赚大钱，因此他后来慢慢去做生意了。他现在可以说是全世界最有才华的一位对冲基金经理。但开始时，他试了很多不同的方法，将自己住的大房子卖掉、收回来，又卖掉、又收回来，如是反复几次。他尝试了很多不同的做法，结果都不成功。十多年以后，他才开始将他的公司、投资的方法稳定下来。有趣的是，过了三十年后，他对数学研究又产生了很大的兴趣。每一个做大事业的人，其成功都有一定的困难，我们不能轻视创业的艰难，认为可以很快就能够成功。我们要不停地向前走，不停地学习。

我最出名的一个研究叫卡拉比猜想。这个猜想不仅是一个有名的问题，而且在几何学里是一个很重要而且是关键性的问题，不解决它的话，几何学的前进会遇到困难。我从研究生开始就对它有兴趣，当我研究这个问题的时候，已跟卡拉比先生有过不少交流。当时研究学者都不相信这个问题是对的，包括我自己。懂得几何的人看了后都觉得这个猜想太漂亮了，这样漂亮的事情不可能对，天下没有这么幸运的事情，所以我们都想证明这个猜想是错的。我花了三年工夫，跟很多朋友，包括英国一位很有学问的年轻人，以及美国一些一流的年轻学者合作过好几次，就是想证明它是错误的。1973年，我刚到斯坦福做访问学者的时候，在一个最大的几何国际会议上宣布找到它的反例，证明它错了。陈先生是当时会议的主席，他声称，开这个会最伟大的成就就是丘成桐解决了卡拉比猜想——通过给出反例证明卡拉比猜想不成立。我当时很年轻，才24岁。陈先生这么讲，我当然很高兴，因为在那么多世界有名的学者面前宣布，我有点沾沾自喜。

  过了三个月以后，卡拉比写了一封信给我，他说："上次你讲得很有意义，我也很相信你讲的做法是对的，但我还是有一个问题想要你回答我。"那时候，我即刻知道我的证明大概有漏洞。这件事情对我影响很大，错误比什么都严重。假如你一辈子不知道自己错在什么地方，你永远没有办法进步。我记得那是1973年10月，我对这个问题想了两个星期，基本上没有睡，没有做其他任何事，我要重新了解这个问题，看看我原来的方法有没有离谱的地方。经过两个星期不眠不休的思考，我对这个问题完全了解了。这给了我很大的信心，我认为这个猜想应该是对的。在这之前，我走了相反的方向，以为这个命题是错误的。这个改变对我来讲是一个很重要的改变。我的朋友们，全世界做这个问题的数学家们都还在想相反的方向，他们不相信猜想有可能是对的。而我自己觉得是走错了方向，应当反过来。反过来很重要，但由走东改成走西是不是那么简单？不像一些人讲的，突然间发现正确方向以后，灵感来了，就全部解决了这个问题。事实上，事情没有这么简单。我要重新组合，重新建立基础，花另外三年的工夫一步一步走，才最后将问题解决了。解决的过程比前面三年花的工夫更多，同时也找了很多朋友，他们帮了很多忙，终于在1976年完成。当问题解决的时候，我心情很愉快，虽然中间花了很多工夫，但这种愉快对我来讲是一辈子的。我觉得，我花了这么多工夫完成了一个很重要的事情，对这方面的数学，我是真真正正了解了。完成一件重要的事情，是很自然、很愉快的事，而不是赚了很多钱，或者是做了很大的官。我一辈子对赚大钱、做大官的兴趣不大，它们比不上我做学问的这种愉快。

当年我做这个猜想的时候，其实不单是为了做数学，因为这个猜想是和广义相对论有关的想法。我的这个工作完成以后，对数学有很重要的影响，因为我不但解决了卡拉比猜想，也解决了数学里面的很多重要问题。很多重要的猜想因卡拉比猜想而完成，尤其是在代数几何上。我当年可以说是一举成名，我那个时候刚好27岁，从我进入大学到完成这个猜想，基本上是十年的工作，我完成了之后很高兴。但我回想刚开始研究卡拉比猜想时的一个重要的想法是要解决物理上的一些问题，因为不忘初心，我就找了很多物理学家讨论如何用卡拉比猜想做一些物理学的问题。从我成名开始，我带了很多博士后。他们大部分是物理学出身的，在物理学上的学问比我的好。他们看了卡拉比猜想后，认为这不可能对物理有任何好处。当时我也没有办法，因为我在物理上比不上他们，但我始终不停地跟物理学家有很多来往，不停地学习，也从他们身上学习了不少物理知识。几年以后，有物理学家高兴地跟我讲，这个猜想对物理学是有重要性的，当时我是普林斯顿高等研究院的教授。整个过程可以说是一波三折，刚开始的时候觉得不行，继续下功夫完成以后，还是不要忘记整个思考过程是怎样的。然后，可以再出现第二个高峰，这些跟我思考很多问题、花很多工夫考虑有密切的关系；也因为我有大批很好的朋友，帮助我了解我需要的知识。

今天，我的精力比不上从前，但我的想法没有改变，这是我一辈子很宝贵的经验。我今天跟你们讲这个经验，希望对你们有些帮助。

中华民族现在面临千年不遇的大变局，也是中华民族伟大复兴的重要时刻。未来的二十五年，经济增长和科技创新将成为国家最重要的目标。没有良好的经济基础，尖端的基础科学没有办法完成；没有尖端的基础科学，尖端科技没有创新能力；没有数学科学控制统筹，没有办法发展现代化的经济管理，也没有办法支持创新的军工，没有办法保护百姓；没有稳定安全的投资环境，国家也没有办法富强。这是一个互为因果的强国之路。我们经管系的毕业生们，你们其实站在强国的第一线上，国家富强，家族也富强！让我们运用我们的学识，做一番事业，做对世界和平，对国家，对家族，对自己都有好处的事业。希望十年二十年后看到一个富强的中国，让后世，除了汉唐以外，还记得今日中华人民共和国的盛世！

本文为 2022 年 6 月 26 日我在清华大学经济管理学院 2022 年毕业典礼上的演讲。

04

我的教育观

童年的教育对一个孩子的影响是重要的，启蒙教育是不可替代的，它往往奠定了一生事业的基础。对孩子们来说，学到多少知识并不是最重要的，兴趣的培养，才是决定其终身事业的关键。

数学与数学教育

我今天能够回来和大家见面,觉得十分荣幸;母校如此盛意,我尤其觉得感激。我 1966 年至 1969 年在这里念书,那个时候,常在这个礼堂聚会。十一年后,再次回到这里,见到这个礼堂,真是十分高兴。记得当年我在崇基书院念书的时候,同学们相处得十分融洽。我在这里度过的那一段日子,比起后来在外面深造和做事的时候更令人怀念。在美国大学念书,普通同学之间的感情,绝对不能跟在香港中文大学比,一方面是因为香港中文大学人数少,另一方面是因为香港中文大学师生之间往往都能互相照顾,互相关心。

我在美国工作了许多年,经常想到内地和香港的大学的数学教育。一方面,这是因为香港中文大学是我的母校,我心里总是希望她能好好培养数学人才;另一方面,也是因为香港中文大学是以中文为主要授课语言的学校,这对我们在美国的数学工作者来说,尤其对我来说,有一种很特殊的感情。近年来,香港中文大学培养出一种清新的气息,给我很深的印象。因此,每次经过香港的时候,我都希望到母校走一走，希望能够为母校，为中国的数学教育尽一点力。所以当陈炜良主任叫我演讲的时候，我就挑选了"数学与数学教育"这个题目。但本人从来没有学过教育学，所以讲数学教育，也只能根据自己的一些经验和体会，讲讲我们对数学应该采取什么态度。因此，如果我说的有什么不妥，请各位教育专家多多指教。此外，我又听说听众的程度相当参差，有的是中学毕业生，有的中学尚未毕业，有的可能不是念数学的。因此，我演讲的内容，如果对专家来说太过肤浅的话，希望他们原谅。

数学与具体现象界

大家知道，数学的发源是很早的，差不多自有人类、有文化以来就有数学。数学是一切近代科学的根基，几乎所有能够做系统性研究的科学，都不能脱离数学。这是什么原因呢？跟一般人所想象的相反，这主要是因为数学所考虑的对象是一些很具体的问题。

我今天的演讲首先要强调的是，数学家不是一群怪物；其次是数学家所研究的事物，并不是一些奇妙的符号或诸如此类的东西，而是具体现象界的问题。我们跟其他科学家一样，研究的都是客观世界里需要解决的问题，但不同的地方在于：数学家很看重解决问题的方法或结果所产生的美感。从这方面来说，我们跟文学家十分相似。数学家可以因为某个定理或某个现象漂亮而不断追寻下去。另外一点跟其他科学很不相同的是：物理学、化学或其他科学研究出来的结果或结论，一定需要用实验去印证，但数学不需要用实验去印证。所以，数学家有两个特点：一是他们要解决实际问题，二是他们同时也以文学家的视角去欣赏数学。

数学的价值观

从古到今，数学家都是为了找寻真理，找寻美的境界而努力不懈。乍听起来，似乎这两点——真理（或抽象的真理）和美丽的境界——跟真实的、具体的问题毫不相干，但事实恰恰相反。经验告诉我们，向来真正好的数学或有深远影响的数学，即使在开始研究的时候是从美学的观点出发的，但结果无不和现象界有密切的关系。

具体现象界不断向数学家提出新的问题——工程学、物理学以及其他科学上的新问题，这些问题引导数学家走向许多不同的、新的方向。数学家把这些问题抽象出来，并设法去解决。当然，我们不敢说一定能解决这些问题。不过，一般来说，经过数学家研究到某一个程度以后，大致上是可以得到完美解决的。但数学家不会就此停止，因为一个问题解决之后，还会发现新的问题，这样我们又会继续做系统性的研究。这个系统性研究，大部分来说，是由美学观点触发的。我们把现象界所得到的经验抽象出来，然后不停地用美学观点来指导，推动数学的发展。这在其他科学工作者看来，可能是很可笑的，或许有人会问："你们数学家为什么爱干这么玄妙的、脱离现实的工作呀？人家要求你解决的，只不过是这个或那个具体的问题罢了。"举例来说，好些工程学上或其他科学上的问题，都是三维空间的问题，但数学家竟然进一步去研究高维空间究竟是一种什么现象，当时其他的科学家都认为这和现实是完全无关的。但经验告诉我们，即使是所谓抽象的问题，只要我们处理得当，结果都会发现它跟现实界可以再结合。所以，很快我们就发现了有关高维空间的定理跟现实界的现象是息息相关的。这种情形，无论古今数学，都曾经不断出现。

那么，怎样从美学观点来衡量数学定理呢？这是很难定出十分客观的标准来的。就像文学家对文章的评价一样，数学家也讲风格，讲许多不同的方面；但跟文学家可能不同的地方是，我们基本上有一个重要的衡量标准。数学家一般认为，好的数学的基本规律应当是简单，而不是复杂的；即使是很复杂的定理，也应该可以用简单的定理推导出来，并且可以用简单的语言写出来。用繁复的语言写出来的，大概不能算是好的定理。

"简单"的定义，要视时代和环境而定。两千年前的所谓简单与两千年后的所谓简单显然不同。由于时代的限制，人类在两千年前所了解的东西、所见到的现象界当然比现在狭窄许多，因此，我们在评论什么叫简单的时候，仍然受到主观方面的影响。

一位好的数学家所受到的第一个最重要的训练，就是要学习评价什么是简单，什么是美。在中学或大学里，可能还未提到这一点，但在研究院，这是一个最重要的训练课题。就是说，要学会评价什么数学是好的数学，是美丽的数学，或者是不好的数学。总而言之，数学所研究的是真理和美丽，而这两点其实和现象界是有密切的关系的。当我在准备这一次演讲的时候，我跟我在普林斯顿的一个学生讨论有什么可以讲的，他提到普林斯顿高等研究院的院徽。院徽象征的是真理和美丽，那是用什么来表现的呢？原来是用裸体女郎表示真理，用穿衣的女郎表示美丽。从数学的观点来看，真理和美丽也是同出一源的，有着密切的关系。

数学研究的对象

现在，我想讲讲几千年来数学所研究的对象，并且把这些对象分类。大致上，它们可以分为四类（当然，这只是我个人的看法，其他数学家可能未必同意这种分类法）：第一，是数字，尤其是对整数的研究。在这方面，我们产生了数论、整数数论、解析数论、代数数论。第二，是几何形象。从古到今，几何图形，尤其是美丽的几何图形，都使我们印象深刻。数学家为了追求美，当然不会放过研究几何形象，结果产生了平面几何、射影几何、微分几何、代数几何等各种各样的几何。第三，是函数。中学生可能不太清楚什么叫函数，也可能有一些印象：函数研究数与数之间的关系，几何形象与几何形象之间的关系，等等。第四，是概率，即有关概率论的研究。这几方面的研究对象看起来很不相同，但经验告诉我们，它们其实是十分接近的，甚至是分不开的。

数字的研究

整数的发现比任何数学，甚至任何文化的发展都要早。我们伸出手指，就可以一、二、三、四……这样数下去。当然有的动物也会数，但最聪明的动物也只能数有限的一二三四，人类却有办法把数字观念抽象出来，可以数任何大的数字。可以这样说，由于实际的需要，数学家引入了极大的数字，因此可以计算很大的加数。同样，因为有加减乘除的需要，所以也引入了相应的数。例如，为了方便减数，引入负数；为了方便除数，引入分数；等等。于是，数学家建造了所谓的"有理数"。从发现正整数，发现负数，到发现分数这个过程，听起来好像很简单，但人类用了很长时间才能达到这个水平。这个过程对近代数学的发展仍然有着十分深远的影响。在代数几何、代数和代数拓扑上，这个方法也是法国数学家格罗滕迪克用来建立 K 理论的主要方法。人类发现了有理数之后，由于几何上的发现和发展，又出现了无理数。这是第一次发现几何和数字有密切关系。那么，无理数是怎样被发现的呢？大家都学过平面几何，学过勾股定理。勾股定理是这样的：直角三角形斜边平方，等于其他两边平方的和。大家知道，这是几何中最重要的定理，甚至可以说是数学中最重要的定理。由勾股定理推导，结果发觉到一个直角三角形的性质，如果两边的长度等于 1 的话，那么，斜边就不是有理数，而是 2 的开方（$\sqrt{2}$）。无理数的发现，是抽象方法的一个大胜利。从计算或者测量的观点看，无理数和有理数的分别不是很大。但无理数，例如圆周率 π 或 $\sqrt{2}$ 在实际用途上、在物理上或其他方面不断出现，使我们无可避免地一定要去研究它们。如果纯粹用经验上的计数方法或测量方法来看，我们就无法了解实际上出现的 π 或其他无理数。如果我们对无理数无法深入了解，也就等于对许多不同的科学方法无法深入了解。由此我们知道，历史上几何和数字的第一次结合，产生了一个十分重要的现象，开辟了一个新的研究领域，那就是超越了数的发现和研究。

几何的研究

由于实用需要，也由于自然界出现美丽的几何图形，平面几何在远古的时候就已经开始发展，并且进展得很快。但当时所发现的定理，彼此之间的关系似乎并不是很大，直到欧几里得做了系统的研究，才对平面几何进行整理，把几何学公理化。这在数学史上具有重要的意义，我们从此知道，重要和繁复的定理可以用几个很简单的公理推导出来。这在逻辑上的意义已经够大了，但更重要的是，它向我们指出，形成数学定理的最基本的定律是简单，而不是繁复的；而且它确立了数学家一致的要求：定理本身一定要简单，然后才能显出它的美丽。

大家都学过几何，都会记得欧氏公理里面有个平行公理：一条直线外面的一点，一定存在一条经过这一点的平行线。但一两千年来，数学家对这个平行公理始终感觉不满意，认为不够公理的标准，所以一直希望能够用其他比较简单的公理把它推导出来。其他科学工作者，甚至很多数学家，都觉得这是一件可笑的事情，因为不值得把一两千年的工夫都花在它身上。但数学家的努力不是白费的。到了19世纪，这个问题终于被几位大数学家解决了。高斯、罗巴切夫斯基（Lobachevski）、波尔约（Bolyai）等发现平行公理不一定能由其他公理推导出来。他们在发现过程中所用的方法，使他们发现了几何学中的新概念，并引进了非欧几何。这在近代几何史上是一件盛事，不但对数学，而且对物理学产生了极大的影响。比如，要研究相对论，就得研究非欧几何。在数学方面，高斯和黎曼都受到它的影响，他们发展的黎曼几何，在近代数学上有极大的意义。这些例子足以用来说明数学发展的过程。数学家因丈量田地或类似的活动而发现了平面几何。由于认为某个公理不能令人满意而用美学观进行了十几个世纪的探索，因此发现了新的几何，发现了它在科学上的用处。这样的过程，在科学发展的道路上是屡见不鲜的。

再举一例。在研究平面几何方面，大家可能都知道有一个著名的三等分角的问题，那就是：给定任何一个角，看看怎样用圆规和直尺把它三等分。这是个古老的问题。数学家为了解这个问题，不知花了多少时间。这个问题在实用上当然没有多大的意义，因为实在没有什么理由一定要用图规和直尺去三等分一个角。我们早就知道，用其他工具是可以把一个角三等分的。但数学家仍然不罢休，继续不停地研究下去。结果，直到伽罗瓦发现了群论和方程的关系，这个问题才算被解决了。答案是,这个问题是不能被解决的,即一般来说,圆规和直尺是不能够用来三等分一个角的。这是个具有重大意义的发现。其意义之所以重大,不在于指出这个问题不能被解决,而在于发现了群论及其重要性。群论在近代科学上有极大的贡献,尤其是在量子力学方面。由此可见,我们研究的问题虽然看来十分抽象,但我们对真实科学的贡献仍然存在。此外,虽然群论的贡献到了21世纪才被发现,但有关的研究早已做了很久。这告诉我们,假如我们一定要看数学对实际用途的贡献,有时候,是要等相当长的时间的。但是,可以肯定,好的数学在科学史上一定会有它的贡献。

函数的研究

在数学应用上,我们所要求解答的问题一定要符合某种定律,比如有关天体运行的,就要符合牛顿的万有引力定律。一般来说,这些定律是由多项式方程或微分方程来说明的,所以我们所要求的就是这些多项式方程或微分方程的解。在工业革命以后,方程出现得特别多。为了解决这些方程,我们发展了函数论。函数论是18世纪以前数学中的主要科学,几乎大部分数学家将精力都花在了研究函数上。比如研究波振动的问题,数学家发现了傅里叶级数;研究电磁学、流体力学或数论问题,又发展了复变函数。这些数学分析性的问题之所以在19世纪陆续出现,主要是因为牛顿和莱布尼茨发展了微积分以后,数学家有了所需的工具来研究函数。我们不再把自己局限在简单的方程里,例如线性方程、二次方程等,而是可以研究一般曲线、曲面了。

一般曲线或曲面，无论在物理上还是在任何其他科学上都会出现。因此，出于实际需要，数学家一定要研究比以前更复杂的方程。微积分和已有的科学相结合之后，就发展了许多不同的新科学。例如微分几何，其研究对象就是一切高维或低维的曲面和几何形象之间的关系。

概率的研究

概率论在17世纪、18世纪已经开始发展。20世纪俄国数学家柯尔莫戈洛夫（Kolmogorov）把概率论严格化，引入了数学分析的方法。微积分的方法使概率论产生了革命性的进步，影响到了运筹学等的发展。由此可见，各种不同的数学，开始时好像没有什么关系，但实际上都是有关系的。

20世纪的数学

20世纪以前，出色的数学家同时也是物理学家或天文学家。但到19世纪末20世纪初，数学就跟天文学、物理学分了家。为什么呢？第一个原因是，每一门学问都开始有自己的分支，而且分得很细，几乎没有人能够对所有学科全部了解。即使在数学方面，我们所知道的也极为有限。第二个原因是，到19世纪末，数学家发现，数学理论本身的证明不够严格，以前所证明的定理在很多时候有反例，于是许多知名的数学家提倡数学严格化。严格化的过程有好的影响，也有坏的影响。先从好的方面来看，严格化直接影响到近代数理逻辑的发展。由于证明定理时极端严格化，数学家就可以有绝对的自信，知道一条定理一经证明，就是证明了，不会再有任何怀疑的余地，这是好的影响。但坏的影响是，由于需要严格，数学开始更加抽象化，并因此产生了很多种不同的数学，但基本上都是辅助性的。这些辅助性的数学，例如集合论或点集拓扑学，对数学的发展有过极大的贡献，但目前对这些数学的需要已经渐渐减少。十多年前提倡的"新数"，就是集合论等理论。其实，这种"新数"并不是我们真正要研究的数学。我们研究的数学要有实际意义，而不是符号的堆砌，或者仅仅是表面上严格的推导。严格的推导虽然重要，但我们不要忘记主要研究的对象是什么。

20世纪的数学开始进入高维空间，19世纪以前基本上是三维空间的数学。数学家为了研究代数方程，发展了代数几何；为了研究整数方程，发展了代数数论；为了研究微分方程和天文物理，发展了代数拓扑、微分拓扑；为了研究物理上和工程上的现象，发展了偏微分方程和常微分方程。爱因斯坦提出广义相对论，对微分几何发展产生了极大的、革命性的影响。近代微分几何起源于19世纪中叶左右，高斯提出微分几何新的研究方法以后，黎曼把它推广，发展了黎曼几何。此后，微分几何虽然有空前的进步，但由于工具上的限制，只能有局部的研究。到了近三四十年，偏微分方程和拓扑学上的发展，把微分几何带入一个全新的境界，而微分几何对拓扑学或偏微分方程也有它的贡献。

微分几何已经成为数学的一个重心。爱因斯坦研究统一场论时遇到了极大的困难，当时一位数学家外尔引入了纤维丛的概念。到了20世纪40年代，陈省身教授又研究纤维丛和陈氏特征类。到了70年代，数学家发现50年代时，物理学家杨振宁和米尔斯的规范场论，其实就是纤维丛的观念。所以杨振宁后来曾屡次表示，他惊异于数学家能够在没有物理现象的指示下产生这些观念。规范场论在近代有非常重要的发展，对解决统一场论有很大的贡献。近代数学蓬勃发展，这只不过是其中一面而已。

数学教育

我个人认为，教数学当然要培养学生对数学的兴趣，对数学本身的美丽的欣赏能力。但是，我们教学生，首先还是要让学生弄清楚学习数学的真正目的在哪里。它绝对不是为了学习集合或诸如此类的一大堆符号，而是要知道在推导思想方面，数学的方法是什么，是用什么方法去培养的，借此训练学生主动思考。因此，虽然有的数学，比如平面几何，其中比较繁复的定理大部分在近代科学里没有用了，但是，对学生来说，平面几何是很好的逻辑训练，所以还是要学。美国教育有很多失败的地方，但有一点很重要，就是他们十分鼓励学生讨论。学生之间的讨论，往往能够互相启发。因此，希望学校不要制造太大的考试压力，以便学生能够尽量发展自己。

其次，我觉得大学数学教育要平衡发展。近代数学发展的结果，使得各种数学之间的关系越来越密切，沟通也越来越多。因此，学生对所有不同的数学知识应有基本的了解。目前在国际上能够称得上好的数学家，至少都懂得两种不同的数学。比如读几何学的人，好多都懂得拓扑学上的理论或微分方程上的理论。如果只懂其中一种而不懂其他，后来会产生极大的弊病。

第三，要在大学里大力鼓励学生多读参考书，多做研究。这与鼓励学生之间进行讨论一样，都是值得提倡的。

最后，而且是最重要的一点是，希望大学教师在指导学生时，不要太过强调一些抽象性名词的重要性，因为它们只是数学的语言，不是目的。数学最重要的研究对象是数字，是几何的形象，是函数上的构造，是概率上的分布，等等，而它们和抽象语言的关系并不是那么大。

我想讲的，主要就是这些，就讲到这里吧。

———

本文为 1980 年 12 月 13 日我在香港中文大学崇基书院的演讲。

学问、文化与美——谈中学教育

今天非常高兴能来到北京师范大学附属中学。北京师范大学附属中学是一所历史非常悠久的学校,到今年已经成立110周年了,在历史上培养了很多人才,我在这里表示钦佩。中学是培养人才的非常重要的阶段,所以我非常愿意和中学生交流。由于中学生数学奖的评选,我也了解了国内中学的一些情况,总的来说很不错,但也有一些需要改进的地方。其实我没有受过教师的训练,也没有在中学教过书。我今天来到这里,主要想结合我的亲身经历来谈谈我对中学教育,尤其是中学数学教育的看法。

启蒙教育往往奠定一生事业的基础

一个中学生首先受到的教育是家庭教育,所以我结合个人的成长经历先谈谈家庭教育。

我在 1960 年通过考试到香港培正中学读书，培正中学是一所非常有名的学校。而我的小学教育是在香港的乡村完成的，连最基本的英文和算术都不够水平，所以念中学一年级需要比较用功才能追上培正的课程。但是，我在乡下的学校闲散惯了，始终提不起很大的兴趣念书。当时的班主任是一位叫叶息机的女老师，培正当时每学期有三段考试，每段结束时，老师会写评语。第一段叶老师说我多言多动，第二段说我仍多言多动，最后一段说我略有改进，可见我当时读书的状态。

所幸先父母对我管教甚严。先父丘镇英，1935 年厦门大学政治经济学专业毕业，翌年进入日本早稻田大学深造，专攻政治制度与政治思想史。先父当教授的时候，学生常到家中论学，使我感受良多。我 10 岁时，父亲要求我和我大哥练习柳公权的书法，念唐诗、宋词，背诵古文。这些文章到现在我还可以背下来，做学问和做人的态度，在我的文章中都体现了出来。

我们爱看武侠小说，父亲觉得这些小说素质不高，便买了很多章回小说，还要求我们背诵里面的诗词，比如《红楼梦》里的诗词。后来，父亲还让我读鲁迅、王国维、冯友兰等人的著作，以及西方的图书，如歌德的《浮士德》等。这些书看起来与我后来研究的数学没有什么关系，但这些著作中蕴含的思想对我后来的研究产生了深刻的影响。

我小时候家里很穷，虽然父亲是大学教师，但薪水很低，家里入不敷出。我至今非常感激父母从来没有鼓励我为了追求物质生活而读书，而总是希望我有一个崇高的志愿。他在哲学上的看法，尤其是述说古希腊哲学家的操守和寻求大自然的真和美，使我觉得数学是一个高尚而雅致的学科。父亲在所著《西洋哲学史》的引言中引用了《文心雕龙·诸子篇》中的一句话："嗟夫！身与时舛，志共道申，标心于万古之上，而送怀于千载之下。"这一段话激励了我，使我立志清高，也希望有所创作，能够传诸后世。我父亲一直关心着国家大事，常常教育子女，做人立志必须以国家为前提。我也很喜欢读司马迁的作品，他的"究天人之际"正可以用来描述一个读书人应有的志向。

一位学者的成长就像鱼在水中游泳，鸟在空中飞翔，树在林中生长一样，受到周边环境的影响。历史上未曾出现过一位大科学家能够在没有文化的背景下做出伟大发明的例子。比如，爱因斯坦年轻时受到的都是一流的教育。

一位成功的学者需要吸收历史上累积的成果，并且与当代的学者切磋并产生共鸣。人生很短，无论一个人多聪明、多有天分，都不可能漠视几千年来伟大学者共同努力得来的成果。这是人类了解大自然、了解人生、了解人际关系累积下来的经验，不是一朝一夕能够成就的，所以一个人小的时候博览群书是非常重要的。有人自认为天赋很高，不读书就可以做出很多题，这在我看来是没有意义的。四十多年来，我所接触的世界上知名的数学家、物理学家、社会学家中还没有这样的天才。

最近有一位日本 80 后作家加藤嘉一在新书《中国的逻辑》中谈到，在中国，知识非常廉价。中国的物价和房价都在涨，唯独书价不涨。书价低的原因是买书的人少。中国的文化是很深厚的，如果你们青年人不读书，几千年的文化就不能传承。如果文化不发展，那么不论经济怎么发展，中国都不可能成为大国。所以我希望大家多看书，看有意义的书，这是一件有意义的事情。

在小学学习的数学不能引起我的兴趣，除了简单的四则运算外，就是鸡兔同笼等问题，因此我将大部分时间花在看书和到山间田野去玩耍，也背诵先父教导的古文和诗词，反而有益身心。

初中一年级，我开始学习线性方程。从前用公式解答鸡兔同笼问题，现在可以用线性方程组来解答了，不用记公式，而是做一些有挑战性的事情。这让我觉得很兴奋，学习成绩也比小学的时候好。我父亲在我读9年级（初中三年级）的时候去世了。父亲的去世使我们一家陷入了困境。但母亲坚持认为，孩子们应该继续完成学业。尽管当时我有政府的奖学金，但仍不够支付我所有的费用。因此，我利用业余时间做家教挣钱。

我参考了历史上著名学者的生平，发现大部分成名的学者都有良好的家庭背景。人的成长规律很多，原因也很多，相关的学术观点也莫衷一是。但良好的家教，无论如何都是非常重要的。童年的教育对一个孩子的影响是重要的，启蒙教育是不可替代的，它往往奠定了一生事业的基础。虽然一位家长可能受教育的程度不高，但他在孩子很小的时候仍然能够培养孩子的学习习惯，激发孩子的学习乐趣。对孩子们来说，学到多少知识并不是最重要的，兴趣的培养才是决定其终身事业的关键。我小学的成绩并不理想，但我父亲培养了我学习的兴趣，这种兴趣成为我一生中永不枯竭的动力，我可以学到任何想学的东西。相比之下，中国式的教育往往注重知识的灌输，而忽略了孩子们兴趣的培养，甚至有的人终其一生都没有领略到做学问的兴趣。

无论如何，学生回家以后，一定要有温习的空间和时间；遇到挫折的时候，需要家长的安慰和鼓励。这是很重要的事情。

另外，家长和老师需要有一个良好的交流渠道，才会知道孩子遇到的问题。现在有些家长都在做事，没有时间教导小孩，听任小孩放纵，却要求学校负责孩子的一切，这是不负责任的。反过来说，由于现在大多数家庭只有一个小孩，因此父母很宠爱小孩，望子成龙。很多家长对小孩期望太高，往往要求他们读一些超出他们能力的课程。略有成就，就说他们的孩子是天才，却不知道这是害了孩子。每个人都应该努力了解自己的能力，努力学习。

平面几何提供了中学期间唯一的逻辑训练

平面几何的学习是我个人数学生涯的开始。初中二年级学习平面几何时，我第一次接触到简洁优雅的几何定理，这使我赞叹几何的美丽。欧氏《几何原本》流传两千多年，是一部流传之广仅次于《圣经》的著作。这是有它的理由的，它影响了整个西方科学的发展。17世纪，牛顿的名著《自然哲学的数学原理》的想法，就是由欧氏几何的推理方法来构想的。用三个力学原理推导星体的运行，开近代科学的先河。到近代，爱因斯坦的统一场论的基本想法用的就是欧氏几何的想法。

平面几何所提供的不单是漂亮而重要的几何定理，更重要的是它提供了在中学期间唯一的逻辑训练，这是每一个年轻人所必需的知识。例如五点共圆的问题，我第一次听说时感到非常有意思，很多人都从基本定理出发推导这个定理。我很惊讶地听说，很多数学教育家坚持不教证明，原因是学生们不容易接受这种思考。诚然，一个没有经过逻辑思想训练的学生接受这种训练是有代价的，怎样训练逻辑思考是比中学学习其他学科更为重要的问题。将来无论你是做科学家，做政治家，还是做一名成功的商人，都需要有系统的逻辑训练，我希望我们中学把这种逻辑训练继续下去。中国科学的发展都与这个有关。

明朝时，利玛窦与徐光启翻译了《几何原本》这本书。徐光启认为，这本书的伟大在于一环扣一环，能够将数学解释得清楚明了，是了不起的著作。刚开始，中国数学家不能接受，到清朝康熙年间的几何只讲定理的内容，不讲证明，这影响了中国近代科学的发展。

几何学影响近代科学的发展，包括工程学、物理学等，其中一个极为重要的概念是对称。古希腊人喜爱柏拉图多面体，就是因为它们具有极好的对称性。他们甚至把它们与宇宙的五个元素联系起来：

- 火——正四面体
- 土——正六面体

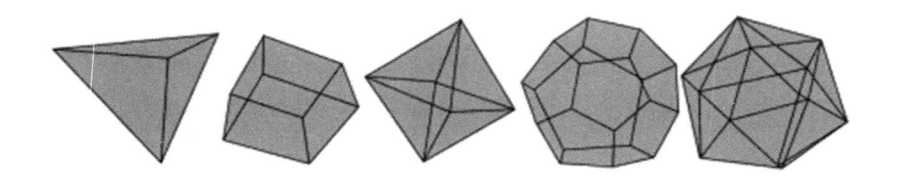

- 气——正八面体
- 水——正二十面体
- 正十二面体代表第五元素，乃是宇宙的基本要素。

虽然这种解释大自然的方法并不成功，但对称的观念自始至终左右了物理学的发展，并终于演化成群的观念。到 20 世纪，这个概念影响高能物理的计算以及基本观点的形成，今天已经贯穿到现代数学和物理及其他自然科学和工程应用等许多领域。

我个人认为，即便在目前应试教育的非理想框架下，有条件的、好的学生也应该在中学时期就学习并掌握微积分及群的基本概念，并将它们运用到对中学数学和物理等的学习和理解中去。牛顿等人因为物理学的需要而发明了微积分。而我们中学物理课为什么难教难学，恐怕主要原因是要避免用到微积分和群论，并为此绞尽脑汁。这等于是背离了物理学发展的自然和历史规律。

至于三角代数方程、概率论和简单的微积分，都是重要的学科，这对以后想学理工科或经济金融的学生都极为重要。

音乐、美术、体育对学问和人格训练都至为重要

我还想谈谈音乐、美术、体育以及这些课程与数学的关系。柏拉图在《理想国》中以体育和音乐为教育之基，体能的训练让我们能够集中精神，音乐和美术则能陶冶性情。古希腊人和儒家教育都注重这两方面的训练，它们对学问和人格训练至为重要。

从表面上看，音乐的美是用耳朵来感受的，美术的美是用眼睛来感受的，但对美的感受都是一种身心感受，数学本身就是追求美的过程。20世纪伟大的法国几何学家埃利·嘉当（Élie Cartan）也说："在听数学大师演说数学时，我感觉到一片平静，并有着纯真的喜悦。这种感觉大概就如贝多芬在作曲时让音乐在他灵魂深处表现出来一样。"

美术是以一定的物质材料，塑造可视的平面或立体形象，以反映客观世界和表达对客观世界的感受的一种艺术形式。几何也是描述我们看到的、心里感受到的形象。数学家极为注重对美的追求，也注意到了美的表现。伟大的数学家、物理学家赫尔曼·外尔说过："假如我要在大自然的真和数学的美之间做一个选择，我宁愿选择美。"幸运的是：自然界的真往往是极为美妙的。真的要做点学问，就要懂得什么叫美，如何在各种现象中找到美的感觉。数学的定理有几千万，如何选择完全凭个人的训练感受。

普林斯顿高等研究院的徽章就体现了真和美，左面是裸体的女神，右面是穿着衣服的女神。无论是文学家、美术家、音乐家还是数学家，都在不断发掘美，表达他们从大自然中感受到的美。一位画家要画山水

画,到三峡,到泰山,到喜马拉雅山看到的风景是不同的。如果你没有去过,那么一切都是空谈。我们看某个风景的图片和亲自去感受是不同的,所以做学问也是同样的道理,只有身临其境才知道什么是真的好,是真的美。

现在来谈谈体育。古希腊哲学也好,儒家哲学也好,都注重体魄的训练。亚里士多德认为,古希腊人有超卓的意志(high mindedness),意指古希腊人昂昂然若千里之驹,自视甚尊,怜人而不为人怜,奴人而不为人奴。正如孟子所谓"富贵不能淫,贫贱不能移,威武不能屈"。做学问的人也要有这样的气概。综观古今,大部分数学家的主要贡献都在年轻时代,这点与青年人有良好的体魄有关。有了良好的体魄,在解决问题时,才能集中精神。重要的问题往往要长年持久地集中精力才能够解决。正如荷马史诗里描述的英雄,不怕艰苦,勇往直前,又如玄奘西行,有好的体魄才能成功。

学习的过程不见得都是渐进的,有时也容许突进

现在有很多教育家反对学生熟记一些公式,凡事都需要由基本原理来推导,我想这是一个很错误的想法。对有些事情来说,推导比结论更重要,但有些时候是不可能这样做的。做学问往往是在前人的基础上发展。我们不可能什么都懂,必须基于前人做过的学问来发展,通过反复思考前人的学问,才能理解对整个学问的宏观看法。跳着发

展,再反思前人的成果。当年我们都背乘法表,而事实上,任何一位科学家都懂得如何去推导乘法表,物理学家或工程学家大量利用数学家推导的数学公式而不产生疑问,然而,科学还是不停地进步。可见,学习的过程不见得都是渐进的,有时也容许突进。我讲这个例子不是让大家偷懒,不会就算了,而是希望大家不要因为有些不懂就放弃,就停滞不前。

举一个有名的例子,那就是 $\exp(i\theta) = \cos\theta + i\sin\theta$,三角函数中比较重要的定理都可以由这个公式推导。我们不难推导它,但有些学者坚持中学生要找到它的直观意义,可能你找不到直观意义,但可以一步一步推导,推导以后就可以向前研究了。

很多中学不教微积分。其实中世纪科学革命的基础就在于微积分的建立,而我们的孩子不懂得微积分,等于是回到了中世纪以前的黑暗时代,这实在可惜。

我听说很多小学或中学的老师希望学生用规定的方法学习,得到老师规定的答案才给满分,我觉得这是错误的。数学题的解法有很多,比如勾股定理的证明方法至少有几十种,不同的证明方法帮助我们理解定理的内容。19 世纪的数学家高斯用不同的方法构造正十七边形,不同的方法来自不同的想法,不同的想法导致不同方向的发展。所以数学题的每种解法有其深厚的意义,你会领会不同的思想,所以我们要允许学生用不同的方法来解决。

实际上,很多工程师甚至物理学家有时并不严格地理解他们用来解决问题的方法,但他们知道如何去用这个方法。对于那些关心如何严格推导数学方法的数学家来说，很多时候也是知道结果然后去推导，所以我们要明白学习的方法有时候需要倒过来考虑问题，先知道做什么，再知道为什么这样做。要灵活处理这些关系。

我们需要有新的能量使他跳跃

物理学的基本定律说物体总是寻找最低能量的状态，在这种状态下才是最稳定的。你们的学习态度，包括我自己也有同样的状况。人总是希望找到各种理由，使得有时间去做自己喜欢的事。就如电子在一定轨道上运行，因为这是它的能量所容许的，但有其他能量激发这些电子后，它可以跳跃。对孩子的学习，我们也需要有新的能量激发，使他跳跃。

这种激发除了考试的分数，也来自老师的课堂教学。例如一些有趣的问题或非常有名的数学家的故事，都会引起学生的兴趣，学生都喜欢听故事。历史上有趣的故事有很多，值得学生学习。

美国的中学注重通才教育，数学以外的学科，例如文学、物理学、哲学，都会刺激学生的思考，这值得鼓励。

中小学要特别注重对学生独立人格和品性的培养

如果学生在学校里不能学习与人相处，并享受到它的好处，那么不如在家里请一位家庭教师来教导。现代社会是一个合群的社会，学生必须学习与同学相处，并尊重有能力、有学问的老师和同学。学生必须懂得如何尊重同学的长处，帮助有需要的同学。学生要培养与他人沟通合作的能力、独立思考的能力、团队协作的精神，以及对周围人和对社会的责任感等，并在这种环境中去训练自己。

美国的教学体系有很多值得我们学习的地方，虽然它不是一个理想化的体系。比如美国的高中和大学不给出分数，只给出 A、B、C、D。这不是一件坏事，因为它可以削弱学生之间不必要的竞争。为分数斤斤计较以及争夺班里的第一名，会破坏学生之间的合作，使集体的力量得不到尊重。中小学教育里特别注重对学生独立人格和品性的培养，学生的个性和个人特点也受到充分的尊重和肯定。不少学校把对个人品德的要求按第一个字母缩写成 pride（荣誉），即 perseverance（坚持）、respect（尊重）、integrity（正直）、diligence（勤奋）、excellence（优秀），作为学生自我要求的基本要点。这种美德的评价要尊重人的本性。对学生本人来说，要形成自己独立的价值观。

对中学生来说，永葆一颗童心，保持人与生俱来的求知欲和创造能力，展示自己的个性，对今后的学习和工作至关重要。衷心希望在座的各位可爱的孩子快快乐乐、健康地成长。

本文为 2011 年我在北京师范大学附属中学的演讲，

原题为：《学问、文化与美》。

大学之前的教育：关于中国教育改革的几点意见

我在香港长大，父亲在大学教授中国哲学、历史和文学。我深受父亲影响，就读的培正中学又是以中文授课的，所以特别喜爱中国文学和历史。父亲的教导和我在中学受到的教育，奠定了我一生做学问和做人的基础。这一点很重要，相信大部分人有同样的经验，是故良好的国民教育必须重视中学教育。

今天的演讲，我就先从小学和中学教育讲起。我个人虽然没有长期教育大量的小学生和中学生，在这方面的见识不见得全面，但我读中学的时候，曾经花不少时间给中学生和小学生补习，并且在香港的天台小学教过一群学生，也算是熟悉香港学童教育的经验。[1] 后来，我在美国和中国台湾教育我的两个儿子，对外国和台湾的中小学教育，也有些领会。

---

1 自20世纪50年代起，港英政府在许多大厦的顶楼天台上设立小学，由志愿者开办，为当时基层家庭子女提供基本的教育机会，自20世纪70年代后期起逐渐淘汰。丘成桐中学时期的故事可参见前文《那些年，父亲教导我的日子》。——编者注

教师和学生直接交流的经验其实极为重要，所以我很惊讶地见到有些管理教育的官员或鼓吹中小学教育和写教科书的学者从来没有接触过中小学生，却做着影响这些孩子一辈子的事情，而且不愿意接受有学问的学者和有经验的教师的意见。须知这些孩子日后是社会的栋梁、国家的领袖，岂可因一己之私见而掉以轻心？

在台湾，有些政客为了自己的理念，在中小学实行所谓"去中国化"的政策。十多年下来，很多年轻人不再懂得珍惜丰富的中国文化，不知道自己的根在何方。在香港，大部分中小学生不需要修历史课，因为管理教育的官员认为这些学科并不重要，他们认为在中学，教一些简易的通识教育就足够了。其结果是，不少香港学生竟然搞不清楚什么是《南京条约》。由于没有足够的文化背景，因此科技的发展也遇到了极大的困难。

小学教育

小学生的功课不宜负担太重。很多家长从幼儿园开始就让孩子补习，甚至开始准备奥数，孩子的心理负担很重，慢慢视学习为畏途。我认为在小学阶段，应该进行活泼有趣的教育，将儿童的能力和心智慢慢诱导出来。

老百姓必须有健全的责任感，并且懂得尊重法律。西方国家的教育政策很早就让儿童熟悉法律的意义。我的两个孩子小时候在学校就受到了良好的训练，在好学校，家长都会帮助学校做一些事情。例如，在我孩子就读的小学，有些家长是律师和法官，他们主动帮忙，将班上的一部分孩子组织起来，模仿在法庭上审理案件的完整过程。这种模拟法庭活动往往要排演很多次，而小孩也要到处找参考资料。

这是一个很好的教育方式，孩子很早就接触到专业的法律专家，从具体的情境学习美国法律精神，这不是背书背得出来的经验。律师和被告人辩论的时候，要随机应变，也要猜测陪审员的想法，陪审员则要讨论如何定被告人的罪名。在这个过程中，小孩子不但学到了法律的常识，也学到了为人处世应有的态度。

每逢节日，美国的学校就安排一些和节日有关的历史文化作业。比如美国的感恩节与印第安人有关，校方就让孩子研究印第安人的文化、生活习俗和劳作方式。有时则是要注意自然界的现象——我大儿子拿着望远镜到处观察候鸟的形态，和百科书里的图片比较。他还研究公路上车辆行驶的速度，当然也有音乐、体育、舞蹈等训练。[1] 种种不同的学习，轻松而有意义，从中知道如何观察，如何推理，如何表达，以及如何与同学交流。

中国的很多家长认为自己的孩子在学校没有学到什么，往往要孩子跳级，结果并不理想。这些家长往往忘记了一个问题：孩子在跳级的时候，受到的训练不见得完全，知识中有很多空白。久而久之，孩

---

[1] 孩子长大若想成为音乐家、舞蹈家或国家队运动员，在小学就要开始训练。值得一提的是，美国大学在招生时，希望看到学生在这些项目中出类拔萃，而不是死读书。

子会对自己失去信心。此外，孩子太小，难与年纪大的同学合群，这可能给他的成长带来灾难性的后果。过去我有个博士后，十分年轻，是马来西亚知名的天才，最后受不住寂寞和压力，最终离开了我们。

从不同的文化或教育系统来看数学教育，我发现了一个有趣的现象：一方面，中国有许多家长太过担心孩子因为不懂做题而考不好试，进不了最好的中学或大学。另一方面，现在有很多教育学家（包括在美国的数学教育工作者），坚持要求学生在做算术题时答对每一步运算，并懂得推理，且极力反对孩子背乘法表。他们坚持学生的推理方式和老师要求的一模一样，即使学生用不同的方式得出正确的答案，也得不到任何分数。我想，假如我是这些学生，数学考试大概也不会得高分。

坦白说，我浸淫数学50多年了，在数学研究有突破的时候，我还是会用到别人的成果。开始时，我只能假设他们的成果正确，先向前走一步，再回过头来看他们的成果是否站得住脚。（事实上，现在有些名学者连后面这一步也不顾，直接就发表文章了。）这表明什么呢？即使是最前沿的研究，我们也不可能将所走的每一步都了解通透，才能进步。所以，在教育儿童时，有部分靠推理，有部分靠记忆（例如熟背乘法表），这样才能学得好，学得快。

要知道，掌握一门学问需要长期浸淫，记熟了的一知半解的知识，经过长期琢磨，一般会融会贯通，渐渐了解它的意思。我小时候读唐诗、宋词、古文，根本不懂文字的意思，但朗诵起来好听，日后慢慢也就懂了。最重要的是，背诵后牢记于心的诗词歌赋，会一生受用，需要遣词造句的时候，可以随笔而出。

儿童的语言训练比大人容易，所以学习英语最好从这个时期开始。当然，法语、德语、拉丁语和西班牙语也相当重要。英语已成为国际通用语言，不得不学；很多科学名词是以拉丁语为基础的；而不少经典的科学文献都是用德语和法语写的，懂得这些语言都有好处。我们对于任何问题、任何事情，都应该保持不同的看法，看法越多，对问题的了解就越透彻。所以，在教育孩子时，一定要允许他们从不同的角度得到问题的答案。

我认为，小学教育必须特别注重品德教育。品德教育非在小时候开始不可，因为不好的习惯形成后，就很难改变了。什么叫作品德？不同民族和不同阶层的人有不同的看法，这些看法与国民文化修养有密切的关系，与宗教信仰往往也有关。但对品德的看法有个共通点，那就是我们对我们生存的社会要担当应有的责任。除了作为守法的公民，还要知道如何服务社会，忠于国家。亲亲，仁民，爱物。最重要的是知道廉耻。我很惊讶地看到我的学生抄袭别人的成果，被揭发后竟然一点也不觉得惭愧，还大摇大摆地吹嘘偷来的结果，这大概是此人读中小学时养成的习惯吧。

我曾看到一则消息，是关于犯下重大金融诈骗案的麦道夫（Bernard Madoff）的采访。麦道夫曾是美国纳斯达克证交所主席，因诈骗罪被判处150年监禁。一般人都认为他罪有应得，因为他用所谓的"庞氏骗局"诈骗了投资者的巨额资金。哈佛大学商学院教授绍尔特斯（Eugene Soltes）曾电话采访狱中的麦道夫，这是哈佛商学院一门课程计划的一部分。麦道夫说他一开始以为自己的所作所为是一般金融管理人都会做的事，不以为意，等到泥足深陷时，已经不能自拔。其实大部分犯错的人都是由轻而重，不自觉犯下了大错。由此可以知道，在小时候就要教育：不可贪婪，不能带有侥幸心理；每做一件事，要警惕可能影响了多少人的生计和前途；做错事，要有羞耻心。

要提高学生的文化修养，敢于创新和表达自己。领导力一直以来都是西方现代教育的精神。中国在这方面的投入不够。美国是新兴的国家，但很多小镇都有不错的图书馆，甚至有很好的博物馆。老师会带着孩子参观博物馆，灵活利用图书馆的设施，让孩子增长在课堂上没有学到的知识。现代网络极为发达，很多文化知识可以通过网络传到边远乡村的学校，这的确是很有效的教育方式，但它们无法全面代替亲眼看到博物馆展览品时的感受和旅游见闻。

古人评论司马迁写的《史记》，说他自幼周游名山大川，因此笔尖有奇气。这是人和大自然直接的交流。就如同物理学的实验，不能由电脑计算来代替。然而，若能灵活运用电脑，利用电子游戏，对孩子的教育会有很大的帮助。记得我儿子在不懂中文的情形下，很快就看完了《三国演义》的原本，那是拜电子游戏所赐。借由游戏，他很快熟悉了一大堆当时的人名。这些人名频繁出现在游戏中，所以对他来说，记住这些名字毫无困难。

假如我们能制作更多有趣的电子游戏，将艰涩的科学名词（尤其是生物学和医学名词）融入游戏，应该会有很好的效果。另外，也可以将古文谱成歌曲，以唱歌的形式教学，孩子很快就能记诵下来。我教我的小孩古文，他们大部分都忘记了，台湾的中学将《礼运大同篇》谱成歌曲，我妻子用它来教育小孩，发现他们记得特别长久。但凡事有利必有弊，小孩子很容易沉迷于电玩，长久不息，必须有所控制。我的大儿子就曾相当沉迷其中，不能自拔。总之，我认为小学教育的重点除了基本的语文算术，更要培养他们的人文科学兴趣、人格和法律的基本修养，当然体育和音乐的训练也是很重要的。

中学教育

中学教育是年轻人终生学问的基础。12岁的孩子开始成熟，可以集中精神学习基本而有用的学问。中学第一年是由小学过渡的第一步，可以说是准备阶段，此时我们要让学生在重要学科上打好扎实的基础。语文和数学是学生学习一切知识的基础，必须学好。学英文要学习语法、造句，学中文除了白话文外，还要学古文，因为古文是近代白话文的基础。同时最好能够背诵古文和诗词歌赋，日后作文时才懂得如何遣词造句。

中国历史必须读，同时要读得透彻，对国家、对同胞才会有感情。有了高雅的感情，学问和事业才会做得好。其实，好的历史学家都是优秀的文学家。读《左传》，读《史记》，读《汉书》，大气磅礴，一气呵成。他们的文章水平，非一般文学家所能企及。所以，文学和历史教育是水乳交融的。同理，春秋战国时代的经书、诸子百家的文章，一直到宋明理学家解释他们哲学的经卷，都是绝妙好文，更何况其中包含了东方文化的精髓。当然，我们也应该学习西方的历史和哲学，毕竟现代科学文明的基础可以追溯到古希腊哲学家的看法，而道德的标准又受到宗教的影响。我们要和外国人打交道，不可不知道西方文明的基础。

数学是人类练习推理的主要途径，不可不知。三段论证是推理的基础，事实上，平面几何的公理化体系影响了西方两千多年来基础科学思维的发展。牛顿的力学巨著、爱因斯坦的统一场论，都得益于欧几里得《几何原本》的想法。很多教育学家认为，平面几何的定理在现实社会中用处不大，所以建议取消在中学教导平面几何的课程，这是极端短视的看法。

近 50 年来，无论是物理学家、工程师还是经济学家，都了解到数学的重要性。没有现代数学，很难想象当今电脑、通信和资讯处理等产业的迅猛发展。物理学家从前看不起数学家，这 30 多年来的经验，却让他们认识到看似玄虚的数学理论，可以在现实的自然界中得到体现。2016 年的诺贝尔物理学奖即授予了三位用拓扑学研究物质相变的物理学家。几何学是研究物理时空的基础，化学家用群论分析复杂的分子结构，经济学家广泛应用对局论，生物学家需要统计学工具处理大量的实验资料。现今各界逐渐认可，数学的确是现代科学的根基。

基础数学当然以几何、代数和微积分为主，必须在高中时学好。最重要而又简单的方法就是将习题做好，课前预习老师要教的内容也很有效。应用数学的重要分支包括概率论、统计学和组合理论。假如学生在学习这些学科时，能够结合实际应用，那么对掌握这些学科会有很大的帮助。

在表达和推理的学习过程中，深具意义的训练是让学生参加辩论比赛。学生首先要准备，学习辩论的内容，和伙伴配合，懂得推理，并要随机应变，能表达自己的意见，又要有风度。一般来说，在辩论比赛中得奖的中学生，美国的名校都有兴趣录取。

接下来讨论其他理科的学习。物理学是一门重要的学科，牛顿力学、电磁学的基本意义和理论必须弄清楚。同时精通这些学问的理论和实验的中学物理老师并不多。除了实验室必须有好的仪器，老师最好也受过专业训练，才有能力演示有启发性的实验，让学生了解课本知识和自然界现象的比较。

近代化学和生物学的进展一日千里，已非当年我读中学时可以想象。我的两个小孩在中学上现代微生物学这门课时，课本都是大学教材。他们很早就有能力做实验，甚至得到新结果。这得益于老师的指导能力和实验室的先进仪器。

一般来说，中国的中学生花太多时间准备高考或奥数（奥林匹克数学）。考试考得好表示学生的基础不错，奥数考得好表示学生对某类刁难的习题掌握得不错。但是，学生需要知道的知识远比这些问题多得多，而填鸭式的训练往往抹杀了学生做学问的兴趣和自由选取题目的空间。

要改变高考并不容易，因为它有一定的重要性，毕竟这几乎是中国农村小孩能够进入上层社会的唯一途径，让偏远地区的家庭拥有希望，享受公平教育，增强中国广大地区的凝聚力。但是，高考体系也间接打击了学生原创能力的训练。所以我认为，高考制度不能废，但可鼓励民间投资兴办大学，另一方面将目前高校计划招生的名额分配一些给有特殊表现的中学生。这类学生的选拔，可以借鉴美国大学的方法。

一般来说，中学生一方面精力旺盛，另一方面思想还未成熟，容易意气用事。尤其是受到不良诱惑或挑衅之后，可能被人利用，或者不顾一切做出后悔终生的事。在中国，很多小孩受到过度宠爱，不见得了解人世间的艰辛，所以遇到困境时往往手足无措，甚至颓唐而不能自拔。我在中学时从老师那里学到"开卷有益"的重要性，好的书当然要多读，坏的书也要看，但要懂得去比较个中的区别何在。日后在社会上，在学术界难免会遇到伪君子，遇到无赖，读过描述这类人的书后，冲击就不会太大。

一个人最后能够成功，不是因为他懂得走捷径，争取到最好的结果，而是因为他能不断从失败中站起来，并且从失败中学习成功的方法。我自己做一个问题往往花5年、10年甚至20年，不断努力去学习，失败后再闯新路，才能成功。我们在课堂上学到的内容都是前人经过多年努力得到的成果，但我们需要学习他们在奋斗中是如何成功的。所以，中学生花一段时间体验中下层社会的工作，自己想办法解决生活的问题，才能更了解社会，才知道自己的幸福，经过磨炼后，即使失败，也不会气馁。记得我的小儿子在高二那年到百货公司打了两个月的工后，对自己的看法就不一样了。

我 14 岁时，父亲去世，这对我产生了深刻的影响。那年我们学校开学时，学生一同唱一首歌，叫《青年向上歌》，我的感触特别深："我要真诚，莫负人家信任深。我要坚强，人间痛苦才能当。"在学习这些经验时，我们也要懂得如何从中得到心灵的享受。有人喜欢运动，有人喜欢音乐，有人喜欢帮助别人。我个人喜欢读诗词、古文和历史，它们能寄托我的感情。

记得小时候读陶渊明的《五柳先生传》，说"好读书，不求甚解"，大家都认为不对。其实大家忘记了，此处的重点在于"好读书"。"熟读唐诗三百首，不会作诗也会吟。"我们只要喜欢，不一定每次读书都要彻底搞明白一切。念数理学科也是如此，只要保持兴趣，以后就会逐渐明白。

中学到大学的途径

我认识不少家长，他们要求孩子集中精力做高考题，不需要把时间花在其他"无谓"的事情上。但他们忘记了，孩子的一生都要接触社会，他们长大后，要追求成功，免不了要和有修养的人士来往，自己能没有修养吗？在中学最后几年，很多家长会想办法影响他们的孩子对大学专业的选择。他们的想法往往是从自己的立场出发，很少想到孩子真正的兴趣所在。举例来说，我看到很多对数学有浓厚兴趣的中学生不敢以数学为专业，主要原因是家长们认为数学不会为孩子带来财富。

我年轻时，可以选择很多不同的容易赚钱的专业。幸运的是，母亲给了我完全自由的选择，由我自己依兴趣决定。其实，很多家长忘了一个很简单的事实：我们希望孩子拥有愉快的人生。孩子们对自己的专业有兴趣，有信心，才能事业有成。大家都说行行出状元，但在替孩子决定专业时，一般会建议他们读金融相关的学科。他们也忘记了，读名校的金融类专业，有很多基本学科，例如数学是必修的。

如何选择专业是极为重要的一件事，会影响孩子的一生。家长和老师都应该从旁辅助，但最重要的是要以孩子的兴趣为主。孩子在成长过程中很容易受同学、老师和家长的影响，所以我建议孩子多阅读成功人士的传记。美国很多学校都会让学生执行一个习作：去访问并撰写成功人士的传记。每年我都收到中学生要求我提供资料以便撰写我的文章的请求，有些学生则写家族中某些有成就人士的传记。我认为这些习作对学生有很好的影响，在这个过程中，孩子可以学到人生的目标和成功的要素。

我中学时读过不少名人传记和故事，尤其是关于陈省身先生和杨振宁先生的文章，使我特别感动。选择大学当然是一件重要的事，这个问题和我们的志愿有莫大的关系。例如，想读工科和创业的学生，顶级名校，如斯坦福和麻省理工学院就不错；读文理科，哈佛和普林斯顿都很好。但这些名校招生不多，录取殊为不易。在美国，有很多名气一般的大学，也许有些学科比名校还要出色，也值得选择。现在中国有几所名校也都不差，决定出国留学前也可以认真考虑。

大学教育

由于长期受中学教育影响，中学生不见得很了解大学教育的目的和教授的期望。初入大学的学生往往以为某些大学先修课程（advanced placement）他在中学时已经学过，到了大学后可以不必再修。但是，中学老师的教学重点和大学老师的教学重点不太一样，往往学生跳过这些学科去修更高深的学科时，才发觉自己的水平不够。我在大学念书时，有些课时间重叠，我两门都修，但只听其中一门。尽管我两门课都考试，成绩也都是班上最好的，但没有上过的课，我总觉得有些不足，在应用其中的技巧时无法得心应手。所以奉劝年轻的学生，要尽量打好基础，不要贪图进度，急着毕业。

大学生如果立志选择科学研究的道路，应多修读大师级教授的课，或旁听名家的演讲。名校聘请大教授，自然有其道理。当这些教授和他们的团队在学生面前展示他们的最新成果时，对喜爱科学的听众来说，会产生一种难以描述的气氛。亲眼看见举世闻名的重大发现首次向世人展示，令人激动。这种气氛会激发大学生探索创新的热情，而不觉辛苦。毕竟，在你眼前的教授可以和你交谈，他的团队外表看来也不见得特别显眼，所以你也能建立起信心，去做重要的学问。一般来说，我宁愿见到一个骄傲的学生，而不愿见到死气沉沉、自怨自艾的年轻人。

在中国，传统教育的体制和美国大学不太一样。中国基本上秉承传统政教不分的政策：以吏为师。学生基本上是学徒，由教师指导，向教师学习。所以，韩愈说："师者，所以传道授业解惑也。"但美国的大学生，除了向老师学习专业知识外，很重要的一面是和同学交流，并学习如何创造新的思维。老师和学生密切交流，一同寻求解决社会和自然界的问题，探究迷惑的现象。其中的基本精神是，老师也从年轻学子的想法中得到启发，共同进步。所以，美国名校花很多工夫去挑选优秀的学生。好的学生不单有能力吸收知识，也丰富校园的文化气息，提供新颖的想法。为了使家境贫寒的学生也能进入校园，学校一般会提供丰厚的奖学金。

每所大学有不同的作风，麻省理工学院对学生的专业课要求很高。哈佛要求也很高，但要求学生在专业以外，还要注意心智的平衡发展，将来能够成为领袖。一般来说，美国大学鼓励学生吸收本科专业以外的知识。我有个朋友的儿子在哈佛大学念埃及文学，毕业不到两年，成立了一家相当成功的高科技公司。原来他修读过的科目远远超过了所在专业的要求。

哈佛大学为一年级新生提供了很有趣味的新人讨论班，邀请校内名教授授课，每班12个学生，这些学生一起和这些名教授在小教室里讨论各种有趣的事情。举例来说，我们的文理学院院长喜欢帆船，他花一学期时间向学生解释风帆的种种物理问题，又带学生们到他的帆船上实习。学生在实践中学习力学和流体原理，新鲜而有意义。另外一名物理教授找了12部电影，叫学生找出电影里不合基本物理原理的镜头。在这样的环境中，学生和教授能有密切的交流，很快会知道如何去做一流的学问。

美国的教育讲究训练学生的创新能力，但创新的基础在于质疑问题。假如学生对于见到的事物、阅读过的书和文章都没有兴趣，不愿意去发掘问题，找寻其中真意的话，不可能有创新的成果。我念大学时，某位数学老师的教学方式是拿一本书来，叫学生找寻书上的错误，并加以纠正。这是很好的训练。听说犹太人教导小孩，也是要求小孩提出大量的问题，甚至刻意构建一些有疏漏的理论，要求孩子们找出其中的错误。这种训练方式很值得我们学习。

很多名校的学生在暑期会到不同地方实习，可能是大实验室，可能是政府机关，可能是大公司，甚至到国外交流。对学生来说，这确实很有意义，不单可增广见闻，认识不同地方的文化，也可开阔胸襟。在毕业前一年，也有老师指导他们写学士论文，尝试自己做研究的滋味。我在哈佛大学数学系这么多年，常会见到十分有水平的学士论文，它们往往使我惊叹不已。

当然我们会问，为什么美国名校能够做到这一点，而中国名校还没有能力培养出极为出色的大学生和高水平的研究生？其实经过十年的努力，中国高校大学生的程度已经比先前大有进步。六年来，在我主持的大学生数学竞赛中，我看着每年中国学生不断进步，不少大学生在美国名校读研究生时崭露头角，我感到欣喜。但是，大部分留学生学业有成后，只愿意留在国外，楚材晋用。这意味着中国教育部门和高校花了九牛二虎之力，却为他人作嫁衣，这终究不是政府培养人才的目标。

中国要成为实质且能永续的大国，必须有自己创新的能力，在科技文化上要有深度，才能够与欧、美、日这些科技大国争长短。这个问题必须通过最基本的教育来解决。如何创造良好的环境，在中国土地上培养出一流的大学生和研究生，可以说是当务之急。上面讨论的内容主要是学生从小学到大学以前应该注意的事情。至于如何培养杰出的研究生，以及如何成长为大师，讲究的是人生境界的培养、哲学思维的修炼，而上面所谈的则是难以改变的基础功夫。

发展第一流科学研究，是西方社会花了数百年的投资才完成的基业，绝对不能轻视。记得有一次我访问哈尔滨工业大学时，有位年轻人跟我说，中国的航天技术已远远超过西方。又有人跟我说，我们在生物学上的成就已远远超过哈佛大学。我们确实大有进步，但还没有足够的能力大规模产生引领世界的科学和技术，我们还需要沉住气去追赶。

数理与人文

从古到今，无论是自然科学还是人文科学，内容都越来越丰富，分支也越来越多。考其原因，一方面是由于工具越来越多，人们能够发现不同现象的能力也比以前强得多；另一方面是由于全世界的人口大量增长，不同种族、不同宗教、不同习俗的人在互相交流后，不同观点的学问得到融会贯通，迸出火花，从而产生新的学问。从前孔子在讨论自己的学问时说："吾道一以贯之。"现在的学科这么多、这么复杂，有人能做得到孔子所说的一以贯之吗？我现在来探讨这个问题。

创造力源于丰富的情感

在学者构造一门新的学问，或是引导某一门学问走向新的方向时，我们会问，他们的创造力从何而来？为什么有些人看得特别远，找得到前人没有发现的观点？这是一个理性的选择，还是因为读万卷书而得到的结果？

上述这些当然都是极其重要的原因，但我认为最重要的创造力，源于坚实基础之上的丰富的情感。

在中国文学史上，我们看到：屈原作《离骚》，太史公作《史记》，诸葛亮作《出师表》，曹植作《赠白马王彪》，庾信作《哀江南赋》，王粲作《登楼赋》，陶渊明作《归去来兮辞》。他们的作品都可以说是千古绝唱。然后，我们又看到李白、杜甫、白居易、李商隐、李煜、柳永、晏殊、苏轼、秦观、辛弃疾，一直到清朝的纳兰容若、曹雪芹，他们的文章诗词热情澎湃、回肠荡气，感情从笔尖下滔滔不绝地倾泻出来，成为我们见到的瑰丽作品。这些作者并未刻意为文，却是情不自禁。绝妙好文，冲笔而出。

何以故？孟子说："我善养吾浩然之气。"太史公说："此人皆意有所郁结。"能够影响古今传世文章的气必须至柔至远、至大至刚！

南北朝时，刘勰著《文心雕龙》。他评论五经，认为从文学的角度来看，经文都是上品，以其载道也，载道的文章必定富有文气。道不一定是道德，也可以是自然之道。至于数理方面，也讲究相似的文气。

从古希腊的科学家到现代的大科学家，文笔泰半优美雅洁。如上所述，他们并没有刻意为文，然而文以载道，自然可观。数理与人文，实有错综交流的共通点，互为学习。

古希腊人和中国战国时期的名家雅好辩论，寻根究底。在西方，

15世纪著名画家与数学家保·乌切洛以透视法手绘之酒杯（乌菲齐美术馆藏）

因此产生了对公理的研究，影响了整个自然科学的发展。从欧几里得的几何公理到牛顿的三大定律、爱因斯坦的统一场论，莫不与公理的思维有关。

无论是在西方还是在中国，科学的突变或革命都以深刻的哲学思想为背景。古希腊哲学崇尚自然，为近代的自然科学和数学发展打好了基础。中国人比较偏重人文，在科学领域主要的贡献是应用科学。但有趣的是中国人提出五行学说，古希腊人也试图用五种基本元素来解释自然现象；中国人提出阴阳的观点，西方人也讲究对偶。事实上，古希腊数学家研究的射影几何，就已经有极点（pole）和极集（polar）的观念。文艺复兴时期的画家则研究透视几何。对偶的观念，从那个时候就已经开始了。

值得一提的是，对偶的观念虽然肇始于哲学和文艺思想，但对近代数学和理论物理的影响至大且巨。在现代数学和粒子物理中，由对偶理论得到的结果更是具体入微。七十年前，物理学家已经发现负电子的对偶是正电子，而几何学家则发现光滑的紧空间存在着庞加莱对偶。三十多年来，物理学家发现他们在20世纪70年代引入的超对称（supersymmetry）概念，可以提供粒子物理和几何丰富的思想，它预测所有粒子都有超对称的对偶粒子，同时极小的空间和极大的空间可以有相同的物理现象。假如实验能够证明超对称的概念是正确的话，阴阳对偶就可以在基本物理中具体表现出来了，说不定它可以修正和改进中国人对阴阳的看法。

文艺复兴时期的科学家理文并重，他们也将科学应用到绘画和音乐上去。从笛卡儿、伽利略到牛顿和莱布尼茨，这些大科学家在研究

高斯 　　　　　　　黎曼 　　　　　　　希尔伯特

科学时，都讲究哲学思想，通过这种思想来探索大自然的基本原理。之后伟大的数学家高斯、黎曼、希尔伯特、外尔等，都寻求数学和物理的哲学思想。黎曼创立黎曼几何，就是从哲学和物理的观点来探讨空间的基本结构。至于爱因斯坦，在创立广义相对论时，除了用到黎曼几何的观念，更是大量采用哲学家马赫的想法。

每个国家，每个地方，甚至每所大学发展出来的科学与技术，虽然都由同样的科学基础推导而来，结果却往往迥异。这是什么原因呢？除了制度和经费投入不一样，更重要的是它们有不同的文化背景，不同地方的科学家对自然界有不同的感受。他们写出来的科学文章和获得的科技成果，往往受到家庭和社会背景及宗教习俗的影响。他们学习的诗词歌赋、文学历史，也都与他们的科技成就有密切的关系。

举个例子，在中国成长的数学家，受地域和导师的影响很大。不少中国数学家喜欢读几何，大概是受到陈省身先生的影响，其次是读解析数论，则是受到华罗庚先生的影响。而在这些数学家里，又以江浙人占大多数。大概是这些地方比较富庶，又得西方风气之先。印度的学者则受拉马努金（Srinivasa Ramanujan, 1887—1920）和钱德拉的影响，喜欢数论和群表示论。日本近代数学的几位奠基者，包括高木贞治（1875—1960）在内，家里都是精通兰学的学者，对荷兰文有很好的认识，因此他们比较容易接受西方的数学观念。

我遇见过很多大科学家，尤其是有原创性的科学家，他们对文艺都有涉猎。他们文笔流畅，甚至可以与文学家相媲美。其实，文艺能够陶冶性情，文艺创作与科学创作的方法实有共通的地方。

科学家与文人的情感共鸣

出色的理文创作，必须有浓厚的情感和理想。在这一点上，中国人并不比西方人逊色。中国古代学者都有浓厚的情感，这充分表现在诗词歌赋上。

其实，中国文化在文艺以外的活动中表现出来的情感，也是极为丰富的。在中国古代，不少人为了理想而不顾性命。当年张骞出使西域，间关万里。从此西域的文化、农产和牲畜，源源不断地输入中原。而卫青和霍去病奔驰大漠，窦宪勒石燕然，出生入死，才去除数百年来在北方为患的匈奴。霍去病曾说："匈奴不灭，无以家为也。"有了这些勇气、这些志愿，他们才能够建立这些名垂千古的功绩。

东晋时，外族入侵，中原板荡。祖逖谋复中原之地，带兵渡江时，击楫而誓，说："祖逖不能清中原而复济者，有如大江！"这是何等的志气！

在魏晋南北朝和唐朝，僧人为求佛法，不惜舍命于沙漠和大海，终于带回大量经卷。其中一个典型的例子是东晋时的法显，他为求佛法，以五十九岁的高龄，穿河西走廊，过玉门关，横越沙河，翻过葱岭，直达印度。他历尽艰险，苦学梵文，抄写经典，在海上多次遇险，才回到中原，全程十多年。他自己在《佛国记》里面说："顾寻所经，不觉心动汗流。所以乘危履险，不惜此形者，盖是志有所存，专其愚直，故投命于不必全之地，以达万一之冀。"这种毅力，真是值得我们钦佩。

宋朝文天祥被元军囚禁时，作《正气歌》。他认为天地间有一种正气，也就是孟子说的浩然之气。这个气是文学家和科学家共同拥有的，在创作的时候，就会表现出来。现代的杰出科学工作者，肉体上未必经得起上述诸贤的艰苦，但他们做研究时坚定的意志却可以与上述诸贤相媲美。初学者需要欣赏和学习这种意志。

诗人墨客、诗词歌赋，最能表现这种高尚的情怀。所以，科学家与文学家有很多能够产生共鸣的地方。事实上，科学家和文学家除了有共同的情感，在研究方法上，也有很多类似的地方。

在我从前写的一篇文章中，我用不同的例子指出数学家可以用和古代中国文学家赋、比、兴类似的手法，进行第一流的创作。

现在再举另一个例子：

苏轼是北宋的大文豪，一代词宗。他作了一阕《洞仙歌》：

冰肌玉骨，自清凉无汗。水殿风来暗香满。绣帘开，一点明月窥人，人未寝，欹枕钗横鬓乱。

起来携素手，庭户无声，时见疏星渡河汉。试问夜如何，夜已三更，金波淡，玉绳低转。但屈指西风几时来，又不道，流年暗中偷换。

苏轼像（出自《晚笑堂画传》，1743 年）

这阕词的背景是：苏轼在七岁时见过眉州的一个老尼，姓朱，年约九十。她说她曾经随师父去过后蜀主孟昶的宫廷。有一日，天气炎热，后蜀主和他的妃子花蕊夫人深夜纳凉于摩诃池上。孟昶作了一阕词，这个尼姑还能记得这阕词，并告诉了苏轼。四十年后，苏轼只能够记得词中头两句。他有天得暇，寻找词曲，猜测这阕词应该为《洞仙歌》。苏轼因此循着这两句的作意猜测后蜀主的想法，将这阕词续完。

苏轼续词对中国文学是一份贡献。但我们想想，不同的文人对着残缺的词句，心里一定会有不同的反应。

假如是清代的乾嘉学者，就可能花很多时间对这件事做考据，得出一个严谨的结论：这词不可考！因此他们不会去续这阕词。

有一些文人可能没有能力去猜测到这阕词的词牌名，当然也不会做任何事。

另外有一些文人可能像苏轼一样，猜到了词牌名，却没有兴趣将它续出来。还有一些文人虽然找到了词牌名，但文字功底太差，续出来的可能是没有趣味的词。但苏轼却兴致勃勃地花时间去推敲，去猜测，写了一篇传世的杰作！

我为什么要举这个例子呢？因为科研创作有类似的情形，上述四个不同的描述正好反映了从清初到近代，中国科学发展的几个阶段！

但有一点值得注意的是，苏轼深爱文学，才会在四十年后还记得七岁时听过的词的前两句。纵然这是绝妙好句，有多少人过了一两年后还记得别人写的词？从这里可以看到学者的情感所在。坦白说，我本人五十年前读这阕词，到现在还记得词中这两句。但我教我的小孩念词，过了两三年后，他们就全部忘记了。

现在来看看科学的发展。1905 年，物理学家知道两个重要的理论，那就是万有引力理论和狭义相对论。它们都与引力有关，同时都基本正确，却互相矛盾。爱因斯坦对这个问题有浓厚的兴趣，他知道这两个理论是一个更完美的引力理论的一部分。他在数学家闵可夫斯基、高斯、黎曼和希尔伯特的帮助下，完成了旷世大作，就是令我们钦佩的广义相对论。

爱因斯坦的创意当然远胜于苏轼续《洞仙歌》，但有点相似。我来做一个不大合适的比拟，苏轼记得后蜀主的两句词，一句可比拟为牛顿力学，另一句可比拟为狭义相对论里面的洛伦兹变换。爱因斯坦花了十年工夫来研究引力场，就是以这两件事情为出发点，用他深入的物理洞察力和数学家提出的数学结构，才完成他留名千古的引力理论的！这一点有点像苏轼在续词时，先对四川有深入的了解，又体会到了孟昶和花蕊夫人在摩诃池水晶殿里的情形，心有所感，才以他高明的手法续完这阕词。

但这里有一个重要的分别，假如爱丁顿（Arthur Stanley Eddington, 1882—1944）在 1919 年时没有用望远镜观测证明广义相对论，无论爱因斯坦的理论多漂亮，都不是一个重要的工作。物理学需要实验，数学需要证明，文学却不需要这么严格，但离现象界太远的文学，终究不是上乘的文学。

从《红楼梦》看大型数学创作

一首词续得好，需要有文学修养，也需要有意境，才能够天衣无缝。但和大型歌剧或小说相比，它的创作还是更容易。

现在来看看在文学和科学的领域里，大型的结构是如何被创作出来的。中国文学最有名的经典著作要数《红楼梦》，它的作者曹雪芹并没有将这部巨著全部完成，这可是千古憾事。我们如何将它续完呢？除了需要有出色的创作能力，还需要了解该书的内容和背景。由于这部书的内容错综复杂，以现代的观点来看，可能需要用统计和数学的方法。

当年曹雪芹写《红楼梦》，借用了自身的经历来描述封建社会大家族所遇到的不可避免的腐败和堕落，也描述了当时大家族的荣华富贵。他与评书人脂砚斋一路著书，一路触目愁肠断。整本书可以说是以血书成，作者自己也说："十年辛苦不寻常。"书中的情节充满了他澎湃的感情，却是有条有理的创造和叙述。在这本书差不多完成时，作者却因伤感而去世了——"芹为泪尽而逝"。但至今还没有任何作者能够将这部巨著完满续成，对曹雪芹当年的想法如何处理，还是争论不已的大问题。

曹雪芹和他家族的经历当然是多姿多彩的，但他不可能将真事尽数写下来。毕竟事情有先后轻重之分，又为了将真事隐去，他不可能不创造一些情节、一些诗词、一些交谈内容，来完成一个完整的图画。他用了种种不同的手法。在曹雪芹之后，很多作者都想学他的写法，效果却相去甚远。除了文学水平不如曹雪芹，他们写书时情感的色彩和曹雪芹的内心世界是无法相提并论的。

《红楼梦》的创作过程犹如一次大型的数学或者科学创作。数学家和科学家也是试图搭建一个结构，来描述见到的数学真理，或是大自然的现象。在这个大型结构里，有很多已知的现象或者定理。在这些表面上没有明显联系的现象里，我们试图找到它们的关系。当然，我们还需要证明这些关系的真实性，也需要知道这些关系引发的新现象。

但找到这些关系的方法，因创作者而异。在小说的创作中，小说家的能力和经历会表现在这些地方。一位好的科学家会创造自己的观点或哲学，来观察我们研究的大结构，例如韦伊要用代数几何的方法来研究数论的问题，而朗兰兹要用自守形式表示论来研究数论。他们在建立现代数论的大结构时，就用了不同的手法来联系数论中不同的重要部分，得到数论中很多重要的结论。令人惊讶的是，他们得到的结论往往一样——殊途同归。

当年我和一群朋友在建立几何分析这门学问时，采取了一个观点，就是大量的几何现象需要用非线性微分方程来解释，方程的解往往可以决定空间的几何性质。几何学家想研究的现象，包括子流形和不同的几何结构。我在1976年完成的卡拉比猜想就是要构造复流形上的几何结构，方法是解非线性微分方程。后来大家开始重视这种方法，非线性方程因此横跨各个领域。除了复几何，我当时还想研究三维空间的几何结构问题。但我的同学瑟斯顿也认识到这个问题的重要性，他用偏向于拓扑学和黎曼曲面的方法，率先解决了这个问题的重要部分。可见做学问的方法不拘一格。但三维空间的结构问题，最后还得用几何分析的方法来解决。

用一个主要的思想来搭建大型科学结构，跟文艺创作也很相似。曹雪芹创作《红楼梦》时的一个重要观点是以情悟道，以四大家族的衰败来折射这个观点。罗贯中写《三国演义》，就是要弘扬以刘氏为正统、贬低曹魏氏的思想。

20世纪代数几何和算术几何的发展，就是一个宏伟的结构，比《红楼梦》的写作更瑰丽、更结实，但它是由数十名大数学家共同完成的。在整个数学洪流中，我们见到大数学家各展所能，找到不同的技巧，解决了很多悬而未决的问题。但能左右整个大方向的数学家实在不多，我们上面提到过的韦伊和朗兰兹，就是很好的例子。

我们需要培养一些能"望尽天涯路",又能"衣带渐宽终不悔"的学者,这需要浓郁的文化和情感背景。正如宋徽宗词中的叙述:"天遥地远,万水千山,知他故宫何处。怎不思量,除梦里、有时曾去。"

从这里也许可以看到中西数学的不同。直到如今,除了少数两三位大师,中国数学家走的研究道路基本上还是萧规曹随,在创新的路上鼓不起勇气,不敢走前人没有走过的路!我想这一点与中国近几十年来文艺教育不充足,对数理情感的培养不够有关。

我们现在用另外一个例子,来解释数理与人文共通的地方:文学家和科学家都想构造一个完美的图画,但每个作者有不同的手法。

数学家和文学家都追求完美化

在汉朝,中国数学家已经开始研究如何去解方程,包括计算立方根。到宋朝时,已经可以解多次方程,比西方早几百年,但他们解决的方法是数值解,对方程的结构没有深入的了解。

一个最简单的问题就是解二次方程:

$$x^2+1=0$$

事实上,无论 x 取什么实数,方程的左边总是大于 0,所以这个方程没有实数解。因此,中国古代数学家不去讨论这个方程。

大约在四百多年前,西方数学家开始注意到这个方程,文艺复兴后的意大利数学家发现它跟解三次方程和四次方程有关。他们知道上述二次方程没有实数解，就假设它还是有解，并将这个想象中的解叫作虚数。

虚数的发现非常了不起！它可以与轮子的发现相媲美。有了虚数后，西方数学家发现所有多项式都有解，而且解的数目刚好是多项式的次数。有了虚数后，多项式的理论才成为完美的理论。完美的数学理论很快就得到无穷的应用。事实上，其后物理学家和工程学家发现，虚数是用来解释所有波动现象，包括音乐、流体和量子力学里面波动力学的种种现象的最佳方法。

数论研究对象的重要部分是整数，但为了研究整数，我们不可避免地要大量用复数理论。19世纪初，柯西（Augustin-Louis Cauchy，1789—1857）和黎曼开始了复变函数的研究，将我们的眼界由一维扩

柯西

展到二维，改变了现代数学的发展。黎曼又引入了 ζ 函数，发现了复函数的解析性质可以给出整数中的素数的基本性质。另一方面，他也因此开创了高维拓扑这个学科。

由于复数的成功，数学家试图将它推广，制造新的数域，但很快就发现除非放弃一些条件，否则那是不可能的。哈密顿和凯莱（Arthur Cayley, 1821—1895）在放弃复数中的某些性质后，引进了四元数（quaternion）和凯莱数这两个新的数域。这些新的数域影响了狄拉克对量子力学的构想，他创造了狄拉克算子（Dirac operator）。从这里可以看到，数学家为了追求完美而得到重要的结果。

将一个问题或现象完美化，然后将完美化的结果应用到新的数学理论来解释新的现象，这是数学家惯用的手法，与文学家有很多相似的地方，只不过文学家是用这种手法来表达他们的情感。

中国古代有很多传说，很多是凭想象，将得到的一些知识循当时作者或当政者的需要而完成的，所以有刘向父子作伪经。还有《山海经》，夸大描述了很多无法证明的事情。

中国诗词也有不少的例子。例如，李商隐和李白就有"锦瑟无端五十弦"和"白发三千丈"这两句夸大的诗句。

在明清的传奇小说里，这种写法更加流行，《西游记》里有很多事情明显只有很少部分是事实。《三国演义》里孔明借东风的事，是作者为了夸大诸葛亮的能力而写出来的。

文学家为了欣赏现象或者纾解情怀而夸大，而完美化，但数学家却为了了解现象而构建完美的背景。我们在现象界可能看不到数学家虚拟结构的背景，但正如数学家创造虚数的过程一样，这些虚拟的背景却有能力解释自然界的奇妙现象。在数学家的眼中，这些虚拟背景往往在现象界中呼之欲出。对很多数学家来说，虚数和圆球的观念都可以被看作自然界的一部分。现在粒子物理学里有一个成功的理论，叫作夸克理论，它和虚数理论有异曲同工之妙。人们从来没有看见过夸克，但我们感觉得到它的存在。

有些时候，数学家用几千页的理论，将一些模糊不清的具体现象，用极度抽象的方法去统一，去描述，去解释。这是数学家追求完美化的极致。令人惊奇的是，这些抽象的方法居然可以解决一些极为重要的具体问题，最出名的例子是格罗滕迪克在韦伊猜想上的伟大工作。物理学家在20世纪70年代引进的超对称，也是将对称的观念极度推广。我们虽然在实验室中还没有见到超对称的现象，但它已经引出了很多重要的发展思维。

这是值得惊喜的事：近代数学家在数学不同的分支取得巨大的成果，与文学家的手段极为相似。所以我说，好的数学家最好有人文的训练，从变化多姿的人生和大自然中得到灵感，来将我们的科学和数学完美化，而不是禁锢自己的脚步和眼光，只跟着前人的著作做少量的改进，就以为自己是一位大学者。

中国数学家太注重应用，不在乎数学的严格推导，更不在乎数学的完美化。到了明清时期，中国数学家实在无法跟文艺复兴时期的数学家相比。

有清一代，数学更是不行，没有原创性！可能是受到乾嘉考据的影响，好的数学家大多跑去考证《九章算术》和唐宋的数学著作，不做原创性的工作，和同一个时代文艺复兴以后的意大利、英国、德国、法国的学者不断尝试的态度迥异。找寻原创性的数学思想影响了牛顿力学，因此引发了多次工业革命。

到今天，中国的理论科学家在原创性上还是达不到世界最先进的水平，我想一个重要的原因是我们的科学家在人文修养上还是不够，对自然界的真和美的情感不够丰富！这种情感对科学家、文学家来说，其实是共通的。我们中华民族是一个富有情感、有深度的民族，上述诗人、小说家的作品，比诸全世界，都不遑多让！

但我们的科学家不大注重人文修养，我们的学校教育大概认为语文和历史教育并不重要，用一些浅显而没有深度的通识教育来代替这些重要的学问，大概是我们以为国外注重通识教育的缘故吧。但这是舍本逐末。坦白说，我还没有看到过一个有水准的国家和城市不反反复复地去教导国民或市民本国或本地的历史的。我两个孩子在美国的一个小镇读书。他们在小学，在中学，将美国三百年的事情念得滚瓜烂熟！因为这是美国文化的基础。

我敢说，不懂或是不熟悉历史的国民，很可能认为自己是无根的一代。一般来说，他们的文化根基比较浅，容易受人愚弄和误导。这是因为他们看不清楚现在发生的事情的前因后果。史为明镜，它不单指出古代伟人成功和失败的原因，也将千年来我们祖先留下来的感情传给我们。我们为秦皇汉武、唐宗宋祖创下的丰功伟绩感到骄傲，为他们的子孙走错的路而感叹！中国五千年的丰富文化使我们充满自信心!我们为什么不好好利用祖先留给我们的遗产?

数理人文和博雅教育

或许有人说,自己不想做大科学家,所以不用走我所说的道路。其实,它们并不矛盾。一个年轻人对自己要学习的学问有浓厚的感情后,再去学习任何学问都会轻而易举!至于数学和语文并重,则是先进国家,如美国等一向认为是理所当然的。美国比较好的大学录取学生时都看SAT(学习能力倾向测验)成绩,其中最重要的部分考的就是语文和数学。

除了考试,美国好的中学也鼓励孩子多元化,尽量涉猎包括人文和数理的科目。美国有很多高质量的科普杂志,销量往往都在百万册以上。而中国好的科普读物不多,销量也少得可怜,从这一点就可以看到中西文化的异同,希望我们能渐渐改进!

最后要指出,数理人文和所谓博雅教育有莫大的关系。哈佛大学文理学院院长柯伟林(William C. Kirby, 1950—)在2006年的周年通讯中说:"让我重申博雅教育的重要性。博雅教育的目标广阔,既着眼于基础知识、鉴古知今、推理分析,又能培养学生在艺术上的创造性,并且对科学的概念和实验的精准性有所了解,同时博雅教育也强调因材施教,反对重复不断的操练,顶住了过早学科化和专业化的潮流。以培养专业人才为目标是好多名校的优良传统,但这绝非哈佛大学的使命。我们希望哈佛学子在专注于某门学问的同时，成为一个事事关心、善于分析和独立思考的人，毕业后矢志贡献社会，并终身学习。"

台积电前董事长张忠谋先生对上述看法甚为赞同。他说："博雅教育启发我的兴趣，充实我的人生，对我影响非常大。我曾说过，如果没有《红楼梦》、莎士比亚、贝多芬等等，我的生命会缺少一块。对我的工作而言，博雅教育提升我独立判断的思考能力，让我从工程师、工程经理、总经理、执行长到董事长一路走来，无论担任何种职务，都受益良多。"张董事长在事业上极为成功，可以反映数理和人文关系的重要性。

美国名校的教育使得不少学者跨越不同的领域，取得极大的成就。有些学生在本科时读英文系，毕业后却可以成功创立高科技公司。当代在数学和物理上有杰出成就的威滕（Edward Witten, 1951— ）教授在本科时念历史。这些例子在美国名校不胜枚举，但在华人社会却不多见。这应当是美国倡导博雅教育的结果，也就是倡导数理人文并重的结果。

中国的教育始终走不出科举的阴影，以考试取士，系统化地出题目。学生们对学问的兴趣集中在解题上，科研的精神仍是学徒制，很难看到寻找真理的乐趣。西方博雅教育的精神确实能拓宽我们的视野，激发我们的热情，更能够培养大学问。举例来说，哈佛大学的新生研讨课（Freshman Seminar）可以说是于学无所不窥！连我前些年写的一本叫作《大宇之形》（*The Shape of Inner Space*）的科普书，物理系有些教授也用来作为通识课本。多读多看课本以外的书,对我们做学问、为人处世都会有很大帮助!

好的文学诗词发自作者内心,生生不息,将人与人的关系、人对自然界的感受表现出来。激情处,可以惊天地,泣鬼神,而至于万古长存,不朽不灭!伟大的科学家不也同样要找到自然界的真实和它永恒的美丽吗?

数学和其他学科交叉发展的前景

科协要求我谈谈数学发展的前景,这确实是一个很有意义的题目。但数学包括的内容极为广阔,当今之世,能够精通各门数学学问的大师并不存在,但尝试做这件事还是有意思的。希望中国年轻的学者能够得到一些帮助。

首先,我们需要注意世界数学研究的流向。20 世纪初期,数学受到希尔伯特的影响,追求严格化,数学家创造了各种抽象空间,著名的有希尔伯特空间和巴拿赫空间,使得分析学和微分方程引进了统一的基础并产生了新的观点。举例来说,空间对偶的方法使我们知道如何定义广义的函数和极小子流形。这些观念确实改变了我们的思维,影响了我们解题的方法和研究的对象。其次,20 世纪中叶,我们又见到了代数几何的抽象和代数化。在韦伊、扎里斯基(Zariski)、塞尔(Serre)、格罗滕迪克等人那里,我们看到流形的定义得到大力的推广,不单可以用实数和复数来描述几何,也可以用更一般的代数域来定义几何,因此一大片的数论问题可以通过代数几何的方法来解决。著名的费马问题的解决就是沿着这个思路，再加上表示论和自守函数的研究。

从上述这两个例子，我们可以看到纯数学的跳跃式前进，往往是由各学科的交叉研究而得到的。20世纪初的数学家和19世纪末的数学家很不一样。纯数学的理论虽然突飞猛进，但它的发展却与其他自然科学逐渐拉开距离，尽管我们看到维纳、柯尔莫戈洛夫、伊藤清、香农、泰勒等人在概率论、熵理论、随机过程等重要学科的发展中应用到大量的分析学，纯数学家在这段时间认为他们不需要和其他学科交流，也可以突飞猛进！但纯数学家也慢慢地发现，其他自然科学也可以提供很有意义的想法，没有交叉研究，总是缺少了一些重要的观点！

事实上，在20世纪初严格的基础上，纯数学的确有长足的进步。举个例子来说，法国人搞了一个长期的讨论班，将他们认为重要的数学基础写成一本本书，又阅读天下数学，总结重要的研究结果，借以增长他们自己的见闻，往往改进了本来的研究方向。他们称这个讨论班为布尔巴基（Bourbaki）。它的确有很大的影响力，因为参加这个讨论班的数学家都是一时俊杰，包括韦伊、谢瓦莱（Chevalley）、塞尔、格罗滕迪克在内的数学家都是一代大师，他们说的话都很有见地。但布尔巴基的方向越来越抽象，而大师们自己也退休了，新的领导人又力有不逮，这个讨论班也日渐式微了。

总的来说，布尔巴基的贡献是巨大的，但由于他们力求严格并系统化，因此很多重要学科的内容不可能包含在布尔巴基里。尤其是交叉学科和带应用的学科，学科还没有系统化地建立成功，还在摸索的阶段，布尔巴基的学者们不见得会喜欢它们，也无从帮忙或吸收这些学科的精华。因此，法国近代应用科学的发展，和布尔巴基的关系不大。

从这里，我们看到一个事情，纯数学是一门基础学问，它可以自行发展，而且有它的重要性，它往往在不经意的时候产生重要的应用。关于这一点，我下面会给出一些例子，但很多纯数学家忽略了一个客观事实，那就是，无论我们从抽象的想法发展出来的理论有多美妙，我们都不可能，也不应该与现象界长期脱节。从自然界中产生的理论一般来说都会有深度，不易枯干！

反过来说，我结识过很多应用数学家。表面上，他们的工作和纯数学家相比，对社会更有贡献，也往往得到政府的大量经费。在争取经费时，他们也瞧不起纯数学家，认为自己更有能力去解决实用的问题，并认为有计算机在手，就无往而不利。他们认为，他们不需要去看那些看不懂的复杂数学证明，遑论自己去做证明。记得在20世纪70年代，几位伟大的应用数学家提倡学生不用学微积分的理论，只要有编程的训练，就足够做应用数学，这是很奇怪的事情，因为他们自己的成就都是建立在对定理的理解上，而不是单靠计算而得到的。当然，我们也看到，有些应用数学家受到良好的物理、工程或社会科学的训练，可以用深入的对物象的洞察力来代替定理的证明。但其他人没有基本数学的良好训练，又没有上述这种洞察力，却想成为一位成功的应用数学家，这简直是缘木求鱼！至于对物象的洞察力这一点，我们也许需要小心。在有实验和物象的观察的不断指引下，这种洞察力或许有一定的可靠性，但我们也常常见到这种洞察力带来的错误结果，从前意大利的经典代数几何学家就犯了这些错误。在应用数学方面，70年代流行的点涡方法被两位大名鼎鼎的应用数学家凭直觉认为不会收敛，后来却被古德曼证明他们是错误的。

判断一门学问的好坏，确实不是容易的事。自己没有去走过路，却坚持己见的人确实不少。假如这些人刚巧是在学术界有影响力，或是在政府机构中有权力的人，那就是学术界的不幸了。奇怪的是，这种事情也可以发生在有学问的人身上！

举个例子来说，20世纪初，有一位伟大的德国数学家西格尔，他认为希策布鲁赫（Hirzebruch）在多复变函数论和代数几何里引进上同调的观念是要不得的事情。他极力打击希策布鲁赫在德国的地位，最后希策布鲁赫没办法到哥廷根大学当教授，辉煌数坛一百五十年的哥廷根大学因此在数学的发展上一蹶不振。事实上，现在大家都认为，西格尔在这方面的论断是错误的。我们这六十多年来的经验，见证着上同调理论在分析和代数几何上的伟大应用。

最近我在斯坦福大学的朋友贡纳尔·卡尔松（Gunnar Carlsson）和他在军方做研究的伙伴就用上同调的观念处理数据分析的问题，甚至基于他们的理论，开了一家公司。

应用数学家有时对比较深入的纯数学不太了解，往往采取抗拒的态度，往往在不理解内容的时候，就推搪说这些结果并不重要。他们给出的理由是这些学问没有在实际的场合得到应用。在这个情形下，他们可以理直气壮地指出，他们没有必要去学新的学问。等到这些学问发挥作用时，他们则后悔莫及。

西格尔对上同调的批评是一个很好的例子。他对计算自守型的维数有很大的兴趣，有意思的是，后来数学家发现希策布鲁赫出名的黎曼-罗赫定理（Riemann-Roch theorem）是算这些维数的最好办法，而这个定理用上同调来表示和计算。

最近我也遇到了一个类似的情形。有一位数学家专攻图论和相关的应用问题，也做了不少出色的工作，但没有深入的纯数学知识，不熟悉上同调的观念。当其他人将这种观念引进图论时，他坚决不接受，理由也很简单：这些工作没有应用的可能！这是很不幸的事情！好的数学或好的应用数学，其精义在于了解我们要研究的事物的结构和运作，即使暂时没有应用，也很快就会改变！

另一个有名而又重要的例子是：当电磁学开始时，创立电磁理论的几位大物理学家和数学家都没有考虑到它们的应用，但现在，对任何一个有文化的国家来说，没有电磁，整个社会都不能运作！

在这里可以看到：即使是有名的学者，在没有了解某些学问时，也不应当极力地去反对这些学问。只要对研究事物有帮助的都是好学问，这些显而易见的看法在跨学科时都会遇到，但往往成为严重的问题。这是因为双方对对方的学问和方法都未了解透彻，容易产生误会，而虚怀若谷的学者并不多见。

曹丕说："文人相轻，自古而然。"又说："夫人善于自见，而文非一体，鲜能备善，……'家有敝帚，享之千金。'斯不自见之患也。"

一个成功的跨学科研究要求研究学者必须有宽阔的心胸，有学习自己不懂的学问的志向和毅力。一般来说，成功的跨学科研究不是将两群不同项目的研究学者放在一起就可以实现的。一方面，这些研究学者对自己的学业要有造诣，对基本的数学分析要精通。这需要在本科时对学生做深入的训练，而不是上述一些应用数学家为了吸引学生来读应用数学，将要求降低，因为严谨的数学分析是应用数学的一个重要基础。另一方面，由于很多方程不可能全部用公式来解决，计算机计算就成为应用科学中一个很重要的工具。想读应用科学的本科生必须得到很好的训练，不单要懂得写新的计算机程序，也要在需要的时候毫不犹豫地去写。

除了这些基本训练，在进入一门新的学科时，还要虚心地学习该学科的精神和语言。十多年前，有一对学习几何的年轻夫妇取得博士学位十年后，想学习生物数学，花了四年的时间在哈佛大学学习，从早到晚在实验室学做实验、上课，并到冷泉港实验室学习。我很佩服他们的精神，他们的努力是有成果的，他们在《自然》和《科学》上发表了好几篇文章。现在，他们是有名的加州大学旧金山分校医学院教授。

在进入一门新的学科时，我们必须学习这门学科的精神，最好有一流的学者，一方面对现象有深入的认识，一方面有精通数学、统计和计算的学者一同合作，互相学习。新的现象、新的困难会不停地出现，学习的机会越来越多，需要问教的人也越来越多。这样进行跨学科的研究，才会有成功的希望。

但是，我们如何开始这样的研究呢？我们需要有一个宏观的看法，不要以写几篇文章为目标。我们要了解大自然界的现象，要解决工程上的一些重要问题，还要帮忙找寻新的现象。

现在中国的情形是，大学和科学院都在谈跨学科研究，在有些地方，更是成立了数学交叉中心，大厦是起好了，但好的研究还没有办法完成。我们要发展交叉学科，必须有一个方向，那就是要解决重要的问题。

首先，要训练一群好的本科生，然后是培养研究生和博士后。二十多年来，中国培养的好的本科生大部分出国了。在国家经济困难、人才不足的情形下，储才于国外是无可奈何的事情。但时移世异，我们不可能长期为他人作嫁衣！我们应当聚集一批第一流的学者，包括外国学者在内，一同带动最先进的学术和工业上的研究。以中国今日的国力，集中人才，培养第一流的青年学者，全心全意地去做好的研究，应当是可以做到的。

其次，要找一个重要的方向。现在来谈谈各门各类的交叉学科，其实往往在不容易见到的可以应用的学问里，我们可以找到深入的用途。数论和代数几何对应用科学来说是一个很好的例子。在应用科学里，表面上看来简单的想法可以产生巨大的影响。快速傅里叶变换就是一个重要的例子，它由高斯发现，塔克（Tucker）在20世纪70年代将它用在计算数学上，计算从此进入新的纪元。

1. 大数字的因子分解的问题

这在经典的数论中就有讨论，直到如今，也用上了高深的椭圆曲线理论，当时人们认为它只是数论学家孤芳自赏的学问。但三十年来，它是保密工程的一个极为重要的工具，这当然是工程师看到它的好处，再加上数论学家共同努力的结果。这些工作还是值得继续的。我在哈佛大学的一位同事埃尔谢斯（Elkies）就在这方面发展了很多有意义的数学理论，除椭圆曲线外，也包括格球面填装的工作。数论和组合数学对应用科学的贡献还会继续下去。

2. 计算引力波的问题

在天文物理里，一个迫切的问题是找引力波。但目前，我们在理论上还没有对引力波有深入了解。这要解爱因斯坦方程，从中得到引力波的信息。到现在，还没有一个良好的方法，这是需要理论和计算、物理学家和数学家密切合作才能完成的事情，可能要十年八载才能完全解决，很值得我们去尝试。

3. 三维计算

近几年来，媒体上大肆宣传三维打印、三维照相、三维电视等与三维影像有关的硬件和软件。美国总统更是宣称这会引起新的工业革命，这确实是值得兴奋的事。回想十五年前，我指导我的学生顾险峰做这方面的工作。我认为三维空间里的曲面最好用从黎曼、庞加莱等大师所引进的单值化理论来处理，险峰处理这些问题很成功。后来我们又引入离散的德拉姆定理、里奇流、全纯 1 形式等不同的方法来处理复杂的几何图形。当时计算机图形处理都用比较粗糙的三角剖分的方法，远不如这些有高深数学基础的计算清楚直接。事实上，在我们引进这些工具以前，一般专家无法处理复杂的拓扑曲面。现在，参与这些研究的队伍越来越大，我们也涉猎到更深入的蒂希米勒（Teichmüller）定理，在医学探测肿瘤方面有重要贡献。

在三维立体方面的计算，缺乏单值化原理，但在应用上极为重要，尤其是研究脑里面的纤维分布问题，值得我们去努力。

这是计算和近代几何的一个重要交叉。

4. 水平集方法

我的朋友斯坦利·奥舍（Stanley Osher）是加州大学洛杉矶分校的著名教授。他本来研究纯数学，后来对计算数学有浓厚兴趣，他发觉从微分几何和偏微分方程发展出来的所谓水平集（level set）方法在计算上能够发挥很大作用。经过他的大力发展，这个方法已经成为计算的经典方法。所以，我认为一位应用数学家必须精通古典和现代的数学分析。

水平集方法基本上将复杂的方程提升到高维空间来化简，但现象界要处理的很多问题是张量方程，这种方法不能达到，所以还有很多空间去改进这个方法。

5. 渐近分析

每一个实用的科学都有一个尺度，例如在物理实验里，能量的大小控制着不同的物理现象。从一个尺度转变到另外一个尺度时，会有很有趣的现象。如何解释不同尺度的变化，必须有好的数学方法。20世纪很多成功的流体现象都是通过渐进分析来完成的，著名的学者不胜枚举，有凯勒和贝里（Berry）等人。在现代物理上则有重正化的引进，它对高能物理和凝聚态物理的贡献很大，这方面还须数学家去学习，去努力。

6. 高维空间的计算

无论现代计算机的存储量有多大，在计算高维空间上的偏微分方程时，人们都会遇到很大的困难。一般来说，二维空间的方程，现代计算机都可以控制，但三维空间的非线性方程多姿多彩，尤其是流体的变化在接近奇点时。假如没有坚实的理论在背后支撑，很难想象计算出来的结果是可靠的。

在三维空间以上的积分是其中一个重要的难点。华罗庚先生和王元先生有一套不错的理论，但使用的人不多。在大数据分析和控制理论里，很多关键的问题都是处理这些高维空间的问题，一些想法是将高维空间投射到低维空间来处理。

总的来说，高维空间的问题终究会和近代拓扑和几何有关，毕竟拓扑和几何学里的很多重要的问题是高维的，哈密顿先生创造的里奇流就是一个重要的例子。我们希望在这几年内，能够将三维的里奇流计算出来。无论是对几何还是对应用科学，它都会有重要的应用。

7. 统一场论的问题

21世纪物理学的尖端突破还是要了解统一场论如何实现，这里需要大量的数学。拓扑学、几何学、代数几何学、表示论、数学分析、数论和计算都与这个理论有关，由物理学的规范场弦理论，它们引入数学的新概念。对于这些概念，很多数学家感到震撼，它帮助数学家整理和解决了很多疑难的问题，这个趋势还会继续。

8. 凝聚体物理学、等离子体物理学、流体力学和固体力学

这些科学有很多重要、引人入胜的数学问题，如何处理好从物理中产生的理论和计算在工业上占有极具重要的地位的问题，希望现代数学能够有所贡献。

9. 数据分析、网络与信息科学

大型网络对现代社会越来越重要，如何了解这些网络并加以控制是极为有趣而实用的数学问题。

10. 力学中的一些问题

流体力学、固体力学及其相关科学是一个古老但仍极具生命力的重要学科。它提供了一些极其重要和具有挑战性的交叉学科的问题。其中最引人注目的关于湍流的研究是对数学（偏微分方程）、统计和

概率、力学工程和大型科学计算的一个极大挑战。这是一个多尺度问题，需要渐近分析、随机偏微分方程理论、大型多尺度计算和统计分析及实验等交叉研究。这个问题的解决对航空航天、天气预报、金融工程都有很大意义。另外，复杂流体，像液晶、聪明材料等都在医学和材料科学上有重要意义，同时在数学上也很有挑战性。

本文为 2014 年我在中国科协年会上的演讲。

训练和提拔杰出人才的思考

20世纪的多位学术大师,包括保罗·肯尼迪(Paul Kennedy)、赫伯特·乔治·威尔斯(Herbert George Wells)和汤因比等人指出,全球社会是一个"教育"与"灾难"的竞赛。

21世纪,大学是教育中极为重要的一环。大学不仅是高级劳动力的来源,也是最新知识产生的最主要的地方。诺贝尔奖、菲尔兹奖等大奖的成果大部分是在大学里产生的。对国计民生有重要影响的科技成果大部分也是在大学里产生的。

美国有50所一流大学,中国的一流大学有清华大学、北京大学、香港中文大学和香港大学等。中国在21世纪全面崛起,需要创建更多的一流大学!创建这些一流大学,除了历史和文化因素,综合国力也是一个重要因素!

一个国家如果不能在自己的本土创建一流大学,那么无论是文化、意识形态还是科学技术,都会被其他国家牵着鼻子走。创建一流大学需要的投资和国力有直接关系,其成功的因素当然和政府官员的决策息息相关。由于中国的特色，处理得好，可以事半功倍；处理得不好，可能带来灾难性的结果。

我现在要谈的，仅是大学教育的一小部分，但却是政府最重视和最急于完成的部分：培养杰出、有创意，而且有能力带领中国学者走一条崭新的科技之路的学者。（也可以说是解决"卡脖子"问题。）

中国人口数量庞大，各级政府和学校机构必须分工，其可能的结果是现代工厂的流水作业。在教育上，可以大量培养有用的人才，但在提拔有创意、有特殊成就的学者方面会遇到困难。

当下教育体系的问题

中国和西方教育的一个重要分歧是，中国官员和学校一般将科研和教育分开，以为教授可以集中精力搞研究，而不需要教学。中国很多学术机构的数学教授不用上课，大部分学生没有做好学问，学术无以为继。本来有点名气的学者无所事事，有些到处兼职赚外快。他们的学问每况愈下，当年华罗庚先生既教学问又搞科研的风气已经荡然无存。

中国科学院在雁栖湖创办了中国科学院大学，但出现在该校区的院士和有名气的学者不够多。这个现象出现在很多地方，有些人挂着研究的名字，却不把时间花在学生身上，而是到处求利求权。

中国很多地方政府教商不分。有些商人办学牟利，竟然能得到名校的支持，商人又以最廉价的方法得到大量优质的劳动力。学校和横向项目的老师因此获得大量收入，甘愿听从公司的指挥。

表面上，对公司和学校来说，这是双赢的局面。教授大量招收博士生，赚取外快。有一位副教授一个人名下居然有19名博士生！在利益的引诱下，其他教授和他站在了一起。为了满足公司的要求，他们宁愿做第二线甚至第三线的研究。这样的研究能够带领中国尖端科学走向世界尖端吗？

现在，中国名校的研究生比美国大学的多得多，但其博士论文的质量却远远不如后者！教授和研究生志气不大，沉迷于个人利益，这样的风气必须改正！

话虽如此，在中国经济起飞的背景下，中国的中学和大学教育大有长进，有些地方已经达到了世界水平。但是，真正考验一个国家国力的是研究院！

研究院是大学的根本

记得十多年前，哈佛大学的几位院长由文理学院院长柯伟林带领，在北京开会。在宴会上，柯伟林院长说，哈佛大学有将近400年历史，成名也有100多年了。但是，让哈佛大学真正成名的是哈佛大学领导的研究院！在没有研究院前，哈佛大学什么都不是。

政府领导的教育系统的终端，也是最重要的，是研究院培养出来的研究，它是国家文化的标志！这个过程可以和一棵大树相比。大学研究院是大树结出来的果实。但是，大树的成长与它结的果实的质和量密切相关。它的根、树干和枝叶的健康影响着它结的果实的质量。根、干和枝叶是我们要注意的小学、中学和大学教育。

清华大学静斋门前有九棵又高又大的白杨树，我一直以为它们可以挡风遮雨。但是，半年前，一阵大风刮来。不到20分钟，半数白杨树倒下了。我这才发现，这些大树虽然很威武，但根茎太短，愈高大愈不稳定。很明显，科研和教育与此类似。好的科研必须有经过良好训练的年轻学者支持！这些学者必须有扎实的基本学识，又有浓厚的好奇心和想象力，三者缺一不可。在尖端的科研领域，后两者更为重要。

一位学者在基本知识不够的情况下，仍然能够做出一些有意义甚至重要的工作，我们称之为天才。一个最著名的例子，是20世纪初伟大的印度数学家拉马努金。拉马努金偏科，只喜欢数学，没有奖学金上大学。于是，他将他的工作寄给了当时最重要的英国学者之一哈代（Godfrey Harold Hardy），得到了他的赏识，被邀请去英国剑桥大学学习，这才开始出人头地。

中国古语常言，"玉不琢，不成器"，说的就是这个意思。1979年，我第一次踏上祖国首都的土地。此后，我每年都会花几个月回国帮忙，希望祖国在基础科学的研究上达到世界水平。40多年来，中国在科学技术上的确有飞跃性的进步，但离达到世界水平还有一段距离。我在哈佛大学也培养了不少从中国来的学生和学者。事实上，现在在中国数学界起领导作用的教授有不少出于我门下（甚至有两位做了院士）。但平心而论，在我的70多名博士生中，最有创意、最有深度的，还是那些在国外的中学和大学训练出来的学生。

所以，我一直考虑如何在中国也能够培养出这样一批学者。刚开始，我把注意力集中在对本科生的培养上。20多年前，中国政府开始大力推崇院士及一批海归。这个做法虽然有好处，但打击了本国学者的士气！

世界上没有一个科技先进的国家需要长期倚靠其他国家培养自己所需要的人才。其实，所谓的"卡脖子"问题正是由此产生的。改革开放至今已有46年，全盘向外国学习的方法需要转变，我们需要双管齐下。在目前西方国家严控科技知识外传的情形下，中国必须自己力争上游！

研究院的尖端研究要依赖一流的本科生，一流的本科生要依赖一流的中学生，从初中开始训练。以我20多年来和中国研究生交流的经验来看，他们一般比较功利，希望很快取得成果；早点毕业，写一篇普通文章；拿个小奖，戴个"帽子"，最终目标是通过各种手段做个院士，这就是他们的终生目标了。他们一般对学问本身兴趣不大，也缺乏家国情怀。他们这种态度从初中就开始形成了，很难改变。

改革开放以前，中国培养数学专业的大学生的主要地方是中国科学院数学研究所，其次是北京大学、中国科学技术大学、复旦大学和浙江大学。华罗庚先生去世后，陈省身先生回国，到了南开大学，来中国讲学的外国学者大幅增加，国内学者大量吸收先进的数学知识。南开大学陈省身数学研究所、中国科学院晨兴数学中心都是开放的研究所，大量中国学者得益于这个开放的政策。

20世纪80年代和90年代，上述大学培养了不少优异的本科生，主要目标是送他们到欧美的名校，他们也大受欢迎。有不少学生在美国的名校，如哈佛大学、普林斯顿大学、芝加哥大学、麻省理工学院、加州大学伯克利分校、斯坦福大学等获得博士学位，也写出了优秀的博士论文，但没有几位愿意回国，不少留学生还找到了不错的工作。40多年来，中国留学生的数学能力越来越强。但是，直到目前为止，除了张益唐，中国留学生还没有做出令数学界震撼而获得国际大奖的工作。

相对来说，国外的瑟斯顿、怀尔斯、森重文、法尔廷斯（Gerd Faltings）、唐纳森等人在三十出头时所做的工作震惊了世界，其影响力一直持续到今天！

两年后，国际数学家大会将在美国召开。大会征求菲尔兹奖候选人的名单，但可以考虑上榜的名单几乎不存在。到目前为止，亚洲国家中获得过菲尔兹奖的有日本、印度、越南、韩国和伊朗。中国大陆榜上无名，使国人羞愧。政府三令五申，2035年要在科技上达到领导地位，但有没有办法达到，使人担忧。

培养基础科学人才，须从初中做起

经过多年在国内考察和与国外的比较，我得出一些结论：中国要在基础科学上出类拔萃,必须从初中做起。已经实行40多年的考试制度可以培养一大批中下游的学者,这对社会大环境来说确实有用处。但对培养走在科研尖端的科学家来说,现存的考试制度不徒无益,反而有害。其实,领导科学的科学家数量不用太多,但必须精干。

四年前,政府鼓励我在清华大学创办求真书院。书院每年在全国招生,数量不超过100名,不以高考和中考作为衡量标准,由一批有名望的数学家和物理学家共同出考试题目,它涵盖的学问远远超过高考的内容。

2021年初,清华大学正式成立求真书院,将"数学领军计划"("3+2+3"八年制数学科学领军人才培养计划)和2018年实施的数学英才班全部纳入书院统一管理。2021年10月,教育部正式批复数学领军计划采用"3+2+3"八年制培养模式(教高函〔2021〕12号)。求真书院获得唯一授权,开设八年制数学与应用数学专业。

"数学领军计划"每年招生不超过100人,结合国内中学培养节奏,分四批次面向初三及高三年级选才。顶尖人才选拔培养拓展到初中阶段,是"数学领军计划"的重要创新。小孩子没有一些先入为主、墨守成规的观念,会更勇于在真问题上探索。把招生对象放宽到初中,除了数学与其他学科相比是一门早熟的学科之外,也是更为看重学生的素质。

"数学领军计划"的招生工作按照公平公正、宁缺毋滥的原则择优确定入围名单、录取名单,学校纪检监察部门全程监督,并接受社会监督。选拔不区分省份和年龄,均以考试成绩为唯一标准。录取学生以高一、高二年级学生为主，占总体录取学生的69.02%，初三和高三年级学生分别占比5.21%和25.77%。"数学领军计划"强调高等数学的学习，不依赖传统的数学竞赛选拔方式，因此入选的学生仅有一部分人有竞赛经历和竞赛成绩。

在实际的招生过程中，求真书院通过独特的选拔方式，遴选到了一些极具数学天分且很年轻的学生。我们发现了一个有趣的事实，平均来说，年轻的学生（十三四岁）比年纪大的学生成绩更好、活力更强！值得一提的是，初三学生的入选平均成绩连续四年最高。

2021—2024年，求真书院累计遴选了17名初三学生，他们在后续培养阶段整体表现出色。在大四学年开学初通过3门博士资格考试的首届"数学领军计划"学生中，有65%是未成年入选"数学领军计划"的。领军班已经进入第四学年的上学期，有20多名学生已经通过博士资格考试，开始发表文章，效果极佳！总的来说，我们的学生可以与世界上任何大学的学生相媲美！

我们坚信，基于目前书院的人才培养情况，2030年世界数学家大会若有机会在中国召开，求真书院的学生将能够获得邀请做45分钟演讲。在本土做如此重要的演讲（自改革开放以来，中国基础科学的主要人才绝大部分是在国外培养训练出来的），对全中国本土培养的数学人才的激励作用将是巨大的。在2034年世界数学家大会上，求真书院的学生有望获得邀请做1小时演讲并获得菲尔兹奖，更多的学生能够获得邀请做45分钟演讲。党的二十大提出的2035年远景目标，求真书院定不负众望，为国争光。

"数学领军计划"开创顶尖人才本土化培养的先河，也将拔尖人才贯通培养的节点通过招生环节下沉到低年龄的人才群体。经验表明，在初三年级经我们考核入选的学生完全能够适应高等教育的要求，并且表现出很好的潜力。我们也将再接再厉，继续完善选拔培养体系。"数学领军计划"选拔模式具有中国特色，也是传统高考选才的重要补充。

2024年8月，求真书院面向全国中学生组织了首期"数学与人工智能夏令营"。在连续10天的高强度学习和训练中，120个学生没有一个中途退出，其中最优秀的学生来自上海，今年刚满11岁，被录取至初一年级。我和这个学生进行了单独交流，发现他对数学、物理甚至文学的理解都很深刻。这说明，中国的特殊人才是有的，只是我们缺乏很好的渠道精准地找到他们，进而科学地栽培他们。

丘成桐少年班的由来和考虑

在走访十多个省市、自治区和直辖市的过程中，我与其主要领导座谈时，都会谈到拔尖人才培养的问题。不论是经济水平发达还是相对较弱的省市，都充分认识到了顶尖人才培养在推动当地经济文化发展中的重要性。但是，对于如何有效地培养这些顶尖人才，大家都没有成熟的模式。因此，在这些主要领导的呼吁下，我们在全国50多所名校成立了少年班，以训练初中生。

我们发现，这样的做法非我所独有。在世界各地，包括俄罗斯、英国、法国、美国、韩国和日本，都有这样的做法，而且十分成功。其实在国外，杰出少年的特殊培养模式由来已久。数学和物理领域的杰出少年人才教育（国外也称之为精英教育或天才教育）有着悠久的历史。针对有天赋学生的特别学校的历史至少可以追溯到 18 世纪。在数学和物理领域成功的科学家往往在十三四岁时便显露出非凡的天赋，数学家欧拉和高斯就是最典型的例子。他们不仅在年幼时被发现具有极高的数学天赋，而且在导师的悉心指导下快速成长，非常年轻就有所成就。

欧洲针对杰出少年的特别教育的传统被延续至今，并拓展到全球。现代的许多数学家，如菲尔兹奖得主陶哲轩、马克西姆·孔采维奇（Maxim Kontsevich）等在青少年时期接受了面向杰出少年的精英教育，为其日后的学术成就打下了坚实基础。

美国的史岱文森中学和布朗士科学高中等成了许多诺贝尔奖得主的摇篮，法国巴黎高等师范学院附属预科学校也为法国培养了大量数学家和物理学家。这些学校的教育模式虽然各有特色，但都专注于发掘和培养杰出少年，为他们提供高水平的学习机会和与顶尖学者互动的环境，使其在年少时就能接触到深奥的科学知识，并开展独立研究。

通过分析这些学校的培养模式，我们发现，它们无一例外地将目光聚焦于具有潜力的年轻学生，并通过杰出少年的精英教育模式促进他们的成长。同时，它们在选拔培养环节中坚持：

- 严格的选拔机制
- 开创性的课程设计
- 卓越的师资团队

此外，苏联借鉴欧洲其他国家先进的教育理念和经验，从国家层面支持数理顶尖人才的早期发现和培养。在若干位具有社会责任感和领导能力的著名数学家和物理学家带领下创办的数学物理专门学校，为苏联培养了一大批成功的科学家和具有科学思维的企业家。同时，他们建立的很多科学培养人才的制度被保留至今，源源不断地为俄罗斯输送科学人才。这一系列精英教育的举措基本上是在借鉴法国模式，只是其规模更大、更系统，目标更明确。

俄罗斯数位获得菲尔兹奖的数学家都是在十二三岁时由名师指点学习成功的。苏联及俄罗斯不仅在科学教育上应用这一模式，同时也将其推广到人文、艺术甚至体育领域。尽管各领域的课程有所不同，但其基本教育理念是一致的。

精英教育培养模式的效果是显著的：

苏联培养出了菲尔兹奖得主德林费尔德（Vladimir Drinfeld）、伯恩斯坦（Joseph Bernstein）和解决庞加莱猜想的俄罗斯著名数学家、菲尔兹奖得主佩雷尔曼。

法国培养出了诺贝尔物理学奖得主贝克勒尔（Henri Becquerel）、阿罗什（Serge Haroche），菲尔兹奖得主洛朗·施瓦茨（Laurent Schwartz）、里昂斯（Pierre-Louis Lions）、约科兹（Jean-Christophe Yoccoz）、拉福格（Laurent Lafforgue）、维拉尼（Cedric Villani）、科潘

（Hugo Duminil-Copin），图灵奖得主杨立昆（Yann LeCun）。

美国培养出了诺贝尔物理学奖得主库珀（Leon Cooper）、格拉肖（Sheldon Glashow）、梅尔文·施瓦茨（Melvin Schwartz），菲尔兹奖得主大卫·芒福德和保罗·科恩，图灵奖得主莱斯利·兰伯特（Leslie Lamport）、马丁·赫尔曼（Martin Hellman）、马文·明斯基（Marvin Minsky），阿贝尔奖得主彼得·拉克斯，Facebook（脸书）创始人马克·扎克伯格和Quora（知乎的美国版）创始人亚当·迪安杰罗（Adam D'Angelo）。

求真书院的做法参考了俄罗斯、美国、法国、英国等国家培养杰出人才的成功经验，也尽量配合中国已经存在多年的教育制度。值得注意的是，求真书院要培养的是数学科学的领导人物。正如中央党校培养的是领导国家的干部，而不是面向所有中学生的全方位教育。有些家长，甚至有些官员没有弄清楚我们的目标，以为我们不公平，只培养一小部分学生。

事实上，在法国大革命后，法国社会更加重视公平与平等的理念。然而，这并不妨碍法国是欧洲甚至世界上具有最全面的针对有天赋的年轻人的特殊教育培训体制的国家。其原因在于它在设计上注重机会的平等，而非结果的平等。并且，他们不强调天才儿童比普通儿童更"聪慧"，而是将其天赋当作一种特殊需要。正因如此，天才教育在法国被明确视为一种特殊教育。我们需要建立完善且系统的选拔机制，而非因噎废食，一味地否定这个项目所能带来的贡献。

热爱数学并且有能力成为领袖的确实是少数人，但如果我们不将精力集中在全国最有才华的孩子身上，在 2035 年建成科技强国的奋斗目标恐怕难以实现！

丘成桐少年班的设立遵循严格的标准与程序，需经专家评估与调研、符合标准的中学申请、省市相关教育主管部门批准等多个环节。具体执行要求如下：

有能力。设立丘成桐少年班的最基本要求是相关学校具备培养拔尖人才的能力，尤其是在培养数理基础拔尖人才方面具有很大的优势。如果培养出的学生能够考入求真书院，说明其具备基本的培养能力。

有政策。为了给拔尖的创新人才提供优质的成长资源，以及持续性、系统性的培养计划，避免反复刷题磨灭学生的兴趣，浪费学生的时间，丘成桐少年班要求实现初高中一贯制培养。因此，相关中学需要具备初高中一贯制的条件，以充分保障这个要求落地。

有监督。我非常重视教育主管部门在项目运行过程中的监督管理作用，同时也希望教育主管部门能够给予该项目运行所需的政策及经费等支持。因此，申请设立丘成桐少年班的中学需获得所在省市教育部门的支持意见，方具备基本条件。

有后盾。与常规数学竞赛的培养路径不同，丘成桐少年班设立的初衷不是以竞赛为目标，而是选拔真正有天分、对数学感兴趣的孩子，给予科学合理的培养，在一定阶段充分依托高校专业数学师资力量，引导学生在真正的数学道路上学习探索。因此，凡是授权丘成桐少年班的中学，都需要与当地的高校建立紧密合作关系，以保障人才培养所需的优质师资力量。

有指导。我担任丘成桐少年班的总顾问，负责全面指导、规划总体培养计划。在培养人才的过程中，我会定期与学校专项工作组、相关教育主管部门交流，考察人才培养的进展。同时，我将引入相关大学以及科研院所资源，联合规划丘成桐少年班课程建设，优化大中衔接，因材施教，合作育才。

有倾斜。求真书院的招生选拔面向全球中学生，统一选拔。结合求真书院近些年的选拔数据，我们可以明显看出，经济发达省份的教育资源丰富，入选的学生数量较多，如江浙沪、北京、广深、川蜀、湖南和湖北地区，而部分省份迄今为止无一人入选。这说明，由于经济原因，有不少地区的孩子缺乏优质的教育资源，亟须一定的特殊政策，以支持拔尖人才的培养工作。我也充分考虑到地区经济发展的不平衡，支持在部分经济发展水平相对较弱的省份设立少年班。我们会通过线上课程向全国少年班的学生授课。

顶尖人才培养需要一以贯之的政策，以保证这些稀缺的人才享受到适合他们的教育资源。从古至今，教育一直在强调因材施教。但是，我们国家在基础教育阶段过多地强调普适性，强调对普通学生的公平教育，忽视了顶尖人才应该享受的适合的教育，这恰恰导致了对顶尖、最稀缺的少年人才的不公平，削掉了攀登基础科学最高峰的人才群体。

丘成桐少年班每年平均在各省选拔约 200 名学生。这在一定程度上既满足了顶尖少年人才集聚的目的，又不会给各省市造成太大的负担。这些学生培养成才后，将有望成为各省市乃至全国基础科学的领导者。

我们国家的基础教育对这部分杰出少年人才的培养并不适用，数学竞赛的培养路径对学术发展来说也不适用（不能够均衡发展，很难成为领军人物）。丘成桐少年班中学也对少年班人才培养的具体做法高度期待，杰出少年的家长更是迫切需要帮助孩子争取到最适合的教育。因此，建立一套高标准、高质量的杰出少年人才培养课程体系至关重要。

数学国家队——"示范少年班项目"

在建立少年班的基础上，我牵头设立了一个专门培养全国顶尖中学人才的"示范少年班项目"（从初一年级开始遴选学生），请全国各省推荐，集中在求真书院附近的中学进行培养（学籍不变），每年招收不超过50人。

他们就好比中国体育界的"国家队"，一部分人以冲击菲尔兹奖为目标，另一部分人以创造顶尖的应用数学成果，如冲击图灵奖为目标，包括人工智能、大数据、量子计算等紧缺的方向（这类人才只能靠我们自己来培养，不能寄希望于欧美国家）。希望十年后，他们能成为领导中国理论科学的学者，实现中国2035年建成科技强国的奋斗目标。

在保障这些初中生的其他常规科目正常开展的前提下，求真书院将安排相关领域的大学教授为他们单独开设数学和物理课程，编写适合这些孩子的讲义，未来通过国家审核成为正式教材。

示范班的课程和考核内容除了面向这些最优秀的学生，还会开放给全中国感兴趣的学生，最大范围地传播高质量的数学教育。对教育资源相对缺乏的地区的学生来说，这无疑是一种重要的资源。

通过设立"示范少年班项目"，一来可以培养一批极为优秀的少年人才，与求真书院的人才培养计划衔接起来，在中国培养出一批又一批年轻的数学家；二来可以建立一套中国特色的顶尖基础学科少年人才培养课程体系，并有望凝练出具有中国特色的、成体系的基础学科少年人才培养教材，造福全中国的优秀中学生，带动全国顶尖人才的培养工作。

与中国之前曾经依托若干中学举办的"全国理科实验班"的最大不同是，这个特殊的人才培养项目不是依靠中学师资来培养人才（自然不以参加数学竞赛为目标）的，而是由数学家带领，由清华大学顶尖的师资团队来培养一流的学生，强调大师培养未来大师。这个项目被提出后，很快就汇聚了一批数学家。

清华大学丘成桐数学科学中心的教授，例如美国数学会会士尼古拉·莱舍提金教授和英国皇家学会会士弗拉基米尔·马克维奇（Vladimir Markovic）等听闻这个项目之后，表示对此非常感兴趣，愿意直接面向中国这些最优秀的学生开讨论班，未来求真书院的大师都会有兴趣与这些最优秀的学生交流。

我们认为,这个"示范少年班项目"是求真书院人才培养模式的进一步完善,有望在 10 年内把这批最优秀的孩子培养起来,成为国家的栋梁之材。

事实上,上面提到的莱舍提金就出自苏联相关的数学和物理的少年项目。而在做了相关研究后,我发现,俄罗斯针对少年的数学和物理项目的规模超出了我们的想象。统计资料显示,到 1999 年,超过 80% 的俄罗斯数学和物理的相关人员参与过特别项目的培训。通过和莱舍提金讨论,我得知,在俄罗斯,苏联相关的数学和物理学校制度被一直保留至今,并且国家依然在持续支持和拓展相关的项目,如设立天狼星教育中心[1],这是 2014 年专门为天才儿童设立的。与此相关的"天狼星计划"旨在支持和培养具有卓越才能的学生,特别是在科学、数学、艺术和体育领域。

清华大学求真书院的经验表明,年龄更小的学生在接触精深的数学和理论物理知识时,往往表现出更为活跃和创新的思维能力。这些学术思想的萌芽阶段是他们日后成长为顶尖科学家的关键时刻。

求真书院在招生选拔环节注重遴选文理兼修的人才,在培养过程中强调通识教育。"示范少年班项目"与奥赛的偏科培训有根本的不同,在最大程度提升学生数理水平的前提下,会兼顾学生的全面发展,培养真正的领军人才,使全国最优秀的少年人才最快地成长。

---

[1] 天狼星教育中心由俄罗斯总统普京于 2014 年决定创建,位于黑海沿岸的伊梅列季低地,拥有特殊的地位和管理体系,并实行实验性的法律制度。

关注顶尖学生应享受的公平教育的权利，让最有潜力的学生尽快成长起来，而不是采取普通学生的培养办法，避免一刀切导致的人才资源浪费，是实现教育高质量发展的重要方面，更是实现教育强国的根本因素。希望党和国家能够在求真书院以及全国杰出少年早期贯通培养的过程中给予进一步的指导和支持，实现中国数学乃至基础科学事业领导全球的目标。

谢谢！

本文为 2024 年 11 月 6 日我在第二届全国基础教育数字化论坛上的演讲。

附录1　丘成桐年表

1949年 — 出生于广东汕头，后全家移居香港。

1955年 — 从香港岛的小学转到沙田公立小学继续读书。

1966年 — 考入香港中文大学数学系，本科三年提前毕业，获得学士学位。

1969—1971年 — 赴美留学，在美国加州大学伯克利分校获得博士学位。

1971年 — 美国普林斯顿高等研究院成员

1972年 — 美国纽约州立大学石溪分校助理教授

1974 年	美国斯坦福大学数学系教授
1976 年	证明卡拉比猜想
1978 年	和孙理察一起证明爱因斯坦提出的正质量猜想。这些工作将微分几何、微分方程、代数几何和理论物理融合，解决了很多重要问题，影响至今。
1977 年	美国加州大学伯克利分校特邀教授
1979 年	美国普林斯顿高等研究院教授 美国加州年度杰出科学家
1980 年	荣获约翰·西蒙·古根海姆奖
1981 年	荣获美国科学院卡蒂奖章 荣获美国数学学会维布伦几何奖
1982 年	荣获国际数学界最高荣誉菲尔兹奖，它相当于数学界的诺贝尔奖。
1984 年	美国加州大学圣迭戈分校数学系首席教授

	被《科学文摘》评选为"美国100位40岁以下最具影响力的科学家"
1985年	荣获麦克阿瑟奖
1987年	美国哈佛大学数学系教授
1991年	荣获德国洪堡研究奖
1994年	成立香港中文大学数学研究所,任所长,这是丘成桐在中国建立的第一个数学研究机构。 同年6月8日,成为首批中国科学院外籍院士。 荣获瑞典皇家科学院克拉福德奖
1996年	建立中国科学院晨兴数学中心,担任主任。这是丘成桐在中国建立的第二个数学研究机构。
1997年	美国哈佛大学希金斯数学讲座教授 荣获美国国家科学奖
1998年	发起并组织国际华人数学家大会。

2000 年	美国哈佛大学威廉·卡斯珀·格劳斯坦数学讲座教授
2002 年	建立浙江大学数学科学研究中心，并担任主任。这是丘成桐在中国建立的第三个数学研究机构。
2003 年	荣获中华人民共和国国际科学技术合作奖 成为俄罗斯科学院外籍院士
2004 年	在香港设立面向香港中学生的两年一届的"恒隆数学奖"。
2008—2012 年	美国哈佛大学数学系主任 2008 年 10 月，举办首届丘成桐中学数学奖颁奖典礼。 成为印度科学院外籍院士
2009 年	建立清华大学丘成桐数学科学中心，这是丘成桐在中国建立的第四个数学研究机构。
2010 年	荣获沃尔夫奖、全美亚裔工程奖
2013 年至今	美国哈佛大学物理系荣休教授

- 2014 年 — 美国哈佛大学数学科学与应用中心主任
- 2018 年 — 荣获马塞尔·格罗斯曼奖
- 2020 年 — 北京雁栖湖应用数学研究院院长
- 2023 年 — 荣获邵逸夫数学科学奖

附录2　丘成桐学术科研论文

MathSciNet[1]数据库统计信息显示，丘成桐教授自发表第一篇学术论文至今（1970—2024年），共发表论文631篇，引用量21 403次[2]，涉及30多个领域方向。其中11篇论文发表在《数学新进展》[3]上，8篇论文发表在世界顶尖数学杂志《数学年刊》[4]上。

2019—2024年，丘成桐教授发表的学术论文共计216篇，谷歌学术搜索（google scholar）引用量24 357次。在当今世界最著名的20位数学家的引用排名中，丘成桐位居前三名。在丘成桐教授近年来发表的论文中：

• 2013年和2016年各有一篇论文发表在《数学新进展》上；

• 2015年与陈泊宁教授、王慕道教授共同发表的文章"Conserved Quantities in General Relativity: from the Quasi-local Level to Spatial Infinity"，被公认为是数学物理方向取得的又一重大进步；

• 2017年与本杰明·艾伦（Benjamin Allen）、加博尔·利普纳（Gabor Lippner）、马丁·诺瓦克（Martin Nowak）等国外学者在《自然》

期刊上发表了题为"Evolutionary Dynamics on Any Population Structure"的动态演化经典论文，首次提出运用计算随机游走合并次数的演算法来预测不同群体结构合作的可能性。

• 2020 年与吴大昕教授在《美国数学学会杂志》上发表文章"Invariant Metrics on Negatively Pinched Complete Kähler Manifolds"。这篇文章解决了格林（R. E. Greene）和伍鸿熙在 1979 年提出的关于小林–罗伊登（Kobayashi-Royden）度量和伯格曼（Bergman）度量的两个猜想，是这个领域的重大突破。

注释：

[1] MathSciNet 数据库是 AMS（美国数学学会）出版的《数学评论》的网络版，是国际数学界最常用的权威数据库。

[2] 丘成桐教授的文章发表量已超过国际很多同样量级的数学家，其文章的引用次数也超过大多数顶尖数学家。

[3][4] 这两个杂志是数学界四本顶级期刊中的两个；数学领域的期刊有四大天王，是在数学界影响力最大的，它们分别是《数学年刊》、《数学新进展》（*Inventiones Mathematicae*）、《数学学报》（*Acta Mathematica*）以及《美国数学学会杂志》（*Journal of the American Mathematical Society*）。一直以来，可以在这四个杂志上发表一篇文章的学者会被认为有被聘任教授的资格，而丘成桐教授在其中两个杂志上合计发文 19 篇。

本书赞誉

《我的教育观》是大数学家丘成桐夫子自道，以优美的文学语言叙说一生探求自然之美的心路历程。

丘成桐一生千回百转，卒能修成正果，天赋重要，但不是主要的。父亲之教，师友之砥砺，学界环境之熏陶，再加上个人对学问之好恶取舍，独立自拔的心志与气质，才使他攀登数学的巅峰。

金耀基

香港中文大学原校长，社会学荣休讲座教授

丘成桐老师是当今世界数学与物理学的泰斗，《我的教育观》这本书，谈求学与做人成功之道。首先，需要决心与坚持。其次，要有宏观视野，以学术史为鉴。正如牛顿所说，站在巨人的肩膀上，才能高瞻远瞩。再次，学术合作，是缘。英国剑桥大学数学家哈代与印度数学天才拉马努金的合作，是缘；丘老师与他的业师陈省身教授的交往，也是缘。缘可遇不可求，但遇到时，机不可失！希望各位青年学子，都能站在丘老师的肩膀上，更进一步！

刘遵义

香港中文大学原校长，世界计量经济学会院士丘教授一生治学创新，诲人不倦，成就斐然。今以宝贵人生经历淬炼成书，读之犹如亲炙其春风。沿着丘教授笃志追求理想、索求突破、百折不挠的人生旅程，读者能深刻体会不惧失败、砥砺奋进的精神，是开辟学问、成就未来的不二法门。

张翔
香港大学校长，中国科学院外籍院士

我特别喜欢丘先生在书中对数学和中国文学的比较。从数学的基本意义、数学的文采和数学的"赋比兴"，能看到伟大数学家的高瞻远瞩，学习他们如何把握学问发展的方向趋势。而数学的意境、数学的品评和数学的演化，也确实与文学有诸多相似之处。丘先生这种探空间之性质，究天地之所生，参万物之行止，从心所欲潇洒治学的精气神，源自家学，又中西合璧，青出于蓝，真是让人心向往之！

沈向洋
香港科技大学校董会主席，美国国家工程院外籍院士我的老师丘成桐先生是一名伟大的数学家，他对现代数学的发展有着根本性的影响，对数学学科的许多分支都做出了意义深远的贡献。

李骏
复旦大学数学科学学院教授，中国科学院院士
复旦大学上海数学中心主任、首席教授
上海数学与交叉学科研究院院长，斯坦福大学终身教授

教育的根本任务就是引导青少年为学为人。丘成桐先生是世界著名的数学家，他在《我的教育观》这本新著中，通过大量生动感人的故事，讲述了他的求学做人特别是从事数学前沿研究的经历，并从中凝练概括出他对于人生、学术和教育问题的一些基本观点，既有深刻的哲理，又有深厚的文化底蕴，更有丰富的教育意义。相信这本书的出版有助于广大读者深入了解丘成桐先生的学术人生，深入思考青少年的成长规律，努力探索当前中国教育系统性改革的有效路径。

石中英
清华大学教育研究院院长，中国教育学会副会长

这本书很合我的胃口，尤其是丘先生"什么书都看""看什么书都很投入"，最后总会有一种兴趣异军突起，这就是你的事业。我就是这样走过来的。想当年考研，我还为究竟是报考文学还是哲学纠结了一番，最后还是觉得哲学更贴近我的实力。当然，我没有丘先生的幸运，也没有他从小生活的家庭社会环境，完全靠自学和兴趣，但道理是一样的。我对人的"命运"的理解就是："生命之运动"！

邓晓芒
华中科技大学哲学系教授
湖北大学德国哲学与文化研究院院长，哲学家、美学家、批评家

丘成桐少年班所在学校
校长、党委书记
诚挚推荐

（按姓氏音序排列）

丘先生本就是一部传奇。他一生都在追寻至真至美的境界，而他的生命早已与数学这条奔腾不息的河流融为一体。仰望先生，我们看到的是深厚的家学渊源与纯粹的坚持。落叶归根，他毅然回国，为祖国培育领军人才，这便是他生命的本真。先生以卓越的学术造诣启迪智慧，指引心灵。

边红平
杭州学军中学教育集团文渊中学校长

丘成桐先生的《我的教育观》是一部充满理性精神与人文情怀的作品。他以自己的成长经历为线索，向我们讲述了他的求学之路、治学之道和人才培养之思。书中对教育本质的探寻、对科学精神的弘扬、对人才培养的希冀，令人动容。作为一名基层教育工作者，我深有共鸣：教育应以"知"临"能"——以"知"为根基，启迪智慧；以"临"为实践，迎接未来。知书达礼，临学致用，阐述了教育的真谛。这本书值得每一位关心教育的人阅读，激励我们在育人道路上不断前行。

方春
乐清市知临中学校长

品读丘先生的《我的教育观》，感受最深的是丘先生知识渊博，有厚重的人文底蕴和真挚的家国情怀。

"驰骋数学五十载，几何人生报家国。"字里行间，透露着他做学问中追求真理的热忱，以及将东西方思想融合，让数学文化的种子在一批批优秀的中国学子心中生根发芽的夙愿。

丘先生是一位大学者，他有窥探大自然深藏的真和美之勇气、智慧与执着，长期秉承着数学家的志气与操守，能在数学研究的"有我之境、无我之境"之间自由驰骋。

向丘先生学习！

冯志刚

上海中学校长

教育是一场向光而行的旅程，丘成桐先生的《我的教育观》就是路上的航标。丘先生回顾成长与治学，字里行间是对知识的热忱，对学问的纯粹热爱。他在数学研究与教育事业上坚守，为我们揭示了教育真谛。书中的治学方法与教育理念，让我们一线教育工作者深受启发，引导我们帮助学生找到热爱，激励他们无畏前行，在知识的海洋中乘风破浪。

黄强

厦门双十中学校长

在以职业命名的各类"家"中,"教育家"的认定无疑是最为严格的。丘成桐先生的这部著作,恰恰是丘先生作为当之无愧的"教育家"的极好佐证,更是丘先生教育家精神与思想的集中展现。尤其可贵的是,丘先生的教育家思想,以自身经历为实证,为当下的教育改革与发展提供了行动指南,对当下的学生、学校乃至家庭、社会带来新的教育气象。《我的教育观》必将成为"我们的教育观"。

鞠九兵
南通中学党委书记

第一时间拜读完丘成桐先生作品《我的教育观》,如逢智者倾谈。书中乡村岁月和学术探索相互交融,满卷皆为"求真"之韵。"求真"二字若熠熠北斗,是清华大学求真书院灵犀,更是南京一中校训精魂。它勉励天下学子,于喧嚣尘世,涵养如兰真气;在知识海洋,探赜索隐寻真;于人生旅途,坚守澄澈本心;在求知之路,追光勇毅前行,成就品行纯粹之真人。

居艳
南京市第一中学校长

当菲尔兹奖得主的目光穿透数学思想，凝视教育本质的刹那，这本跨越科学与人文的思辨之书便诞生了。丘成桐先生以数学家的精密思维解构教育难题，用贯通中西的学术视野审视育人真谛。书中既有对基础学科教育的真知灼见，又有对底蕴深厚的家学渊源的守望践行，饱含对中华文化的传承弘扬，更以亲身经历揭示：真正的教育不是知识的搬运，而是思维的淬炼与人格的雕琢。从哈佛讲坛到中国乡村课堂，从微分几何的玄妙到人文情怀的感悟，作者四十载育人实践印证的教育观，不仅是一部教育启示录，更是一份关于如何培养人才的教育宣言，值得每位教育者置于案头，常读常新。

李潇珂
重庆市巴蜀中学校校长

丘成桐先生作为蜚声世界的数学大师，一生坚持追求学问、攻克数学难关，从哈佛大学退休后落叶归根，为中国基础科学教育培养领军人才。丘先生的新作《我的教育观》系统讲述了自己的教育理念，体现了大数学家对真理执着追求的精神和致力于中华民族伟大复兴的情怀。这是一本值得静下心来慢慢品读的好书！

李新生
济南市历城第二中学党委书记

丘成桐先生是知名数学大家。他非凡的数学成就、深沉的家国情怀和开阔的国际视野深深地吸引了无数华育学子的钦羡与追随。丘先生的学习成长轨迹、事业的发展轨迹、教育的观念和思想对于广大青少年和正在培育青少年的父母和老师有着很好的启发和借鉴意义。丘先生新作《我的教育观》，是一部在万众期盼中应运而生的著作。我和广大读者一样，非常期待！

李英
上海市民办华育中学校长

丘先生的《我的教育观》不仅是一位数学大师的成长自述，更是关于教育与人生的深刻思考。作为一名数学教师、一名校长，更作为一名家长，我感触颇多。非常难得能见到大数学家在讲述自己的成长的同时真诚地分享每个阶段的感悟与感受。毫不夸张地说，它真正让我对教育的理解更加丰富且深刻。可以看见科学家对真理的执着追求与对学问的纯粹热爱；可以认识到哲学、历史与跨学科思维在科学研究中的重要性；可以启发我们对孩子兴趣培养与阅读习惯的养成。这本书不仅为教育工作者提供了宝贵的启示，也为家长指明了培养子女的方向。丘先生的教育理念，既是对传统教育的反思，也是对未来教育的展望，值得每一个关心教育的人细细品读。

刘刚
四川嘉祥教育集团创新学校校长

《我的教育观》是丘成桐先生以"标心于万古之上,而送怀于千载之下"的情怀雅志,以自身求学、治学和从教的丰富经历,对教育尤其是一流人才成长和培养的回望和远观。"有好的气质,才能够有志趣去做大学问""做学问,追求真与美的热忱很重要""为学,就是学做人"……应该成为所有教育者和求学者的人生信条。

刘前树
南京外国语学校党委书记

在《我的教育观》中,丘成桐先生将自己的传奇经历和教育理念娓娓道来。从艰难求学到蜚声国际,他的人生充满智慧与力量!书中关于数学与哲学的交融,关于热爱与坚持,关于学问的态度与方法,无不渗透着他对数学研究的独到见解,对人生哲理的深入思考以及对教育本质的深度探寻。阅读这本书,就是与一位智者攀谈,激发我们对知识的渴望与追求,引导我们对教育的审视与思辨,启发我们寻找属于自己的正确成长方向!

庆群
西安铁一中学校长

《我的教育观》是一部贯通理性与诗性的教育启示录，饱含学科之真、育人之美、家国之情。在书中，丘成桐先生以数学为舟，以兴趣做桨，载着读者通达真与美的彼岸。这是一部数学家的成长史，一部教育方法论，更是一场重塑认知范式的思想盛宴。此书为教育者点亮航标，更为渴望突破认知边界的读者开启了一扇通向新天地的大门。

任炜东
北京市第八十中学校长

作为躬耕基础教育三十年的实践者，捧读《我的教育观》如沐春风。丘成桐先生以数学家之眼洞察教育本质，以教育家之心践行育人使命。书中既有逻辑与诗意的交融，更见"为往圣继绝学"的文化自觉。先生将基础科学教育视作民族复兴的基因工程，其哲学、历史、文学等跨学科积淀与人文情怀构建了独特的美育范式——数学不仅是公式推导，更是探寻真理与美的诗篇；教育不仅是知识传授，更是唤醒生命对真与美的追问。这部凝聚东方智慧与科学精神的著作，当为新时代教育改革提供哲学镜鉴，值得每一位教育同行细细品读。

宋健平
长沙市第一中学党委书记

丘成桐先生的《我的教育观》如璀璨星辰，照亮教育征途。他以自身经历为引，强调哲学对学术的引领，提出"标心于万古之上，而送怀于千载之下"的高远志向，深入剖析天赋、兴趣与失败，见解深刻。此书既是黄钟大吕般教育佳作，更是人生指南，令人茅塞顿开。我诚挚推荐教育同行与学子品读，汲取力量，砥砺前行，开启教育与成长的新征程。

王淑芳
西安高新第一中学校长

我衷心推荐丘先生的《我的教育观》一书。丘先生心怀高远，跨越古今，在艰苦岁月中磨砺成长，凭借对学问的无比热爱，在数学领域铸就了卓越的成就。如今，他将满腔热忱倾注于教育事业。此书凝聚了他的教育理念、成长感悟与人生智慧，不仅是教育者思考教育方式的宝贵指南，也是家长引导孩子成长的得力助手，极具参考价值与实践意义。此书也将对中国教育和创新人才培养产生深远影响。

王先军
青岛第二中学校长

"凡心所向，素履以往。生如逆旅，一苇以航。"在追求梦想的道路上，磨难和幸运同样可泣可歌。丘先生这部个人成长背景下的教育论著，首先是一部青年人求学发展的启蒙之书，让青年人明白学习的目的、方法和旨趣；同时也是一部关于家庭教育的恳谈之书，即让焦灼回归冷静，让氛围、引领和扶持成为家长对孩子最好的支撑；更是一部学校教育的勉励之书，让时代教育去除功利，回归本质，求真学、育真人。静下心去读，如饮甘醇，久而弥香！

王晓强
郑州外国语学校党委书记

丘成桐先生的新作《我的教育观》，以深邃的哲思和深情的笔触，谈论求学与做人的道理，字里行间饱含着家国情怀、哲人智慧、教育真谛，沉浸其中，如坐春风。感悟先生智慧，培育出更多心怀天下、脚踏实地的未来栋梁，方不负先生的殷切期盼。高山仰止，景行行止，谨以崇高的敬意，推荐这本书给有理想、有情怀的教育人和有志气、有才气的莘莘学子。

王永智
西北工业大学附属中学校长

孔子登东山而小鲁，登泰山而小天下。丘成桐先生是当今数学界的泰山北斗，引领后来者登高望远、一览群峰：一生学问、一片丹心，上下求索、家国情怀；真所谓"知我者谓我心忧，不知我者谓我何求"。掩卷豁然：天赋不如兴趣，机遇不如志向，稻粱之谋不如思想之乐。求学者应读此书，为人父母者应读此书，假如有感身边"孺子可教者"，这便是最好的人生教科书。

吴坚
复旦大学附属中学校长

丘先生的《我的教育观》，细述"他"的教育，更关乎"您"的教育，指向求学与做人，贯通历史与未来，体现价值与情怀，值得每一个"您"读一读。

"您"是父母，读完您更懂怎样教育子女；"您"是教师，读完您更懂引领学生；"您"是学生，读完您更懂怎样实践教育；"您"是官员，读完您更懂怎样发展教育；"您"是学者，读完您更懂怎样诠释教育……丘先生告诉我们，对于我们每个人来说，无论处在人生哪个阶段，对于教育的思考一刻都不能停啊！

第一时间拜读完《我的教育观》，我欣喜满怀，信心满怀，特向"您"推荐。

吴进南
汕头市金山中学校长

《我的教育观》是丘成桐先生以数学家的视角，深入探讨教育真谛的力作。书中不仅展现了丘先生对学问的执着追求与纯粹热爱，更分享了其独特的学习方法与教育理念。作为中学教师，我深感此书对人才培养的启发很大。它提醒我们，教育不仅是知识的传授，更是精神的传承。丘先生的经历与思考，为我们提供了宝贵的教育参考，值得每一位教育工作者、家长和学子细细品读。

谢永红
湖南师范大学附属中学党委书记

成不朽之学问，秉木铎之心，寄家国之情。虽然丘成桐先生幼时缊袍敝衣，但他中有足乐、兀自发愤，深受其父丘镇英教授在哲学和文学上的影响，培养起浓厚的学术研究兴趣及专注度，这为他在学术上取得举世成就奠定了基础。在书中，丘先生对年轻学子的建议发自肺腑：兴趣、志向、独立思考，做学问要追求真与美等。他对中国基础教育思考至深，并躬身入局，参与拔尖创新人才的培养，在教育实践中不断丰富完善他的教育理念。比如北京一零一中因有毗邻清华大学之便，丘先生曾多次前往学校与学生面对面交流，鼓励青少年从兴趣出发，求真求实，始于爱好，守于本心，忠于志向，报于家国。

丘先生身上不仅有学者风范，更有学者风骨，他将国家"中兴之势已成，四化之需尤切"的人才培养作为己任，矢志培养"上达天文物理，下通人事百工"的栋梁之才，这也是他毕生追求的大道之所在。

熊永昌
北京一零一中党委书记、校长

人才是现代国家核心竞争力的关键。人才的兴趣、思维方式、性格、动手能力等素质，都是在高中阶段培养和发展起来的。目前，高中教育实践中还存在着诸多困惑和难题。丘成桐先生的《我的教育观》一书，用亲身治学经历阐述了自己的教育观，为高中育人实践提供了宝贵的借鉴和指导，值得每位高中教育工作者阅读学习。

徐惠
华中师范大学第一附属中学校长

《我的教育观》是数学家丘成桐先生以自身为镜，折射出教育与人生深邃智慧的大作。在书中，丘先生不仅展现了数学世界的瑰丽与壮阔，更毫无保留地分享了自己不断求索、不断钻研，逐步走向世界顶尖学术舞台的传奇历程。丘先生认为，教育不仅是知识的传递，更是心灵的雕琢与兴趣的点燃。他通过哲学与科学的交融，呼吁年轻人以远大的志向为灯塔，在追求真与美的航程中，从失败中汲取力量，勇敢探索未知的海域。

这本书不仅是个人回忆录，更是一部实用的成长指南。无论是在题海中挣扎的学子，还是对教育充满热忱的老师，抑或是在人生道路上徘徊的你，阅读此书，定会激励你我在追求学问的道路上保持热忱，勇于面对失败；在人生抉择中坚守初心，寻求真正的价值！

曾强
贵阳市第一中学校长

我们可以通过阅读获取知识，也可以向生活中的榜样学习，成为更好的自己。当有人把自己的生活写成书，就意味着我们既要用大脑去思考书中的道理，又要用心去领悟书中的人生智慧。丘先生所著《我的教育观》，是先生"读万卷书，行万里路"后写出的教育道理、人生智慧，这些值得我们阅读和思考，更值得我们追随与持续探索！

周彬
华东师范大学第二附属中学校长

丘先生有情怀，一辈子笃定做学问，爱家人、爱祖国；丘先生求真理，从数学走向哲学，用哲学推动数学，科学与人文交融升华；丘先生爱学生，以深厚学识和人格魅力，引导与影响青年成长发展。读此书，学习丘先生做人、做事、做学问的风骨，感受他对教育的赤诚与对真理的追求，值得每一位教育工作者、家长、学子珍藏品味。

周迎春
重庆市第八中学校党委书记

丘成桐先生的《我的教育观》犹如一盏明灯，照亮了学问与人生的深邃之境。他以哲人的胸怀、科学家的严谨，娓娓道来教育与求真的真谛。书中既有对数学与自然规律的深刻洞察，也有对中华文化的深情回望，更饱含对年轻一代的殷切期许。愿此书成为每一位笃定目标、追求卓越的学子案头常伴的智慧之书，启迪心灵，指引方向。

周祖华
苏州中学校长

丘成桐先生以其深厚的文化底蕴和跨文化的教育经历，重新诠释了教育的本质——教育不仅是知识的传递，更是思维的锤炼与人格的塑造。教育的真正意义在于培养独立思考的能力，培育对真理的敬畏之心以及对学问的认真执着，这是一位数学家的教育哲学，更是一位人文主义者的精神追求。

朱斌
江西师范大学附属中学校长